重塑智能时代

重塑：
大数据与数字经济

刁生富　冯利茹　著

北京邮电大学出版社
www.buptpress.com

内容简介

数字经济越来越成为经济转型升级和高质量发展的新引擎。本书从大数据与数字经济这个大的命题出发，围绕基础与平台、赋能与转型、发展与治理这三个维度展开，包括三大部分共十二章：第一部分分析了大数据的价值与价值变现、数字技术与数字经济的技术基础、大数据的应用及其与数字经济的关系；第二部分研究了重点行业数字经济发展现状，实体经济、民生服务、金融行业等的数字化转型以及经济数字化与我国经济的高质量发展；第三部分探讨了我国数字经济的优势、发展现状、推进策略和治理路径。

本书读者对象为社会各界对大数据与数字经济感兴趣的读者，从事与经济相关的行政人员、研究人员、企事业单位工作人员，大中专院校师生，具有中等以上文化程度的对互联网、大数据、人工智能、区块链等感兴趣的读者和创新创业者。

图书在版编目(CIP)数据

重塑：大数据与数字经济 / 刁生富，冯利茹著． -- 北京：北京邮电大学出版社，2020.8
ISBN 978-7-5635-6059-2

Ⅰ. ①重… Ⅱ. ①刁… ②冯… Ⅲ. ①信息经济—研究 Ⅳ. ①F49

中国版本图书馆 CIP 数据核字(2020)第 082024 号

策划编辑：彭　楠　　责任编辑：廖　娟　　封面设计：柏拉图

出版发行：北京邮电大学出版社
社　　　址：北京市海淀区西土城路 10 号
邮政编码：100876
发 行 部：电话：010-62282185　传真：010-62283578
E-mail：publish@bupt.edu.cn
经　　销：各地新华书店
印　　刷：河北宝昌佳彩印刷有限公司
开　　本：720 mm×1 000 mm　1/16
印　　张：13.75
字　　数：252 千字
版　　次：2020 年 8 月第 1 版
印　　次：2020 年 8 月第 1 次印刷

ISBN 978-7-5635-6059-2　　　　　　　　　　　　　定价：58.00 元

· 如有印装质量问题，请与北京邮电大学出版社发行部联系 ·

/前言

2019年9月4日,联合国贸易和发展会议发布《2019数字经济报告》。报告指出,全球数字经济活动及其创造的财富增长迅速,且高度集中在美国和中国。目前,美国和中国占有超过75%的区块链技术相关专利、50%的全球物联网支出、75%以上的云计算市场。如果数字经济沿着当前趋势继续发展下去,美中两国的发展将远远超过其他国家和地区,特别是非洲、拉丁美洲等地区。因此,联合国呼吁广大发展中国家也要积极参与到数字经济发展中来,这样才不会因数字鸿沟阻碍世界经济的全球化发展,才能有效解决各国各地区之间关于数字经济的竞争、税收、跨境数据流、知识产权、贸易和就业政策等问题,从而更好地应对数字经济的挑战,在可持续发展的道路上创造和收获更多的价值。

面对新一轮的科技变革和产业革命,习近平总书记多次强调,要"构建以数据为关键要素的数字经济","坚持以供给侧结构性改革为主线,加快发展数字经济","推动实体经济和数字经济融合发展","做大做强数字经济"。所有这些,都表明我国要高度重视数字经济的发展。同时,在党中央、国务院领导下,我国传统产业正在进行数字化转型升级,数字产业也在大规模发展之中。目前,我国数字经济发展持续扩大,日益成为拉动经济增长、促进经济高质量发展的关键引擎。2019年10月,中国电子信息产业发展研究院发布了《2019年中国数字经济发展指数白皮书》,基于对数字经济内涵的认识,围绕四大维度构建指标体系,对我国省级区域的数字经济发展水平进行评价分析,并提出进一步规划发展数字经济应关注的四个方面，对我国数字经济的发展具有重要意义。

之所以命名本书为《重塑：大数据与数字经济》，正是源于上述时代背景和大数据与数字经济对世界经济结构的重塑价值。在这样的时代大背景下，正值探讨大数据与数字经济的最佳时机。数字革命正以前所未有的速度和规模改变着人类的生产和生活、经济和社会，以互联网产业化、工业智能化、工业一体化为代表的第四次工业革命不断深入发展，大数据、云计算、物联网、移动互联网、人工智能等数字技术不断融合升级，成为数字经济的技术支撑，并且不断推动数字经济创新发展，给人类带来了前所未有的机遇。大数据的创新与深化应用深刻影响着未来的商业模式和行业业态。数字经济时代就是以数据化为标志，深刻影响着实体经济、公共服务业、金融行业等新兴业态，重塑商业模式，革新行业面貌，为数字经济发展注入新的驱动力。同时，数字经济作为一种全新的经济范式，其发展也必然面临着新的挑战，持续优化数字经济的发展环境成了不可忽略的一环。

基于此，本书从"大数据与数字经济"这个大的命题出发，围绕基础与平台、赋能与转型、发展与治理这三个维度展开，对大数据、大数据与数字经济的关系以及数字经济未来的发展进行了较为全面的分析。全书包括三大部分共十二章：第一部分分析了大数据的价值与价值变现、数字技术与数字经济的技术基础、大数据的应用及其与数字经济的关系；第二部分研究了重点行业数字经济发展现状、实体经济（传统产业）、民生服务、金融行业等的数字化转型以及经济数字化与我国经济的高质量发展；第三部分探讨了我国数字经济的优势、发展现状、推进策略和治理路径。

本书写作过程中，作者参考了大量国内外文献，引用了许多有关数字经济的研究报告和白皮书，在此特向相关机构、研究人员和作者致以最真诚的感谢。由于作者知识和水平有限，书中难免存在不足之处和错误，敬请读者批评指正，作者不胜感激。

刁生富
2019 年 11 月 18 日

/目录

第一部分　基础与平台

第一章　数据红利：大数据的价值与价值变现 / 3

　　在人类社会的不同时代，其战略资源和核心资产是不同的。在大数据和人工智能时代，数据已成为当今的战略资源和核心资产，其价值已然等同于甚至超越了石油和黄金，驱动着整个经济，尤其是数字经济蓬勃发展。

一、价值发现：大数据成为战略资源和核心资产 / 5

二、思维革命：大数据的三大思维模式 / 10

三、深度融合：大数据与传统产业的"原力觉醒" / 13

四、再造格局：大数据与核心竞争力 / 16

五、数据治理：大数据价值的变现之道 / 18

第二章　技术支撑：数字技术与数字经济 / 23

　　数字技术的广泛应用从根本上改变了人们对新经济模式的认

识，其与经济和社会的加速融合，必将对企业、产业乃至整体经济产生深远影响。建立在数字技术基础上的数字经济也越来越成为激发实体经济转型升级的新引擎，正在引领中国经济的高质量发展。

一、大数据：数据挖掘与精准决策 / 25

二、云计算：资源集聚与平台经济 / 29

三、物联网：信息感知与万物互联 / 32

四、5G网：高速低耗与营商环境 / 35

五、人工智能："智能＋"与智能经济 / 37

第三章 数据赋能：大数据驱动下的数字经济 / 41

大数据开启了一次重大的时代转型，成为数字经济创新发展的核心动能。数字产业化和产业数字化的双轮驱动，使数字经济获得了突飞猛进的发展。大数据的广泛应用和数字经济的快速发展成为推动产业转型升级和经济高质量发展的关键要素。

一、技术融合：大数据挖掘技术应用于数字经济 / 43

二、运营升级：企业级大数据平台的构建 / 46

三、数据展示：大数据应用场景可视化 / 49

四、双轮驱动：大数据催生数字经济 / 54

第二部分　赋能与转型

第四章　行业发展：重点行业数字经济发展 / 63

在新一轮科技革命和产业变革蓬勃兴起的新时代，以数字产业化为支撑，以产业数字化为根本，顺应数字化、网络化、智能化的发展趋势，数字经济极大地推进了传统产业的转型升级，推动了重点行业全要素生产率的整体提升，使各个行业都走在了高质量发展的路上。

一、总体情况：数字经济在重点行业的发展状况 / 65

二、路径差异：重点行业的数字经济发展路径 / 71

三、效率变革：数字经济推动重点行业全要素生产率提升 / 74

第五章　赋能实体：实体经济的数字化转型 / 77

实体经济始终是人类赖以生存和发展的基础，随着"互联网＋""大数据＋"和"智能＋"的推进，实体经济与数字技术的深度融合成为必然趋势。大力推动实体经济的数字化转型，不仅有助于经济转型升级，更有助于培育经济增长新动能。

一、赋能农业：农业的数字化转型 / 79

二、赋能制造：制造业的数字化转型 / 84

三、赋能电商：跨境电商的数字化转型 / 88

第六章　赋能民生：民生行业的数字化转型 / 95

数字技术和数字经济的快速发展，以其智能、便捷和普惠的优质特性渗透到民生和公共服务领域，促进了教育、交通和医疗等领域的数字化、智能化和智慧化转型，极大地改善了民生和创新了社会治理，方便了人们的生活，提高了居民的幸福指数。

一、赋能教育：教育行业的数字化转型 / 97

二、赋能交通：交通行业的数字化转型 / 100

三、赋能医疗：医疗行业的数字化转型 / 104

第七章 赋能金融：金融行业的数字化转型 / 109

金融行业是最易被技术牵动的行业，几乎每一次技术进步都会引发金融业的变革。数字经济时代，金融与大数据、人工智能、云计算、区块链等新技术的深度融合正深刻影响着金融的创新能力、服务质量和监管模式，促进金融业的数字化转型，产生数字金融的生态体系。

一、金融生态：数字金融的生态体系 / 111

二、赋能金融：金融行业的数字化转型 / 114

三、监管挑战：数字金融监管模式的创新 / 120

第八章 杠杆效应：数字经济推动中国经济高质量发展 / 125

数字化的快速发展，不仅优化了资源的高效配置、调整了经济结构，而且为国家的供给侧结构性改革注入了新鲜活力。数字经济已成为新时代转型升级的主抓手、经济增长的主引擎和新一轮变革的主力军，在经济高质量发展中扮演愈来愈重要的角色。

一、助力经济增长：数字经济成为经济增长的重要动力 / 127

二、提升发展质量：数字经济提高经济发展质量 / 130

三、促进供给改革：数字经济推动供给侧结构性改革 / 133

第三部分　发展与治理

第九章 独特优势：新时代我国发展数字经济的优势 / 141

在数字经济蓬勃发展的形势下，应以更高的视野来发掘其创新发展优势。对我国而言，基础设施的大力发展和强大的网民优势，孕育着数字经济发展的潜力；后发优势明显，为数字经济实现跨越式发展提供了支持；制度优势也为数字经济的快速发展，提供了强有力的保障。

一、网民优势：孕育了中国数字经济的巨大潜力 / 143

二、后发优势：为数字经济提供了跨越式发展的特殊待遇 / 147

三、制度优势：为数字经济发展提供了强有力保障 / 150

第十章 发展现状：数字经济的快速发展和广泛渗透 / 153

数字经济已经渗透到了人们生产生活的各个领域，并且潜移默化地影响着人们的行为，推动着企业的发展，不断地催生新业态、新模式的涌现。目前，数字经济在我国已得到快速发展，并且逐渐成为世界经济发展的主流。

一、全面渗透：数字经济已渗透到生产生活的各个领域 / 155

二、创新驱动：数字经济推动新业态与新模式不断涌现 / 158

三、全球主流：发展数字经济已成为世界经济主流 / 163

四、中国崛起：数字经济在我国取得了快速发展 / 169

第十一章 创新驱动：数字经济的推进策略 / 173

制定数字经济的推动策略，要从数字经济的基础入手，加快数字基础设施建设，加快产业政策的落实，优化数字经济的营商环境，为数字经济的发展创造一个良好的数字化环境，同时也要完善数字人才的培养机制，为技术赋能，从而促进数字技术的创新发展。

一、基础设施：加快数字基础设施建设 / 175

二、产业政策：推动数字经济发展的产业政策 / 181

三、人才培养：完善数字经济的人才培养机制 / 183

四、营商环境：优化数字经济的营商环境 / 185

第十二章　治理创新：数字经济治理的新路径 / 189

　　不断发展的数字技术在促进经济社会发展和企业运营模式的转变的同时也对已有的治理带来新的挑战，需要创新治理模式，着力构建新的数字经济治理体系，以推动数字经济的快速发展。

一、开放共享：建设数字政府，推进数据开放共享 / 191

二、数据素养：加强数字公民教育，提升数据素养 / 195

三、法律建设：重视数据法制建设，保护用户隐私和安全 / 199

四、伦理建设：加强数据伦理建设，汇聚向上向善力量 / 202

五、弥合鸿沟：弥合数据鸿沟，实现普惠发展 / 204

第一部分
基础与平台

第一章

数据红利:大数据的价值与价值变现

价值发现：大数据成为战略资源和核心资产
思维革命：大数据的三大思维模式
深度融合：大数据与传统产业的"原力觉醒"
再造格局：大数据与核心竞争力
数据治理：大数据价值的变现之道

在智能新时代，我国网民数量逐年增大，大数据应用场景日益丰富，创新能力持续提升。数字技术与实体经济的深度融合，持续释放数据红利，支撑了智慧社会、网络强国、数字中国的建设，新产业、新业态、新商业模式层出不穷，有力地推动着数字经济的突飞猛进。

一、价值发现：大数据成为战略资源和核心资产

作为一个新兴的和不断发展的概念，大数据至今尚未有明确统一的定义。大数据的概念最早要追溯到 20 世纪，但只有到当今的互联网时代，网民数量的激增，海量数据的涌现，大数据才从规模、类型、价值等方面得以表现，成为这个智能新时代备受关注的关键词。

早在 1981 年，美国未来学先驱阿尔文·托夫勒，在其对中国人思维产生巨大影响的、被称为"中国改革开放的指南针"的名著《第三次浪潮》中就提及"大数据"，并称之为"第三次浪潮的华丽乐章"[①]。

大数据一词在中国的广泛传播，与英国大数据专家维克托·迈尔-舍恩伯格和肯思·库克耶所著的《大数据时代——生活、工作与思维的大变革》一书密不可分。这本名著对大数据进行了系统明确的阐述，认为"大数据开启了一次重大的时代转型。就像望远镜让我们能够感受宇宙，显微镜让我们能够观测微生物一样，大数据正在改变我们的生活以及理解世界的方式，成为新发明和新服务的源泉，而更多的改变正蓄势待发……"[②]

2011 年 5 月，麦肯锡公司发布《大数据：创新、竞争和生产力的下一前沿》报告，指出"在数据渗透于各领域并成为生产要素的背景下，对海量数据挖掘应用，将带来新的生产增长和消费者盈余浪潮[③]"。

2012 年 3 月，美国开始实施"大数据研发计划"，将大数据喻为"未来新石油"，并视为与互联网、超级计算机同等重要的国家战略，这也是美国在"信息高速公路"计划后所实施的又一国家级重大科技战略。[④]

由于我国大数据战略的实施和媒体的广泛传播，如今，对非专业人士来说，大数据一词并不陌生，但对大数据的真正含义并非十分明晰。这是因为，大数据本身就是一个十分抽象的概念，无法对其进行准确的概括。而且，当前学术界对

---

① TOFFLER A. The third wave[M]. New York：Bantambooks，1981.
② 维克托·迈尔-舍恩伯格，肯尼思·库克耶. 大数据时代[M]. 盛杨燕，周涛，译. 浙江人民出版社，2013：1.
③ MANYIKA J. Big Data：The next frontier for innovation competition，and productivity[R/OL]. McKinsey Global Institute，2011-05 [2014-03-10]. http//www. mckinsey. com/insights/business_technology/big_data_the_next_frontier_for_innovation.
④ 王旭，罗巍. 大数据对市场营销的冲击研究[J]. 经济与管理，2016，30(05)：25-29.

其概念的界定也尚未达成统一，不同组织、机构或学者都纷纷给予了不同的表述，比较有代表性的如表 1-1 所示。

表 1-1 不同机构、组织对大数据概念的表述

代表性机构、组织	概念表述
维基百科（Wikipedia）	数据规模巨大，以至于无法使用人工手段在合理时间内管理并形成为人类所能解读的信息①
高德纳咨询公司（Gartner Group）	能用低代价、新形式进行信息处理的大容量、高速度和多样性的信息资产，以增强洞察力和制定决策的能力②
国际数据公司（IDC）	通过高速采集、发现或分析、提取各种各样大量数据经济价值的新一代技术和架构体系
Apache Hadoop	普通计算机软件无法在可接受时间范围内捕捉、管理、处理的规模庞大的数据集
麦肯锡公司（Mckinsey Global Institute）	大小超出典型数据库软件的采集、存储、管理和分析等能力的数据集
美国国家标准和技术研究院（NIST）	规模、数量、速度、表示等超越传统关系型方法分析，需使用重要的水平缩放技术来实施快捷处理的数据。
美国国家科学基金会（NSF）	仪器、传感设备、在线交易、多媒体技术等多数据源所产生的具有规模性、多元性、复杂性、长期性的分布式数据集③

（资料来源：王旭，罗巍. 大数据对市场营销的冲击研究[J]. 经济与管理，2016，30（05）：25-29.）

随着大数据的发展和数据处理与管理技术的进步，符合大数据标准的定义也在继续变化之中。事实上，大数据并不单纯指数据量巨大，它所涵盖的内容也十分丰富。例如，从交易信息到交互信息、从结构化到非结构化的各种类型的数据，这些新内容的出现就会产生新的数据分析方法、新的思维模式。

相较于传统数据库，其数据量的容量、变化频率、数据类型等都十分复杂，是无法在一定时间范围内用常规软件工具进行捕捉和处理的。这就需要新的分析方法和处理模式，才能充分利用大数据的内在价值，从而使大数据成为具有更强的决策力和流程优化能力的信息资源和资产。

归纳起来，大数据主要呈现出"4V"的特征（如图 1-1 所示）：一是 Volume（容量），即数据的存储容量大，而且所涵盖的信息内容多且范围广；二是

---

① WIKIPEDIA. Big data[EB/OL]. [2015-02-15]. http://en.wikipedia.org/wiki/Big data.
② GARTNER. Big data[EB/OL]. [2015-02-15]. http://www.gartner.com/it-glossary/big-data.
③ NSF. Big data[EB/OL]. [2015-02-15]. http://www.nsf.gov/funding/pgm_summ.jsp? Pims_id=504767.

Velocity（速度），即数据的增长速度快、处理速度快，各种数据基本上可以做到实时处理、传送和存储，以便反映对象的当下情况，以视频为例，连续不间断监控过程中，可能有用的数据仅仅有一两秒，而大数据处理可以做到高效率的捕捉；三是 Variety（多样），即数据的存储量格式类型多样、数据采集来源广泛、数据的非结构化等，如各种网络日志、视频、图片、地理位置信息等；四是 Value（价值），即数据的综合价值大，看似无用、价值密度低的数据，一旦被有效地挖掘利用，综合信息会具有巨大的潜在价值，且具有重复使用的价值，不会因人们的使用而折旧或贬值。

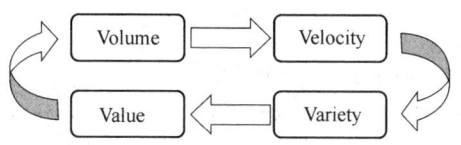

图 1-1　大数据的"4V"特征

大数据的价值表现在方方面面，但最核心的价值就是给经济注入了新一轮的活力，推动着经济的持续发展、转型升级和治理创新。具体说来，大数据的价值可分为技术价值、商业价值、行业价值、社会价值等。

首先是大数据的技术价值。大数据从根本上与数学、统计学、计算机科学等基本理论知识是无法分割的，所以大数据创造的新的计算方式、思维模式为其他技术的研发、应用和落地提供了基础，给数字技术领域带来了最直接的跃进，如5G、云计算、人工智能等。同时，有了大数据处理技术，交易行为就能够得到及时有效的记录分析，通过对消费者的数据研究，企业就可以开发更新更适合时代的新产业。淘宝的交易分析报告中提到，大额买单后的重购次数和同店重购次数要明显高于普通买单的次数。这就表明，在顾客首次买单后获取了对卖家服务和商品质量的信任后，重复买单的次数会增加，并且比普通买单的金额要多。由此便可以引导卖家增进个性化服务，根据消费者爱好推出产品、捆绑销售，进而增加商品的销售额。

其次是商业价值。如果说直接的交易数据更多的是带给企业商品质量差异的反馈，那么这些行为数据带给企业则更多的是用户的习惯、偏好等差异反馈，让企业能够摸清用户的需求、倾向，以便更好地调整推荐、推出产品，以吸引潜在的客户。大数据的商业价值让业务更高效、更精准、更低成本、更便于优化、更利于长远发展，带来不可估量的实际商业价值。通过数据分析的结果来驱动运营方式，最终能帮助运营者乃至企业决策者凭借数据和逻辑分析能力指导业务实践。中国最大的独立第三方移动数据服务平台 TalkingData（北京腾云天下科技有限公司)为步步高电子工业有限公司量身定制的全新活动评价指标体系,全渠道活动营销直接带来客流同比周末提升 1.26 倍,全场销售额同比周末提升 1.47 倍,活动 7 天增长 2.7 万粉丝,活动日均增粉较平日提升 56 倍,较效果最好的元旦假日提升 21 倍,参与活动的粉丝转化率高达 62.8%。可见,数据驱动已经成为企业新兴业务的重要增长力。

再次是行业价值。各个行业都可以根据人们的微信、微博、网络消费、娱乐项目偏好等数据,勾勒出客户的个人心理画像,进而展现人们的态度趋向和行业在市场发展中的情况。举一个透过图书行业的大数据来发现和实现行业价值的例子。

2018 年,我国成年国民包括图书报刊和数字出版物在内的各种媒介的综合阅读率为 80.8%,较 2017 年的 80.3% 有所提升,数字化阅读方式(网络在线阅读、手机阅读、电子阅读器阅读、Pad 阅读等)的接触率为 76.2%,较 2017 年的 73.0% 上升了 3.2%(如图 1-2 所示)。

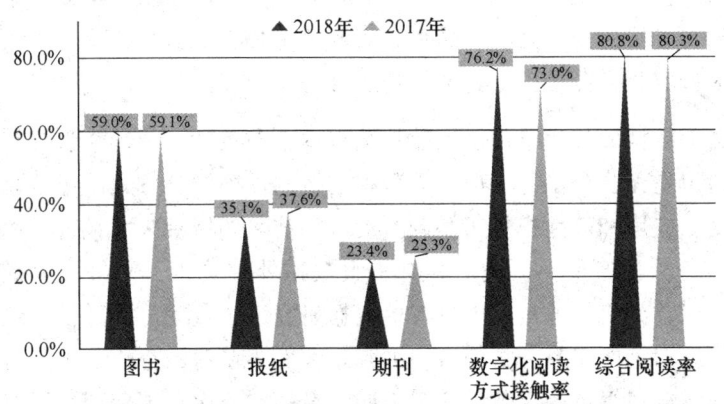

(资料来源:第十六次全国国民阅读调查)

图 1-2　各媒介的综合阅读率年度比较

通过对各类数字化阅读情况的进一步分析发现,2018 年,我国成年国民的网络在线阅读接触率、手机阅读率、电子阅读器阅读率、Pad(平板电脑)阅读率均有所上升。具体来看,2018 年有 69.3% 的成年国民进行过网络在线阅读,较 2017 年的 59.7% 上升了 9.6%;73.7% 的成年国民进行过手机阅读,较 2017 年的 71.0% 上升了 2.7%;20.8% 的成年国民在电子阅读器上阅读,较 2017 年的 14.3% 上升了 6.5%;20.8% 的成年国民使用 Pad(平板电脑)进行数字化阅读,较 2017 年的 12.8% 上升了 8.0%(如图 1-3 所示)。

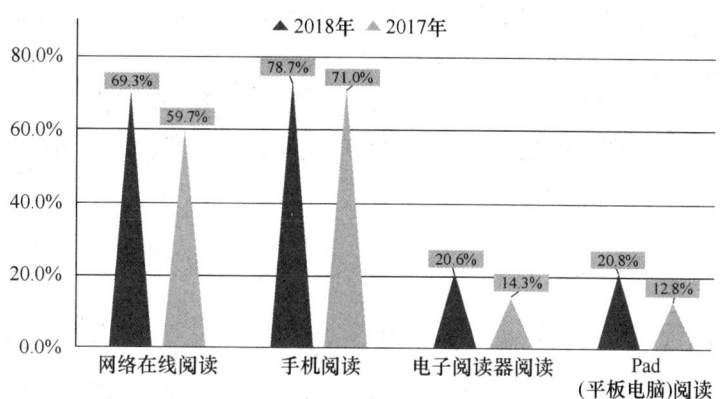

(资料来源：第十六次全国国民阅读调查)
图1-3 各类数字化阅读方式的接触率年度比较

假设你所在的企业不是图书业，而是电子商务、餐饮行业、服装行业或其他，这些大数据信息看似与你的行业无直接相关，但你却可以从这些数据中得出国民阅读呈现的复兴趋势，而且大多数人愿意选择电子阅读。根据这些数据透漏的信息，就可以调整广告投入的渠道，如从纸质广告投入中移出一部分，加大电子宣传。另外，其他行业通过这些数据，开拓出"文化情怀"的道路。例如，越来越多书店与咖啡馆的结合、服饰中加入与文艺作品人物有关的画饰等，这些都是通过大数据来实现行业的价值。

可见，随着智能手机、移动互联网及移动应用数量的不断增多，移动数据越来越成为大数据领域关注的焦点，移动端的数据因此变得更加普及。与传统业务数据不同的是，这些数据更加个人化，也更适合不同场景的应用。应用场景的不断扩大，使人们生活的各个方面与大数据无缝衔接，这也将推动各行各业的发展。

最后，不得不说的就是社会价值。无论科学技术如何发展，从人本主义的观点来说，最终目的都要落到"人"的身上，落到能否促进人类社会的进步、增加人类的福祉、实现人的解放和全面发展上。大数据为人们生活带来的不仅只是便利，而且还有紧密的生活服务网络，使人与人之间的联系就像一张网上的不同节点，增加了人们相互联系的紧密性。同时，大数据的巨大作用不仅表现在经济的转型升级上，更重要的是还表现在国家的治理创新上，是国家治理体系和治理能力现代化的重要元素，对政府治理和社会治理产生了深远的影响。国务院《促进大数据发展行动纲要》（国发〔2015〕50号）提出，大数据已成为提升政府治理能力的新途径。党的十九大明确将"实现国家治理体系和治理能力现代化"作为全面建设社会主义现代化国家的重要内容。因此，大数据的理念、方法与政府治理有机融合，打通部门之间"信息孤岛"，理顺跨层级、跨地域、跨系统、跨部门、跨业务之间的数据交汇、流通和共享，建立完善"用数据说话、用数据决策、用数据管理、用数据创新"的管理机制，对推动政府治理能力的提升，具有重大的价值。

二、思维革命：大数据的三大思维模式

所谓思维方式，就是我们思考问题的根本方法，是大脑活动的内在程序，涉及我们看待事物的角度、方式和方法，并对我们的言行起决定性作用。任何个体都生活在一定的社会历史时代和环境下，因此其思维方式必定会受到时代和环境的影响。

大数据时代，"量化一切""让数据发声"成为时代口号，人们更加重视"全数据而非样本"的全样思维，强调"相关性而非因果性"的相关性思维，以及容错思维等。这无疑对通过追求规律性、因果性和抽样方法来把握事物之间相互关系的传统思维产生巨大的冲击，导致思维革命的产生。

在大数据时代，用大数据思维方式思考问题、解决问题已经成了当下企业的潮流，用大数据思维去开启新一轮的时代转型势在必行。随着大数据概念的深入人心，很多大数据的技术专家、战略专家、未来学者等都开始提出、解读并丰富大数据思维概念的内涵和外延。总体来说，大数据思维包括全样思维、容错思维和相关思维（如图1-4所示）。

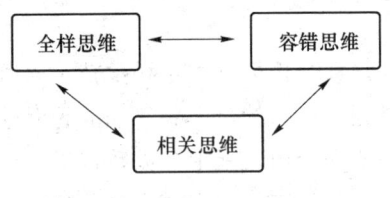

图1-4 大数据三大思维

（1）全样思维

说到样本，就会考虑是全部样本还是部分样本。抽取部分样本的目的是从被抽取的样品单位中研究分析，进而估计和推断全部样品的特性。当数据采集难度大、分析和处理困难时，一般会选择抽取部分样本进行研究。这种方法，在一定

历史时期曾经极大地推动了社会的发展。例如，要计算洞庭湖银鱼的数量，我们可以事先对10 000条银鱼打上特定记号，并将这些鱼均匀地投放到洞庭湖中，过一段时间进行捕捞，假设捕捞上来10 000条银鱼，有4条存在预先的记号，那么我们可以得出结论，洞庭湖大概有2 500万条银鱼。抽取部分样品进行研究的好处显而易见，缺陷也显而易见。抽样虽然可以解决在客观条件不能全样本研究分析的情况，并且可能得出一个相对靠谱的结论，但同时也会带来新的问题，由于抽取的样本每次都是不一样的，所以会存在稳定性差的问题，从而导致结论与实际可能差异非常明显。上面的例子中，有可能今天去捕捞得到打了记号的银鱼4条，明天去捕捞有可能打了记号的银鱼有400条。这就是抽样在不同情况下结论不稳定的极端表现。

我们一直采取抽样技术是因为以前的数据采集、存储、分析技术达不到实际要求，或成本远远超过预期。但随着数字技术的不断发展，过去不可能获取的全样数据，现在因为技术智能化、数字化转而成为可能，以前不能存储和分析全样数据的情况都将一去不复返，大数据时代将走向全样的时代。正如舍恩伯格指出："要分析与某事物相关的所有数据，而不是依靠分析少量的数据样本"[①]，"当数据处理技术已经发生了翻天覆地的变化时，在大数据时代进行抽样分析就像在汽车时代骑马一样。一切都改变了，我们需要的是所有的数据，'样本'='总体'。"[②]

（2）容错思维

前面已经提到，在过去我们习惯了抽样，但是抽样从理论上讲结论是不稳定的，所以抽样的"失之毫厘"，都容易导致结论的"谬以千里"。因此，为保证抽样得出的结论相对正确，人们对抽样的数据精益求精，容不得半点差错，对数据质量的追求也是到了近乎疯狂的程度。但是，这样也仍然存在很多问题：一方面会极大地增加数据预处理的代价，提出的一大堆数据清洗算法和模型会导致系统逻辑特别复杂；另一方面，不同的数据清洗模型可能会造成清洗后数据差异很大，从而进一步加大数据结论的不稳定性。而且现实中的数据本身就存在异常、纰漏，甚至错误，将抽样数据做了极致清洗后，很可能会导致结论反而不符合客观事实，这也是为什么很多数据模型在测试阶段效果非常好，而在实际环境效果就较差的原因。

[①] 维克托·迈尔-舍恩伯格,肯尼斯·库克耶.大数据时代:生活、工作与思维的大变革[M].盛杨燕,周涛,译.杭州:浙江人民出版社,2013:29.

[②] 维克托·迈尔-舍恩伯格,肯尼斯·库克耶.大数据时代:生活、工作与思维的大变革[M].盛杨燕,周涛,译.杭州:浙江人民出版社,2013:27.

大数据时代，因为我们采集了全样数据，而不是一部分数据，数据中的纰漏、疏忽、错误都是数据的实际情况，没有必要进行任何清洗，其结果却是最接近客观事实的。在大数据时代，"只有5%的数据是结构化且能适用于传统数据库的。如果不接受混乱，剩下95%的非结构化数据都无法使用，只有接受不精确性，我们才能打开一扇从未涉足的世界的窗户。"① 美国纽约大学教授冯启思（Kaiser Fung）在《数据统治世界》一书中论述了"出错的好处"，指出："虽然明知容易犯错，可依然信心饱满，这是大统计学家的标志。他们认识到没人能独占真理，只要世界上还有不确定性存在，真理就未可知。"②

（3）相关思维

过去大家总是相信因果关系，而不认可其他关系。例如，以前大家都认为天鹅是白色的，"因为是天鹅，所以是白色的"曾被世界上所有人认为是经典，但是当人们在澳大利亚发现有天鹅是黑色的时候，世人关于天鹅的知识体系崩溃了。我们曾经认为千真万确的牛顿力学理论，在高速运行的世界里全颠覆了。许许多多的曾经认为理所当然的因果关系荡然无存，这说明因果关系是非常不稳定的。

在大数据时代，我们不追求抽样，而追求全样。当全部数据都加入分析的时候，只要有一个反例，因果关系就不成立。因此，在大数据时代，因果关系变得几乎不可能，而另一种关系就进入大数据专家的眼里——相关关系。

很多人去超市买了零食后会顺便买纸巾，但不是买零食就一定买纸巾。因此，零食和纸巾的关系不能算因果关系，而只能是一种相关关系。舍恩伯格认为，"我们的思想发生了转变，不再探求难以捉摸的因果关系，转而关注事物的相关关系。"而建立在相关关系分析的基础上的预测正是大数据的核心所在③。

在20世纪90年代的美国沃尔玛超市，管理人员在分析商品销售数据时吃惊地发现，某种情况下，"啤酒"与"尿片"在很大一段时间内会频繁地出现在同一个购物篮里。这种现象引起了管理人员的广泛注意，研究人员经过长期调查研究后总结出，这种现象大多出现在年轻男士身上。准确地说，是出现在年轻父亲身上。

---

① 维克托·迈尔-舍恩伯格,肯尼斯·库克耶.大数据时代：生活、工作与思维的大变革[M].盛杨燕,周涛,译.杭州：浙江人民出版社,2013:60.
② 冯启思.数据统治世界[M].北京：中国人民大学出版社,2013.222.
③ 维克托·迈尔-舍恩伯格,肯尼斯·库克耶.大数据时代：生活、工作与思维的大变革[M].盛杨燕,周涛,译.杭州：浙江人民出版社,2013：29.

原来，在 20 世纪 90 年代的美国新生婴儿家庭中，一般是母亲在家照顾婴儿，年轻父亲则担任出门置办物品的任务。当婴儿母亲让年轻父亲去超市购买尿片时，年轻父亲通常都会为自己买瓶啤酒。由此，就出现了啤酒与尿片在一个购物篮出现的"神奇"现象。并且，经管理人员调查研究还发现，若年轻父亲在超市购买这两种商品时，其中一种没有或售空时，那么年轻父亲通常会放弃在此间超市购物转而去另一家超市，直到可以同时买到两种商品。

沃尔玛的管理人员在发现这一特殊现象时，尝试着将超市内的啤酒与尿片放一起，却取得了意想不到的效果。在这种组合模式下，年轻父亲可以在短时间内迅速地同时找到这两种商品，从而很快完成了购物，使年轻父亲们的购物效率大大提高了，从而极大地带动了超市的回头率及运行效率。沃尔玛在采用这种组合模式时，可以让顾客一次性购买两种商品，从而产生商品的连带效应，在一定程度上发展了潜在顾客，从而增加了商品的销售额度。

"啤酒与尿片"这种销售组合并不是随机发生的，而是美国学者 Agrawal 在根据大数据进行运算时所提出的著名的 Aprior 算法。其原理是，通过大数据分析顾客购物篮中的商品总数，找出所有商品里相互联系的一些商品，然后进行组合分析，根据商品之间的关系，得出顾客的购买搭配组合。在大数据中，通过大量的实例分析，减少在顾客中搭配组合购买商品的误差率，从而精准到顾客的购买组合，进行精准营销。而沃尔玛在 20 世纪 90 年代就将 Aprior 算法运用到沃尔玛超市中，从而得出"啤酒与尿片"这个神奇的组合，成为营销界广为流传的故事。

当然，同任何思维方式一样，大数据思维也有其局限性。因此，在高度重视大数据思维的同时，也要保持理性，认真对待其存在的局限性：全数据模式的错识、量化思维的焦虑和相关性的过度崇拜。在实践中运用大数据思维，要注意整体兼顾部分、量化整合质化、因果强调相关，在互补中实现大数据思维的超越，从而更好地发挥大数据思维的价值。[①]

三、深度融合：大数据与传统产业的"原力觉醒"

大数据，从一般意义上来说，是指无法在合理时间内用传统 IT 技术和软硬

---

① 刁生富，姚志颖. 论大数据思维的局限性及其超越[J]. 自然辩证法研究，2017(5)：87-91.

件工具对其进行收集、处理和分析的数据集合。随着数字技术的不断进步,对于数据多大才能称之为"大",我们并未有一个具体的度量。具体来说,大数据之"大"也不仅仅在于数据容量的升级和爆炸,更多的是人们可以收集、分析和使用的数据在大规模地增加。通过对这些数据的整合、处理和应用,可以给传统产业注入新的能量,给人类创造新的价值,给世界带来新科技与大发展。

大数据宛如一股洪流注入全球社会之中,给世界经济增添了生机与活力。大数据所带来的影响,正如麻省理工学院教授Erick Brynjolfsson所言,就像几个世纪前发明的显微镜把人类对自然界的观察和测量水平推进到了"细胞"水平一样,给社会带来了历史性的进步和变革。

就政府而言,大数据时代加速了政府向决策科学、高效开放的目标转型的进程。大数据的发展加强了对信息的整合、共享与利用。与传统决策不同(如图1-5所示),大数据时代政府任何决策的做出不再仅凭经验,而是通过大量可靠的数据分析进行支撑,从而实现精细化的社会治理和提供优质高效的公共服务。

在政治活动领域,大数据的成功运用曾为奥巴马当年连任美国总统立下了汗马功劳。他的竞选团队创新性地采用数据驱动的竞选策略,对数以千万计的选民邮件进行数据挖掘,预测出更可能拥护奥巴马的选民类型,并进行有针对性的宣传、筹集竞选经费、督促选民投票等,从而打破了没有一名美国总统能够在全国失业率高于7.4%的情况下连任成功的惯例。

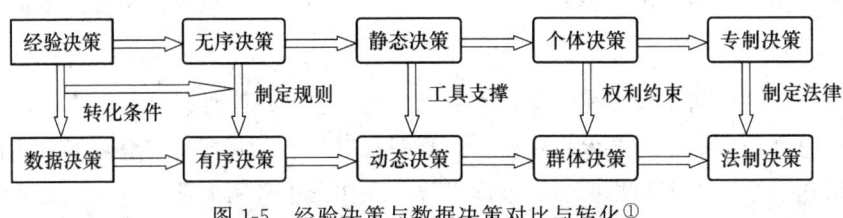

图1-5 经验决策与数据决策对比与转化[1]

在商业领域,大数据所展现的价值更是独占鳌头。大数据在商业模式创新上发挥了巨大的作用,商业企业能通过整合网站浏览、购物历史、位置等大数据,获得客户的购物偏好,从而为不同的客户定制个性化服务和更加精细的产品,提高购买率,实现更大的商业利润。美国奈飞(Netflix)公司精心打造的美剧《纸牌屋》,一经推出便风靡北美乃至全球,其收视率一直高居榜首。受该剧影响,2013年奈飞公司的股价也是一路飙升。该公司成功之处就在于通过分析用户视

---

[1] 资料来源:刁生富,刁宏宇,吴选红.重估:大数据与治理创新[M].北京:电子工业出版社,2018:97.

频点播的基础数据，如回放、快进、评分等，推算出用户的偏好，进行个性化的定制，准确地把握了用户的"脉搏"。在中国，各大互联网公司，如腾讯、阿里巴巴、百度等也都投向大数据催生的新蓝海中，纷纷组建了自己的数据挖掘团队，以期通过海量数据挖掘和分析，提取有用数据，从而能够精准地打造自己的产品和服务，以满足瞬息万变的市场需求。

在教育领域，大数据时代的到来，刮起了一股清新的变革之风。美国哈佛大学、麻省理工学院等名校相继开发在线教育平台，普林斯顿大学、宾夕法尼亚大学等知名学府也宣布加盟在线教育，将授课过程免费向全世界开放，该在线教育摒弃了单纯的远程录像形式，注入了更灵活多样、内容丰富的互动、互助等元素和色彩。我国也积极推进大数据技术在教育领域的应用，突破大学围墙的藩篱，改变了传统的教育方式，使学习成为一个高度个性化的主动构建过程，缓解了教育资源匮乏的问题，使人人都可以接受教育，也使终身教育成为普遍的现实，助力学习型社会建设。2008—2017年，中国在线教育规模如图1-6所示。

由图1-6数据可以了解到，2013年我国在线教育用户人数已达6 720.0万人，同比增长13.8%。随着网民规模的不断扩大和在线教育用户网络学习习惯的养成，用户规模还在持续增长，2017年达到12 032.6万人。可以预见，随着互联网的渗透，通过大数据技术应用的在线教育行业终将会崛起，未来在线教育将登上历史的舞台。

（资料来源：综合企业财报和国家统计局数据）

图1-6　2008—2017年中国在线教育规模

在医疗领域，大数据的力量势不可挡，它显著地提高了医疗效率和效果。对于医学专家而言，有时遇到疑难病例也会因缺乏经验而束手无策，而大数据则可以为医学研究及临床治疗带来强有力的理论和实践支撑,并提供新的技术手段和措施,从而有助于提高医生的工作效率和诊疗质量。典型的例子如以大数据为基础研发出的临床决策系统,就是通过建立医疗文献及专家数据库,为医生诊疗提供临床指导和帮助,为患者治疗做出最佳方案和选择。除此之外,大数据还具有大规模降低医疗费用的潜在效益。据麦肯锡全球研究院 2011 年报告,如果将大数据应用到美国医疗行业,不仅可以降低医疗成本,而且每年还能创造出 3 000 亿美元的潜在价值。

大数据在农业领域也应用广泛,已经对传统的农业模式产生了重大影响。美国推出政府数据开放平台,融合农业、气象、商业等领域的数据,免费开放,美国农业部启动土壤数据实时监控项目,为农业提供最全的、最新的农业数据,帮助农民节省生产成本,提高农产品质量。英国发布了《英国农业技术战略》,高度重视利用大数据和信息技术来提升农业生产效率,改变农业发展模式。我国的农业也正在向数字化、智能化和精准化方向发展,近年来,国内有关农业大数据服务平台相继被开发利用,支持农业大数据管理、分析、可视化的技术也相继成熟。

大数据在各个传统行业的应用不胜枚举,以上所举仅是大数据价值的冰山一角。大数据蕴藏着巨大的价值,给各行各业的发展提供了重大的机遇。为了应对不断涌现的新任务,与大数据相关的大数据技术、大数据工程、大数据科学和大数据应用等迅速成为信息科学领域的热点问题,得到了政府部门、经济领域以及科研领域有关专家的广泛关注。

大数据时代的基本特征,决定了其在技术与商业模式上有着巨大的创新空间,将对全球的可持续发展起关键作用,随之而来的挑战也异常艰巨,尤其是大数据安全问题,它是我们在享受大数据时代所带来便利的同时所无法忽视和回避的难题。若对大数据治理不当,可能会危及公众利益、社会稳定、国家安全。

四、再造格局:大数据与核心竞争力

大数据逐渐呈现出高维度、高阶态、异构性的形式。随着数字技术的不断发展,大数据处理技术能够对海量数据进行分析、处理和挖掘,并且通过建模、工程等方式来解决实际预测问题,最终实现科学决策,我们称之为数据智能。对数据智能的信息化落地,业界一般称之为数据智能平台。

百度公司建设了百度数据智能平台(如图 1-7 所示),该平台定位为提供大规模机器学习、数据分析及展现、数据应用等产品与服务，包括了大数据基础产品和大数据应用产品两大类。百度公司将其数据智能平台定位为人工智能（AI）时代的企业数据管家，服务于公司内部和各行业的合作伙伴。百度建设数据智能平台的意义主要在于帮助企业管理内部现有的数据资产和为企业提供基于大数据的预测分析产品，即人工智能服务。数据资产管理的目的主要是为了准备和提供高质量的数据给人工智能应用，提高数据的规范化和标准化水平，而这些是企业实现基于大数据提供智能化服务的关键，也是提高企业核心竞争力的基础。

图 1-7　百度数据智能平台

随着人工智能、云计算、大数据、物联网和区块链等新兴技术的发展，以欧美为首的工业发达国家，在全球范围内掀起了制造业转型升级大变革，工业大数据正在成为全球制造业挖掘价值、提高核心竞争力的重要手段。

工业大数据的应用就是从复杂的数据集中发现新的模式、挖掘有价值的信息，从而促进制造企业创新产品，提升经营水平和生产运作效率以及拓展新型商业模式。在中国，我们有着规模庞大的各种工业设备、丰富的设备使用场景，数字设计、数字制造也逐渐加入进来。目前，我国的工业大数据发展势头良好，各地制造企业也都积极参与，工业大数据的应用正在向生产制造的整个生态链不断蔓延扩张。比如，通过对大数据的采集和处理，可以协助企业在产品需求获取、研发、制造、运营、服务及回收的产品生产全生命周期过程，以及在智能化设计、生产、网络化协同制造、智能化服务、个性化定制等场景实现智能制造。

新零售行业的一个重要特征就是以数据为重要驱动力，重构"人、货、物"之间的关系。在互联网逐步渗透到经济和社会的当下，消费者的数字素养也越来越高，那么对于新零售行业，顾客的所有支付偏好、消费路径、消费习惯等数据信息就显得尤为重要。如果能有效地利用大数据的整合能力，将搜集到的数据进行进一步分析、整理，就能将运营、营销、服务体验等方面做到全方位优化升级。

以往的零售行业，是以每日生成的交易信息为基础进行数据分析，这种分析的速度一般比较慢，而且在当下这种信息高速更新的情况下，会出现与用户的真实需求产生偏离的现象。而新零售由于加入了大数据分析处理，可以更全面、更准确地追踪用户的消费行为，并进行预估，从而形成精准的用户画像，最后反馈到零售经营层面，提升运营的效率。

数字化是客流、商品、订单、支付的获取，需要新技术来具体实现，让实体店可以像电商平台一样检测到店人数、体验人数、交付等核心要素的数字化（如图1-8所示）。在形成一定的数据积累及分析后，新零售企业就可以利用消费者的数据进行分析、定位，帮助商家优化业态结构，进行跨界营销等组合。这就是大数据对新零售人、货、场的重新组合，通过科技和数据赋能给新零售商家，充分发挥线下体验支点的作用，实现销售与分利，进而提高核心竞争力。

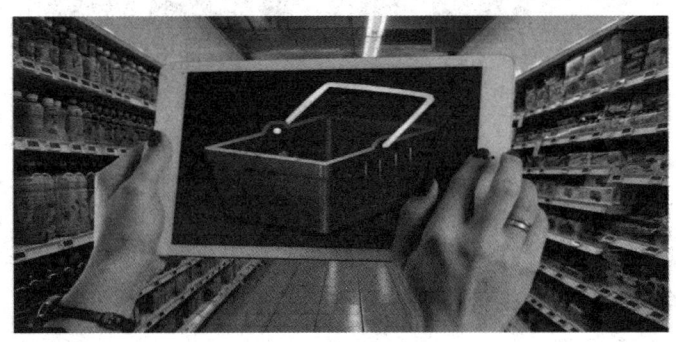

图1-8　新零售的大数据解读

大数据带来的是无穷的想象力和核心竞争力。谈及数据的价值，马云曾在接受CNBC采访时这样论述大数据："整个世界将变成数据，我认为这还只是数据时代的开始。新浪潮即将来临，很多就业机会即将被夺走。有些人会赶上潮流，变得更加富有和成功，但是对于那些落后的人，未来将是痛苦的。"正因为如此，大数据如今已然被人工智能、制造业、新零售等领域纳入企业的战略资源，开始指导决策，成为其提高行业核心竞争力的关键一环。

五、数据治理：大数据价值的变现之道

随着新一代信息技术的快速发展，网购、网约车、网上银行等互联网服务已经全方位地进入我们的生活中。人们为了获取更便利高效的服务，习惯性地录入

自己的姓名、电话、住址、银行卡号等隐私信息,而且指纹、面容等个人生物信息也被作为特殊密码,用于消费支付和解锁登录等。但是,公民个人生物信息具有唯一性和不可变更的特质,一旦泄露就是终身泄露,其敏感程度和利用价值远高于一般信息,存在着特殊风险。因此,人们肆无忌惮地享受着大数据时代带来的前所未有的便捷,但同时也会出现自己在网络中的所有活动信息被数字化保留,这些数字信息将借助机器和技术的力量,将每个人变成"透明人"。

实践中,商家会极易受到利益驱使,将所收集的消费者隐私信息数据用于其他用途或出售给第三方,从而获得高额的商业利益。万豪酒店约 2.4 亿条客户资料泄露、圆通速递 10 亿条快递信息泄露、优衣库网站逾 46 万客户资料泄露……层出不穷的信息泄露事件都在提醒我们要重视数据信息保护,强化隐私信息的合法收集、限制使用与安全储存。鲁某为自己的朋友庞某在去哪儿网订购了中国东方航空的机票一张,在购票过程中,鲁某并未填写过庞某的手机号,两天后,庞某的手机却收到了通知其航班取消的诈骗短信,未曾留存过的手机号却被诈骗团伙获知,甚至匹配出自己的姓名和航班信息,庞某认为其个人隐私信息被代理公司泄露,并一纸诉状将两个公司告上法庭,最终二审法院认定两被告应当承担侵权责任。

在大数据时代下,很多对个人数据信息的利用行为都伴随着隐私被侵犯的风险。例如,朱某在某搜索引擎上搜索"减肥"等关键字,然后进入其他网站时,会出现与其之前搜索的关键词相关的减肥广告等。实际上,朱某的遭遇十分常见。我们在上网时经常会发现各种能够"读懂人心"的广告,这就是网络定向广告,这种广告通过大数据手段搜集用户消费信息,从而精准投放符合消费者偏好的广告。这样做,虽然大幅度提高了广告宣传的效率,但对于个人隐私的保护带来了巨大的风险。虽然许多网站和软件通过以明示告知和默示同意相结合的隐私条款规避侵权风险,但这种做法是否合理则争议较大。因为如果用户不同意这种隐私条款,在网络世界中用户往往寸步难行。

据媒体统计,一些互联网平台利用大数据技术"过度"挖掘用户数据,"隐私泄露"问题约 43 836 条,"数据滥用"问题约 1 846 条,"黑市交易"问题约 8 789 条(如图 1-9 所示)。这种情况十分不利于数字经济的规范发展。

广大用户的隐私泄露、数据滥用等引发的社会热议,使得人们对互联网平台产生了严重的信任危机。以发生的"Facebook 数据泄露涉嫌美国大选事件"为例,Cambridge Analytica 公司利用了从 Facebook 不当收集的 5 000 万用户的个人数据,分析其喜好、偏向和政治倾向,从而为美国大选参选人提供数据分析服务,而现任美国总统特朗普就是 Cambridge Analytica 公司此前的客户。基于采集到的样本数据,其中该事件的各媒体渠道报道数量总量为2 701条(如图1-10所示)。

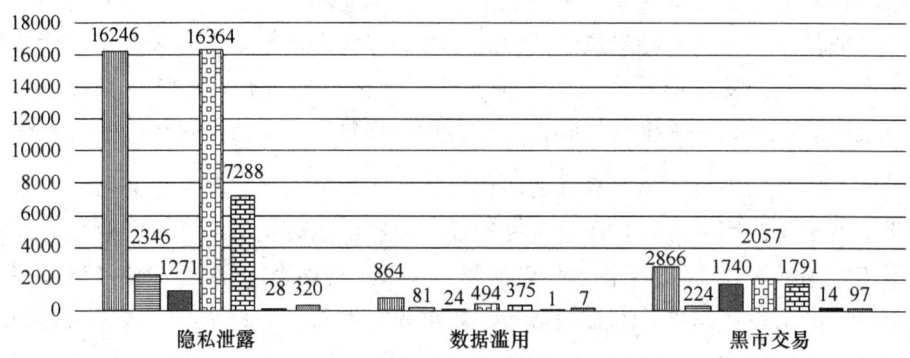

(资料来源:国家信息中心)

图1-9 媒体报道数据隐私泄露数量

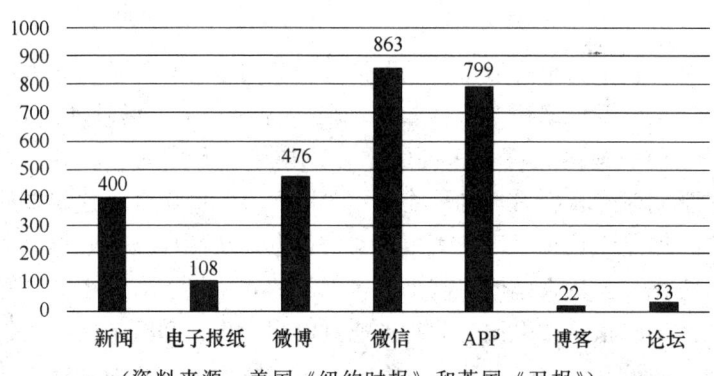

(资料来源:美国《纽约时报》和英国《卫报》)

图1-10 Facebook数据泄露涉嫌美国大选的报道数量统计

可见,大数据可以被称为"信息时代的石油",将世界万物普遍联系了起来,但是如何避免数据孤岛、隐私泄露等问题,就需要深度探讨一下大数据时代的依法治理之道。

首先,要以政府为主导,完善隐私保护的法律政策体系。美国早在1974年就制定了《联邦隐私权法》,欧盟在1995年颁布了《欧盟数据保护指令》,英国也在1998年颁布了《数据保护法》,但目前,我国还未出台有关隐私权的专门法律。虽然从2017年6月1日起执行的《中华人民共和国网络安全法》具有里程碑意义，但在个人信息保护上，只是完善了相关规则，还缺乏更进一步的实施细则。因此，需要完善隐私权保护的内容，加大隐私权保护力度，增强网络空间个人隐私安全的保护。可借鉴欧盟《统一数据保护条例》的经验，整合我国目前在《中华人民共和国侵权责任法》《中华人民共和国网络安全法》《中华人民共和国民法总则》《中华人民共和国刑法》等相关法律法规中对于个人信息及隐私权保护的规定和措施，对个人信息及隐私权保护进行专门立法，具体明确相应的权利内容、维权方式以及侵权责任，对公民个人信息的采集、利用以及保护进行规范，解决当前法律依据碎片化、保护途径间接化、司法救济薄弱化的问题。

其次，提升数据信息保护的技术管理水平，健全数据使用的监管机制。大数据中最有价值的无疑是个人数据，不同数据控制者会通过软件、传感器、各种终端等新兴技术对个人活动信息全程采集、实时处理。但是，一旦出现违规采集、使用、交换个人信息，就会导致个人数据被滥用，引发诸如诈骗、绑架等负面后果，影响公共安全与人身财产安全。针对系统漏洞和技术薄弱处应更新技术保护手段，加强数据库安全维护，同时要强化数据库监管，可以设立数据库监管的执法机关，对于数据库管理和使用机构内部人员违法盗取和出售个人数据的行为进行监管，并实施相应的处罚措施。

最后，强化公众的隐私保护意识。大数据时代隐私的暴露无处不在，人们往往对自己的隐私缺乏保护意识，为了获得高效便捷的服务而忽视自己的信息保护。隐私保护意识不强为违法分子提供了可乘之机，网络上存在许多第三方软件，用户只要输入个人姓名、性别、生辰八字、手机号等信息，就可以测试所谓的前世身份、爱情观等，然而这实际上是后台运营商收集个人隐私数据的手段，运营商完全可以根据用户所输入的个人信息拼凑出完整的隐私资料，具有引发电信诈骗和电信盗窃的可能。因此，相关政府部门应该引导公众主动拒绝不良网站、企业等非法收集个人信息的要求，公众对于侵犯个人隐私的行为要勇于发声，拿起法律武器捍卫自己的隐私权利。

良好的数据治理为大数据的价值变现提供了强大的内在动力，只有建立了完整的大数据治理体系，保证数据的高质量化、高标准化，才能够真正有效地对内挖掘企业内部的数据价值，对外提高竞争力，实现大数据的价值变现。

数据的高质量化、标准化是升级商业模式的前提。随着互联网企业对其他各行业的冲击，加剧了市场的竞争程度。许多企业的 IT 系统经历了数据量高速膨胀的时期，这些海量的、分散在不同角落的数据导致了数据资源利用的复杂性和管理的高难度，形成一个个系统竖井。系统之间的关系、标准化数据从哪里获取都无从知晓，但是通过有效的数据治理工作，可以对分散在各系统中的数据提供一套统一的数据定义、数据类型、赋值规则等的定义基准,通过数据标准化可以防止数据的混乱使用,确保数据的正确性及质量,并可以提高开发效率和保持数据管理的一致性,进而提升企业内部数据管理的精细化水平。

多角度、全方位、准确的数据价值是企业开展营销、争夺优质客户的关键。大数据的安全治理和数据技术的应用触发了消费心理和行为的变化,这些变化又对企业营销产生复杂而深刻的影响,企业必须适应新一代信息技术的变化,深入分析大数据背景下需求的特点,只有不断地创新企业营销内涵和营销模式,才能使企业在市场竞争中不被淘汰。可以说,数据已成为企业最核心的隐形财富,谁掌握了准确的数据谁就能获得先机。就拿营销中精准广告投放来说,广告可以说是促销的利器,但传统广告投放有许多弊端:门槛高、投入大。越来越多的企业对大规模投放广告感到力不从心,尤其是被认为对树立企业品牌最有效果的电视广告;针对性差,浪费严重。在大数据技术支撑的营销模式下,以网络广告为主的促销方式第一次可以实现目标受众明确、投放时间灵活、地域选择自由、投放次数可控等多重目标的统一。① 因此,企业如何在当前竞争日益激烈的市场上开展精准营销、争夺优质客户、如何选择竞争策略,都是需要高度关注的问题。

---

① 王其和. 大数据背景下企业营销战略再分析与营销策略新内涵[J]. 统计与决策,2014(24):198-201.

第二章

技术支撑：数字技术与数字经济

大数据：数据挖掘与精准决策
云计算：资源集聚与平台经济
物联网：信息感知与万物互联
5G网：高速低耗与营商环境
人工智能："智能＋"与智能经济

在大数据、云计算、物联网、5G网和人工智能等数字技术的推动下，"互联网＋"和"智能＋"逐渐由概念变为现实，催生了数字经济蓬勃发展。新兴数字技术带来了巨大的经济机遇，各行各业都在谋划"数字化"转型和发展战略，新技术、新产业、新业态、新模式不断涌现，成为中国经济在新时代快速发展的强大动能。

一、大数据：数据挖掘与精准决策

大数据技术的实际意义并不在于其拥有大量的数据信息，而在于对这些含有意义的数据进行挖掘、处理、应用而产生的价值。换而言之，如果把大数据比作企业，那么企业要想实现盈利，就要提高其对数据的加工处理能力，通过技术的加工实现数据的价值变现，进而实现企业的盈利。

大数据需要特殊的技术，才能有效地处理大量、复杂和不断变化的数据。这些技术主要包括大规模并行处理、数据库、数据挖掘、分布式文件系统、分布式数据库、云计算平台等。简言之，数据挖掘就是从大量的数据中提取有价值信息的过程。这个对数据进行各种处理和归类的过程，需要掌握正确的数据挖掘分析思维和数据挖掘技术。目前，数据分析思维已经成为一种被广泛倡导的科学素养和实践方法论。以下介绍的就是常用的数据挖掘分析思维模式（如图2-1所示）。

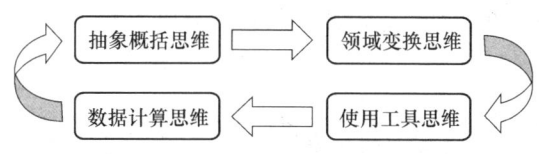

图 2-1　数据挖掘分析思维模式

首先是数据的抽象和概括思维。在数据挖掘和机器学习的过程中，大家都习惯于在小的数据集上了解用户的需求，弄清楚问题的性质，首先对小数据进行实验和验证，然后把这些方式方法应用到大数据集中，但最终目的是让数据的整体支撑我们的逻辑、分析和验证，支撑我们的实际应用。但是，小数据和大数据之间是有显著差别的，很多情况下，小数据的性质与大数据的性质并不一致，而且小数据和大数据的处理手段一般来说也不相同。通过小数据有可能掌握基本趋势和规律，但如果在实践中应用，个性化处理能力就不强，甚至完全不能提供个性化处理和服务。因此，我们就需要具备数据的抽象和概括思维。

其次是数据的领域变换思维。离开了应用领域，大数据及数据挖掘就没有任何生命力。统计学和数据挖掘都可以分为两个方面讲：一是如何在领域中定义一个数据分析的问题，以及如何把分析结果应用到领域中创造价值；二是分析的手段，也就是我们通常所说的"挖掘"技术。在数据挖掘学习过程中，我们发现大部分人热衷于对分析手段的学习和研究，而对于前者并不关心。为此，需要我们具备迅速发现领域需求和通过数据挖掘技术真正解决领域需求的能力,这样才能真正掌握数据挖掘。

再次是使用和制造数据分析工具的思维。对于海量数据、大数据,肉眼观察已经无法理解、掌握和分析数据,难以发现数据中的规律,以及无法应用数据规律解决实际问题的业务脉络,所以必须借助于分析和展现工具软件,需要具备合理利用工具的思维方式和能力。所有的分析挖掘工作全部借助于已有的软件包,如果没有合适的软件包,或者软件包如果不具备相应的功能,则分析工作无法继续进行。

最后是数据的计算思维。所有的数据挖掘问题最终都要落实到一个计算问题。一方面,在大数据量场景下,对计算的效率要求越来越高,这导致在小数据量场景下完美运行的许多挖掘过程在大数据量场景下不具有可行性;另一方面,由于从一开始要考虑到数据量的大小,为了使挖掘过程对数据具有可扩展性,我们会把注意力和精力放在对数据量的考虑和处理上。这两方面都会严重制约数据挖掘过程的顺利实施和有效应用。①

基于这些数据挖掘分析思维模式,现在普遍应用的数据挖掘技术主要为以下五种(如图2-2所示)。

图 2-2　五种数据挖掘技术

(1) 关联规则

关联规则使用两个或多个项之间的关联来确定它们之间的模式,关联通常用于销售点系统,以确定产品之间的共同趋势。例如,超市可以确定顾客在买草莓时也常买鲜奶油,反之亦然。这是一个非常简单的方法,它可以提供许多企业的日常使用的信息,来提高效率和增加收入,应用领域还包括物品的实物摆放组织、市场营销和产品的交叉销售与上销等。

(2) 分类

将大量数据根据其特点进行划分,将具有不同特质的数据划分为不同种类,从而将数据库中具有的数据根据其特点放置到特定的、规定的类型之中,利用时再进行分类调取。目前,淘宝店店主常使用这种方法通过用户的购买记录对用户

---

① 王建新. 数据挖掘课程中数据思维的培养方法探索[J]. 计算机教育,2019(08):117-120.

进行分类,从而向用户推荐合适的商品来提高店铺的销量。分类法一般应用的数据都具有一定的规律,这类数据容易进行分类,采用分类法进行数据挖掘效果好。①

(3) 聚类

聚类是将数据记录组合在一起的方法,这样做通常是为了让最终用户对数据库中发生的事情有一个高层次的认识,查看对象分组情况可以帮助市场细分领域的企业。举个例子,可以使用聚类将市场细分为客户子集,然后每个子集可以根据簇的属性制定特定的营销策略,如在一个簇中与另一个簇中的客户的购买模式的对比。

(4) 决策树

决策树用于分类或预测数据。决策树从一个简单的问题开始,它有两个或多个答案,每个答案将会引出进一步的问题,该问题又可被用于分类或识别可被进一步分类的数据,或者可以基于每个答案进行预测。例如,应用决策树图分析手机供应商如何分类流失的客户,或不更新手机的客户。

(5) 序列模式

序列模式识别相似事件的趋势或通常情况发生的可能,这种数据挖掘技术经常被用来预测用户购买行为。许多零售商通过数据和序列模式来决定其用于展示的产品。在购物篮应用中,可以使用这些信息自动地根据浏览频率和过去的购买历史记录预测某些商品是否会被添加到购物篮中。

大数据时代,数据的处理与传统的处理方式有着显著的不同,数据挖掘更注重对全体数据的挖掘,而非抽样样本的数据、更注重处理的是效率而非绝对精度。应用数据挖掘技术的流程,可以概括为以下四个流程(如图2-3所示)。

图 2-3 数据挖掘流程

首先是数据采集。大数据的采集是指运营端接收来自客户端的数据,然后用户可以对这些数据进行简单的查询和处理工作。在大数据的采集过程中,由于同时可能会有成千上万的用户进行访问和操作,所以数据采集面临着并发数高的挑战。例如,天猫"双11"大促和春运期间12306的火车票售票网站,用户们同时

---

① 刘政宇. 大数据分析挖掘技术及其决策应用研究[J]. 科学技术创新,2019(23):84-85.

的访问量在高峰值时可能达到上百万，甚至会出现服务器系统失灵等现象，所以就需要在采集端提前部署大量数据库信息才能够避免这种情况的发生。代表工具包括 Flume、Kafka 等。

其次是数据存储。互联网数据以"大"为其最基本的特点，所以存储起来需要一定的模式和处理系统。目前，除了互联网企业外，数据处理领域主要还是传统数据库管理系统，随着移动互联网的出现和快速发展，再加上数码设备的大规模应用，目前数据的来源主要是通过设备、服务器产生的。机器产生的数据正以几何级数增长，如基因数据、定位数据、图片、医疗数据等，这些数据以非结构化、半结构化为主。近年来，通过扩展和封装 Hadoop 来实现对互联网大数据存储和分析，对于非结构、半结构化数据处理、复杂的数据挖掘和计算模型，大数据的内容是多样的。代表工具包括 HDFS 文件系统、HBase 列数据库等。

再次是数据分析与挖掘。大数据的数据挖掘与传统的数据挖掘方法也存在一定的差别：第一，在大数据平台下，数据的大体量在进行挖掘时需要更高的时效性；第二，数据的多样性的特征对模型的绝对计算精度要求会降低，所以可以通过相对计算精度的提升在全样数据上获得更高的计算精度；第三，大数据平台下的数据挖掘可以没有什么预先设定好的主题，主要是在现有数据中进行基于各种算法的计算，从而起到预测的效果，实现一些高级别数据分析的需求。常用的工具包括 Mahout、MLlib 等数据挖掘和机器学习工具。

最后是数据的可视化。对于数据挖掘最困难的一步就是数据展示和解读数据之间的关系，清晰有效地传达并且沟通数据信息。大数据可视化旨在利用计算机自动化分析能力的同时，充分挖掘人对于可视化信息认知能力的优势，将人、机各自的强项有机地结合，借助人机交互式分析方法和交互技术，辅助人们更为直观和高效地洞悉大数据背后的信息、知识与智慧。

基于以上对大数据挖掘思维和数据挖掘技术的基本介绍，接下来将从这个角度切入，分析企业如何利用大数据挖掘技术进行精准决策。

通过了解以上的数据挖掘流程可以看到，大数据不仅能够激发人们对于数据新认识与新应用的热情，也引发了人类对经济发展、社会运行和生产生活的重新审视。因此，企业只有从思想观念上加强对大数据的认识和重视，并且准确把握其思想内涵和精神实质，能够灵活运用数据挖掘的思维和技术，并且积极地探索"精准"决策的新经验并加以实践，才能有效打破数据壁垒和数字鸿沟，畅通数据双向交互的渠道，进而提升公众获取公共数据资源的效能，同时提高精准决策的效度。

百度率先运用了大数据挖掘思维和技术进行了科学精准的决策。百度与深圳市家具行业协会合作，率先在行业首发《中国家具消费需求大数据》，依托百度旗下的百度搜索、百度百科、百度地图、百度新闻、百度电商等信息平台，掌控了亿万量级的消费者信息，多维度分析消费群体的搜索趋势、搜索行为、兴趣偏好等，帮助行业实时了解消费者热点需求、把握行业动态，从而帮助企业应对市场变化。

换句话说，当企业导入百度大数据，百度信息平台就能给企业提供所需的消费人群分析、消费行为分析、品牌偏好分析及风格趋势分析等，从而精准掌握消费者及市场动态，为企业研发设计、品牌推广等提供决策依据，从产品材质、设计到营销渠道、活动策略、品牌推广，精准地服务于目标群体。

同时，百度大数据将市场终端消费信息接入企业管理平台，这样不仅提高了决策效率和成功率，而且大大降低了机会成本，还可以结合市场发展大趋势找到企业改革与突破的方向，取长补短，持续提高企业竞争力。

可见，不管是企业还是行业，未来发展方向都要以终端信息为依据。百度作为最重要的战略平台，依托百度大数据，能精准掌控市场和行业发展方向，进而为企业转型升级指引战略方向。

二、云计算：资源集聚与平台经济

关于云计算的定义，目前的说法并不统一。一种说法是云计算技术以分布式作为计算平台，采用分布式数据处理方法，从分布式存储、并行计算两方面双管齐下，在大量数据中挖掘数据背后蕴藏的价值，并且有效地解决数据存储、计算、容错等内容要求。在此基础上，谷歌提出分布式文件系统理论并在行业中逐渐发展起来，此系统称之为GFS，也可深层次解决数据搜索、存储、分析等问题要求。[①] 另一个比较有代表性的观点来自美国国家标准和技术研究所（NIST），这种观点认为，云计算是一种按使用量付费的模式。这种模式对可配置的IT资源共享池提供了可用的、便捷的、按需供应的网络访问。在这些IT资源被提供的过程中，只需要投入很少的管理和交流工作。

可见，云计算就像一个资源聚集的领地，将处理好的数据信息快速、高效地

---

① 张艳慧. 基于云计算平台的物联网数据挖掘探析[J]. 现代信息科技, 2019, 3(05): 174-176.

传递给用户,从而带来便捷、实时的服务体验(如图2-4所示)。当然,这也归因于它如下的技术特点。

一是连接的广泛性。云端的IT资源一旦配置完成,云服务的使用者可以通过多种设备终端、不同的传输协议、不同的接口访问云资源。云服务的使用者可以自由地访问这些资源,而云服务的提供者则不需要有更多的介入。

二是云计算在数据储存方面进行了改善,采用分布式储存的方式。分布式储存是较为灵活的储存方式,主要是冗余储存,将同一份数据储存多个副本,具有安全性和可靠性特点。另外,其将计算任务分布在多个模块,分别计算处理后再进行整合,具有高效性,能够满足人们对数据储存的需求。①

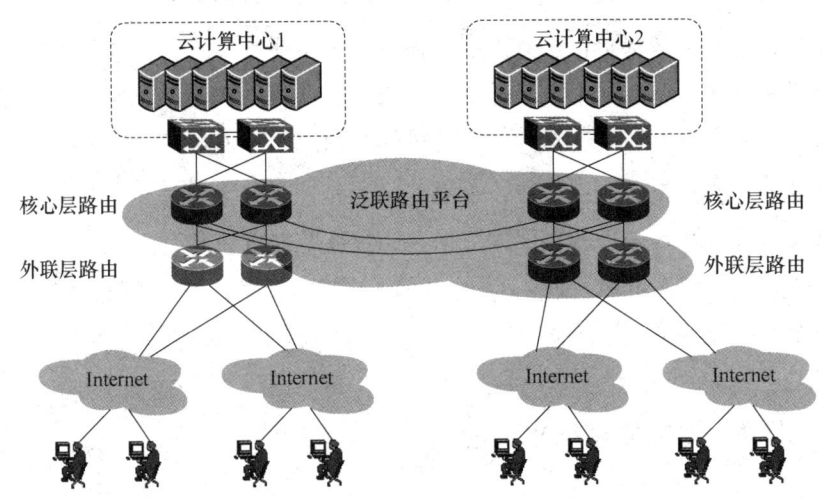

图2-4 云计算的连接结构图

三是云具有多租户性和资源池的特性。云服务的提供者会把很多IT资源放在一个资源池中,满足不同的用户的需求,让用户们各取所需,灵活调用自己的资源,不会相互干扰。

四是云的可度量的使用。也就是说,云计算服务需要像水、电那样,可以清楚地记录其使用状况,并按照使用状况进行收费。

很早之前,Google的创始人谢尔盖布林和拉里佩奇就构想出跨越全世界的信息网,供人们随时随地访问,用户只需要将搜索指令通过互联网发送到Google的大型服务器集群上,完成之后就可以得到结果。因为在这之前,用户

---

① 罗茂兴.云计算发展现状及关键技术进展[J].计算机产品与流通,2019(09):124.

的电脑运算能力取决于用户各自的电脑硬件、服务器和硬盘存储的大小,而且那时候只有一些大企业和一些科研机构才用得起电脑。

随着云计算时代的到来,谢尔盖布林和拉里佩奇的构想成了现实,这就大大降低了用户端的电脑成本,用户只要电脑能连上网,就可以共享中央服务器海量的空间和随时随地下载更新最新的应用软件。摩尔定律虽然对于大幅度降低价格、普及电脑的使用功不可没,但如果没有云计算带来的新商业模式,互联网世界肯定不是"平"的。

从企业的角度讲,就应该以一种"平台"经济来看待云计算。在云计算之前,企业如果想要通过互联网来建立企业与客户的联系,就必须成立自己的IT部门,购买域名空间甚至服务器,雇佣IT从业者来实现这个目标。如今在云计算时代,企业只需要注册自己的微博、微信公共平台就可以实现。更重要的是,这些都是免费的,不再需要雇佣懂IT的工程师,任何人都可以很容易学会,这样不仅节约了企业的成本,而且提高了效率。

说云计算似电网系统,但实际上又绝非电网系统。在电网系统里,生产电和使用电是分离的,电由发电厂利用它们的发电设备进行生产,然后通过电网系统把电输送到千家万户,如果你们小区都没有电,你家也不可能会有电。但是,互联网则不同,云计算建立在"分布式计算"的基础上,这个系统更像交通系统。如果从A地点到B地点因为施工或者车祸等原因无法通过,但并不会影响你到B地点,你完全可以通过先到C地点然后到B地点,也就是我们常说的"绕路走"。

总而言之,云计算就是建立在庞大用户群体参与之上的,他们分享各自的资源信息,然后使所有资源整合聚集在一起,能够使得信息涌现足以满足几乎所有人的信息需求。

与此同时,云计算也折射出了一个问题,就是使用者的数据安全问题。可以这样讲,在互联网服务提供商保持中立的情况下,使用者越多,每个使用者就越安全。举个简单的例子,如果在一家超市只有你一个顾客,那么这家超市的营业员很容易记住你每天购买的物品,并基于此对你的个人隐私进行推理,从而得知这位顾客一些不可告人的秘密,或者进行隐私侵犯。但是,如果这家超市每天接待上千位顾客,也许会通过监控设备对你的行为了如指掌,但不会每时每刻地关注你。除非你是小偷,不然这家超市的营业员是不会对你在超市里产生的信息数据感兴趣,即使感兴趣,概率也大大降低。

图 2-5　云计算

可见，云计算是一种"中心化"的思维，这里的"中心化"绝非中央集权式的，而是云计算使得计算和数据存储从私人能力转向一种"公共能力"。换句话说，就是使资源集聚起来，然后提供一个平台供人们搜索和了解信息。

随着信息时代的大踏步到来，信息交换已成为一种常态，社交网络、搜索引擎等都已经成为人们生活的一部分，云计算使得所有用户的信息和在互联网上的冲浪痕迹都能够在云端被"统一"存储和计算分析，并使得数据形成规模，最终成为一种可以为这个世界带来价值的资源，而大数据时代的来临和数字经济也将建立在"云计算"的技术支撑之上。

三、物联网：信息感知与万物互联

物联网是新一代信息技术的重要组成部分。物联网技术的出现、发展、成熟将大大改变人们现有的生活环境和习惯，使我们生活的整个社会的智能化程度越来越高。在不久的将来，物联网技术必将引起网络社会结构的重大变革，与之相关的各类应用将显著提升整个社会的信息化和智能化水平，也将进一步增强服务社会的能力，从而不断提升我国的综合国力和国际竞争力。

物联网属于新生代网络，用万亿节点表示对象，在不同传感器设备、网络服务器、超级计算机集群中进行数据的传递、汇总、应用。物联网这种新型科技，既包含计算机技术、通信技术，又展示了网络的发展方向。物联网中可通过对物理对象的利用，形成无缝信息网络，利用网络服务加强"智能对象"之间的联系，在安全保障下，解决用户不同需求。[1]

---

[1]　张艳慧. 基于云计算平台的物联网数据挖掘探析[J]. 现代信息科技,2019,3(05):174-176.

换句话说，物联网是在互联网的基础上，利用射频自动识别技术、无线数据通信技术等，构造一个覆盖世界万事万物的网络。在这个网络中，物品（商品）能够通过传感器进行"交流"，而无须人的干预，通过互联网实现物品（商品）的自动识别和信息的互联与共享，从而实现信息交换和通信的一种网络。普通的日常用品因为连接而获得了新的生命，它们甚至将具有学习能力，可以通过感知、学习来根据用户的特点对自身的行为做出相应的调整。

传感器可以说是物联网最为基础的组成部分，就好像是人的五官和四肢，正因为传感器的存在，物品才能采集到足够多的信息，最终上传到整个网络的"大脑"。随着信息科技的飞速发展，未来可能有成千上万的传感器被嵌入现实物质世界的各种物品之中，那么无所不在的传感器就会感知、分析来自世界各地的数据，把整个人类、物质世界连接起来。就目前5G网络技术发展之快，必将助推物联网的快速发展，进一步提高物联网的数据采集和信息感知的能力。

物联网时代的到来，让人类生产生活中的信息连接方式发生了重大变化。更重要的是，众多传统商业模式也在很短的时间内被完全颠覆。但在颠覆的同时，也造就了大量新的商业思想和模式，成就了一批新型公司。与同样发展迅速的互联网相比，物联网的到来对人类社会的改变更为全面和深刻。互联网只是实现了人与信息的连接，而物联网则不仅将人与信息连接，而且为多种物品的连接提供了一个全新的平台（如图2-6所示）。可见，物联网使得整个世界变得更像一个生命体，而不是一个冷冰冰的物质世界。同时，物联网所带来的不仅是人们生活上的便利，也蕴藏着大量的商业机会。

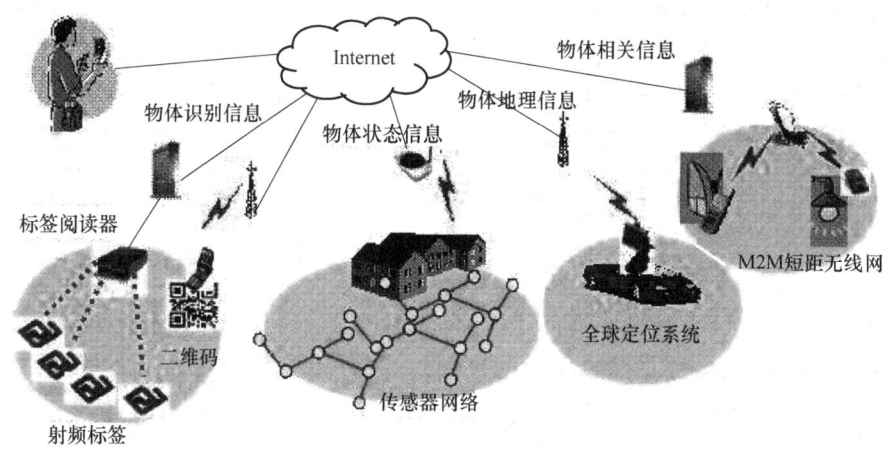

图 2-6 物联网

在交通领域,车联网就是运用的物联网技术,通过先进的传感器和控制技术等实现数据采集,然后实时监控车辆运行状态,从而降低交通事故发生率(如图2-7所示)。例如,在道路交通方面,以图像识别技术为核心,综合利用射频技术、标签等手段,对交通流量、驾驶违章、行驶路线、道路的占有率等数据进行自动采集和实时传送,相应的系统会对采集到的信息进行汇总分类,并利用识别能力与控制能力进行分析处理,对机动车牌号和车型进行识别、快速处置,同时为交通事件的检测提供详细数据。这样的集成交通运输管理体系,使人、车和路能够紧密的配合,不仅改善了交通的运输环境、保障交通安全,而且提高了资源利用率,也会给未来的智能交通领域带来极大的便利。

图 2-7 车联网

在农业领域,物联网的应用也非常广泛。智慧农业就是利用物联网、人工智能、大数据等新一代信息技术与农业进行深度融合,实现农业生产全过程的信息感知、精准管理和智能控制的一种全新农业生产方式。应用较为广泛的是可以实现农业可视化诊断、远程控制和灾害预警的功能。例如,通过物联网的连接,可以检测地表温度、家禽的生活情形、农作物灌溉监视情况、土壤酸碱度变化、降水量、风力等,从而进行合理的科学估计,为农民在减灾、抗灾、科学种植等方面提供很大的帮助,完善农业综合效益。

在医疗卫生领域中,物联网的应用是通过传感器与移动设备的连接,对生物生理状态进行捕捉。新技术的应用必须以人为中心,而物联网技术能够有效地帮助医院实现对人和对物的智能化管理。例如,将心跳频率、体力消耗、葡萄糖摄取、血压高低等生命指数记录到电子健康文件里,不仅方便个人或医生进行查阅,还能够监控人体的健康状况,而且把检测到的数据传输到通信终端上,也可以节省医疗开支,使得人们的生活更加轻松。这是物联网对传统医疗设备进行的数字化改造,实现了数字化设备管理、监控以及电子病历查阅等功能。

在互联网时代，人们常说，由于网络的出现造就了一个相对独立的数字世界。然而，数字世界的出现并不能满足人们控制现实世界的深层需求，这就为物联网的出现做好了铺垫。物联网使得虚拟的数字世界与现实的物质世界整合为一，处于这一网络中的物品都像被赋予了"读心术"一般，不仅能感知用户的需求和情绪，而且能根据判断自动做出响应。智能家居领域就是一个鲜活的例子，物联网应用于智能家居，能够对家居类产品的位置、状态、变化进行监测，分析其变化特征，同时根据人的需要，在一定的程度上进行反馈。试想，当你拖着疲惫的身躯回到家时，房屋的空调早已开启并设置到了合适的温度，灯光被调节到适合放松的颜色和亮度，这样的场景过去只能出现在科幻电影当中，现在却已成为现实。因此，物联网的出现既是互联网及其相关技术发展的结果，也是基于人性的必然。

四、5G 网：高速低耗与营商环境

移动网络并不是一个十分严格的学术概念。一般来说，移动网络是相对于传统固定网络而言的，传统的固定网络是以不便于移动的电脑为主搭建起来的，所有设备都通过网线连接在一起；而与之相对应的移动网络，是由移动设备为主构成的网络，如手机、平板电脑等，这些设备一般通过电信运营商提供的移动流量接到网络上，如历史上的 GPRS 及当前普遍使用的 4G。

之所以出现移动网络这个名词，主要是因为移动设备有其自身特点，如尺寸小、便携、没有键盘等。但在软件领域，针对移动设备的这些特点，就需要做很多针对性的特殊设计，如在网络基础设施建设上，移动网络最主要的研究就是移动通信制式与标准。目前发展的 5G 技术就是移动网的又一新突破。随着 5G 技术的诞生，我们可以将一部 1G 的电影在 8 秒之内下载完成，充分展现了移动网 5G 超高速率、超低时延、超大连接的特征。

说到 5G 网络通信技术，相比于现在被普遍应用的 4G 网络通信技术而言，它在传输速度、传输稳定性和高频传输上都有着非常明显的优势，为实现万物互联提供了内在动力。

首先，5G 网络传输速度的提高会缩短传输过程中所需要的时间，这对于工作效率的提高具有非常重要的作用，所以将 5G 网络通信技术应用在当今社会能极大地推进人类社会的发展。

其次，5G网络通信技术不仅做到速度快，而且在传输的稳定性上也有突出的进步。5G网络通信技术在不同的场景中都能很稳定地传输，这就会使工作的难度大大降低，工作人员在5G环境中工作时，不会因为工作环境的场景复杂而造成传输不稳定的情况，提高工作人员的工作效率。

最后，高频传输是5G网络通信的核心技术，但目前低频传输的资源越来越紧张，而5G网络通信技术的运行需要更大的频率带宽，低频传输技术已经满足不了5G技术的需求，所以我们要更加积极主动地去探索开发。

可见，5G以"高速度、高稳定性、低功耗和低时延"的极致统一，成为人类世界走向万物互联的关键节点。如果说4G时代的到来完成了对人类、信息、娱乐和社交的组网，用有形的终端和无形的网络完成了信息传播和内容分享的通道建设，那么面对已然到来的5G时代，我们就有可能联结万物从个人、家庭乃至国家和地球，进一步把数字生活"嵌入"人类衣食住行的方方面面。伴随着电子商务、无现金支付、直播和短视频的出现，我们每个人都已经潜移默化地与网络连接在了一起。

对于移动网的营商环境，我国也加快了5G营商环境的建设。中国电信广州分公司为广州市越秀区打造了全市首个5G营商环境创新平台。该平台落户该区政务服务中心，旨在加速5G网络建设，打造具有文创特色的5G应用场景，助力越秀区打造5G示范城区。整个政务服务中心全部5G信号全覆盖，市民办事可畅享5G网络。未来，越秀区政务服务中心还将应用5G为企业提供更贴心高效的政务服务，推动企业应用5G进行技术创新和产业升级。

越秀区政务服务中心所有区域都实现了5G信号室内全覆盖，为办事群众提供免费便民网络，提升了办事服务的效率。除了提供免费高速网络，提升办事效率外，营商环境创新平台更重要的是有5G最新应用科普和体验，现场设立了沉浸式VR的体验区，企业客户戴上VR眼镜便可"步入"科技创意产业园，如同身临黄花岗创意科技产业园一般，可即时体验黄花岗创意科技产业园的环境氛围。

此外，还可通过5G Wi-Fi连接"投资越秀"微信公众号一键招商服务平台，里面涵盖了越秀区投资政策、投资项目、投资载体等投资资讯服务，实现一键查服务、提需求、申请政策。借助5G试点契机，越秀区在保证信息安全、智能服务的基础上，加快了为群众和企业办事服务效率，提供了更优质的营商环境，为公众提供更多一体化入口服务,高效地实现资源共享、成本节约和管理创新。[①]

未来,5G 营商环境创新平台还将不定期开展活动推动投资招商,解决企业诉求等,并通过 5G 推进企业交流平台的建立,促进产业升级。越秀区下一步将打造成粤港澳大湾区第一个 5G 全覆盖的区,其他省份也在紧锣密鼓地进行,通过 5G 网络通信技术打造出最为优质的营商环境,推进企业联盟,进而引领新一轮的新兴产业集群升级。

杭州作为数字经济的先行者,已经将建设"全国 5G 第一城"为目标,全国 5G 试点示范城市蓄势待发。杭州全面推进 5G 网络布局、应用试点和产业发展各项工作,充分营造万物互联的营商环境。在美丽的西湖边,全国首辆 5G 观光巴士 51 路公交车已投入运营,乘客在乘车过程中,可连接上免费的 5G Wi-Fi 网络,享受 5G 带来的千兆上网体验,也可扫码体验到 VR 游西湖、VR 逛湖滨等黑科技,尽享 5G 巴士带来的独特杭州韵味。在云栖小镇,5G 无人车可以帮助用户完成快递的配送,完美解决用户便利度和配送成本之间的矛盾。

目前,杭州 5G 产业发展也在不断加强。2018 年 5 月,浙江移动联合浙江电信、浙江联通、浙江大学、华为杭研院、海康威视等 27 家企事业单位,率先成立"浙江省 5G 产业联盟",目前成员单位已发展到 86 家(其中杭州 64 家)。到 2018 年底,杭州在全市布局推进 3 至 5 个 5G 产业园,32 个重大项目集中进驻中国杭州 5G 创新园,包括富士康工业互联网华东运营总部、杭州未来科技城 5G 开放实验平台等,这些高端创新平台将为营商环境的全网覆盖提供强有力地支持。[②]

五、人工智能:"智能+"与智能经济

在"人工智能"概念提出 60 多年后的今天,人工智能在智能制造、智能金融、智能医疗、智能政府等众多领域取得巨大突破,一些困扰人类多年的重大经济、社会问题也有望得到解决。可以说,这是一场科技革命推动的智能革命。为此,我们要把握好新科技革命和产业变革的历史机遇,完善体制机制和政策环境,推进"智能+"与实体经济的深度融合,加快数字经济和智能经济的发展。

---

① 孙涛,韩清颖. 我国城市社区"网格化管理"建设:国家治理现代化在基层的创新——以广州市越秀区为例[J]. 华东经济管理,2019,33(05):5-11.

② 章湧. 5G:万物互联 杭州先行[J]. 杭州(周刊),2019(34):10-13.

"智能+"的重点领域是制造业。制造业是实体经济的主体,是技术创新的主战场,也是供给侧结构性改革的重要领域。一方面,制造业需要"智能+",只有深度融合人工智能、物联网、大数据、云计算等数字技术,改进技术装备,才能提高生产效率,优化制造的模式,进而促进我国制造业的数字化发展,扭转当前我国制造业大而不强的局面。另一方面,"智能+"也需要制造业这个大舞台,制造业领域的需求能够为"智能+"相关的新一代信息技术和新一代人工智能技术产业提供庞大的市场,并从需求端倒逼智能技术进步,同时在与产业融合发展的进程中找到新的突破点,推动智能产业自身蓬勃发展和壮大。

"智能+"与金融的结合无疑是对传统银行业的有益补充,能够提升其服务质量,高效而又便捷地将资金需求方与供给方连接在一起,省去了传统模式中不必要的中间环节。智能金融以速度快、成本低、个性化服务等优势在银行业内发展迅速,并孕育了新的商业模式,各种手机软件的上线,银行的支付业务、借贷业务和投资业务等多方面已经受到冲击。新形势下,银行网点的服务重点正向着客户体验主导型转变,银行开始加大对数字化、智能化研究的投入,努力构建适应客户需求、实时变化的"智慧银行",积极推行新型智能化自助设备改造服务流程。

随着语音识别、自然语言处理等人工智能技术的深入发展,一批特殊的银行客服人员正逐渐进入大众的视线。例如,客服机器人已从第一代的问答为主发展到融入深度学习技术的智能客服机器人,它们不仅能理解客户语言的上下文含义,还具有自我学习理解能力,能够理解口语化问题。

在日本,三菱东京银行的智能机器人 NAO 自 2016 年 3 月开始了接待顾客的工作,除日语外,它还可以用英文、中文等 19 种语言进行服务,能够提供外币兑换、自动取款、银行开户等基础服务,还可以通过跳舞、摆造型等方式让客户的等待时间不再无聊。

在中国,各大银行的智能客服也正在试点运行,完善功能。民生银行的智能客服机器人小"ONE"于 2016 年 9 月起在北京分行营业大厅上岗(如图 2-8 所示),能够办理几乎所有的大堂常规业务,还可以帮助顾客进行业务分流,并同时提供公众教育服务、贵宾服务、等候区引导等其他服务事项,民生银行下一步致力于将小"ONE"继续升级和优化,计划实现全天候远程监控、客户识别、厅堂管家等功能。

图 2-8 民生银行的小 ONE

除了智能客服以外，人工智能技术还可以成为用户与金融产品的桥梁，将人工智能和投资顾问结合，产生智能投顾。在平时的生活中，可以看到各式各样的"猜你喜欢"，如视频网站会推荐个性化的影视节目、电商会推荐个性化的商品。随着机器学习的广泛应用，在智能理财领域的智能投顾也能搜集到各类数据，然后识别用户的风险偏好，进而根据用户不同的风险偏好提供个性化的投资方案。

人的风险偏好可能随时发生变化，外部环境以及个人、家庭的突发事件都可能影响用户的风险偏好，但是这些影响因素都可以被量化和记录，智能投顾就是利用人工智能算法，经计算得到一条动态变化的风险偏好变化曲线，使用计算机完成传统由人工完成的理财顾问服务，最终定制其个性化投资方案。

智能投顾的使用并不需要太多关于金融市场和金融产品的知识，或者经过严谨的问卷调查和评估，智能投顾只要根据客户的年龄、性别、收入、心理特征的差异就可以了解客户的风险偏好。与传统投资顾问相比，由于其最终目标是服务于大量客户群体，产生规模效益，因此向客户收取的费用相对较低，很多国内的智能投顾甚至没有服务费，因而大大降低了成本。

"智能＋"与医疗的结合实现了医疗过程的信息化、数字化和智能化，即实现患者与医务人员、医疗机构、医疗设备之间顺畅的互动。长久以来，我国医疗资源不足、分布不平衡的问题十分突出，而 AI 技术的融入有助于弥补人才缺口和资源缺口。比如，目前已经较为成熟的智能诊断辅助系统，可对多种癌症、冠心病等疾病进行筛查。科大讯飞等企业推出的电子语音病例、导诊机器人等智能医疗产品，都可以在一定程度上把医疗工作者从技术难度不高且比较耗费时间的工作中解放出来，提高实际诊疗效率。未来，以物联网、AI 技术、云计算等为代表的新一代信息技术，将推动医疗过程向高效率、移动化和个性化的方向发展。

"智能+"对提升政府治理能力具有深远的意义，为强化政府效率提供了技术支撑。如果借助人工智能执行常规任务，如格式化、自动归类、流转、审批等，政府效率至少可提高20%，这方面我国已有不少成熟的案例，如广州"全程电子化商事登记系统"，在智能机器人终端上办理营业执照，从申报、人脸识别、电子签名、智能审核到领取，全程只需要10分钟。"智能+"还可以帮助提高政府决策科学化水平，为政府处理海量数据，通过机器学习和精准算法，对数据进行全面科学的分析整合，从而提出前瞻性解决方案。目前，我国人工智能决策辅助系统在税务稽查、投资决策、宏观人口预测、社会公共资源配置等领域已有大量应用。

智能经济是以大数据、人工智能和信息网络为基础、平台和工具的智慧经济，是智慧经济形态的组成部分，突出了智慧经济中智能机和信息网络的地位和作用，体现了知识经济形态和信息经济形态的历史衔接。而"智能+"时代的到来，契合智能经济发展步伐，并且能够促进智能经济的加速发展。

第三章

数据赋能：大数据驱动下的数字经济

技术融合：大数据挖掘技术应用于数字经济
运营升级：企业级大数据平台的构建
数据展示：大数据应用场景可视化
双轮驱动：大数据催生数字经济

随着新一代信息技术的快速发展和广泛应用，大数据成为数字经济发展的重要支撑，在产业转型升级和经济高质量发展方面发挥着重要作用。全球数字经济的浪潮席卷而来，为我国经济发展带来了前所未有的机遇。紧紧抓住大数据这一驱动数字经济发展的强大引擎，加快布局数字化产业格局，持续释放数据红利，大力发展数字经济，具有十分重要的战略意义。

一、技术融合：大数据挖掘技术应用于数字经济

数字经济是以数字资源为基础，以数字技术、信息技术为核心驱动力，通过信息网络连接而形成的生产、消费等经济活动的总和。换句话来讲，数字经济的本质在于以数字化信息和技术为基础实现经济活动的数字化，是一个信息和商务活动都数字化的社会经济系统。[①] 从技术层面、产业层面、融合发展、创新创业方面来看，我国数字经济未来的发展态势一片良好，这不仅仅得益于良好的经济发展环境，还依赖于不断创新的数字技术。

随着大数据技术的不断发展和演化，在数字创新的过程中衍生出许多新产品和新服务，可以说数字创新拓展了传统产业的产品和服务创新功能以及内涵，数字化的生产方式将会成为未来各行各业的重要发展方向。[②] 这里不妨以大数据技术中的数据挖掘技术为例，来分析其如何应用于数字经济的发展。首先，数据挖掘这种新技术自身在不断地演进，推动着数字技术迅速发展；其次，国家现在数字技术产业体系发展得较为完善，所以使不断创新的数据挖掘技术及时应用于数字经济成了可能；最后，数字经济不再局限于原来经济产业本身，将更多地进入实体领域以及其他产业领域，所以数字经济的支撑引领作用不断凸显。而在大数据时代下，数据挖掘技术已经广泛地应用到生产和生活的各个领域，使用数据挖掘技术发现大数据的内在价值也成了当今高科技发展的热点问题。无论在物流运输、道路交通方面，还是在金融、教育等方面都可以随处看到数据挖掘的影子。因此，大数据挖掘技术对于数字经济的快速发展起着巨大的促进作用。

数据挖掘技术中的优化技术可以应用于道路交通问题的有效解决。道路的交通状况与人们的出行关系密切，城市的快速发展、生活水平的提高、机动车的规模逐渐扩大，带来了交通拥堵、出行不便等问题。数据挖掘技术可以有效地解决交通道路和物流网络之间的优化问题。具体来说，就是通过数据挖掘预测模型中的"实时预测"来分析短期的交通状况，通过得到的预测结果提前采取相应的道路疏散措施，给陷入交通拥堵的驾驶人员带来了极大的帮助，同时使政府不用再花费更多的时间和金钱治理交通拥堵问题，促进经济社会更好发展。

随着新一代信息技术的快速发展，网上购物的人越来越多，这同时带来了道

[①] 孙文静. 数字经济2.0时代的机遇与挑战[J]. 农村经济与科技, 2019(17): 1-2
[②] 同上。

路交通问题,频繁的物流运输会加剧道路拥堵,但将数据挖掘中的优化技术应用在这里将有效缓解这一问题。例如,京东是中国规模较大的在线交易平台之一,每年有大量的商品通过物流运输,但在人工智能的优化时代,京东已经开始使用无人机探测道路状况并且进行数据反馈,然后采用数据挖掘技术对反馈的数据进行分析,精准计算物流网络运输所需要的参数,进而轻松高效地缓解物流运输瘫痪的问题。京东产生的中国第一个机器人快递员(图3-1所示),就是一个成功的案例,它将第一个商品送至中国人民大学,但随着日后交通网络长度、复杂性等方面的增加,实现无人驾驶的自动化策略难度大幅增加,所以不断创新的数据挖掘技术的重要性显而易见。

图3-1 京东机器人快递员

总之,通过数据挖掘技术可以帮助我们从复杂道路信息中获得高效的价值,从而不会因为道路拥堵的时间成本问题而减少经济收入。

数据挖掘中的识别技术可以应用于安全验证。自从20世纪50年代数字图像出现以来,它成为人类社会中必不可少的"数据"。在计算机应用中,数据挖掘在图像识别的应用越来越普遍,其代表性应用就是人脸识别(如图3-2所示)和指纹识别。人脸识别通过对获得的信息库进行数据挖掘,进一步分析和处理可靠的、潜在的数据,充分准备资料的分析工作和未来的开发工作。数据挖掘技术的不断发展,打破了传统人工识别的许多弊端,这样的数据识别不仅拥有更高的精确性,提高安全验证的质量,而且还减少了人力成本的输出,高效地利用了资源,因此数据挖掘在识别人脸和指纹方向上实现的价值将会越来越高。

预测问题是各领域中研究最多的问题,其目的是通过历史数据预测未来的数据值或发展趋势。大部分历史数据是时间序列数据,就是按照时间顺序排列得到的一系列观测值,由于信息技术的不断进步,时间序列的数据也日益剧增,如气象预报、石油勘探、金融等,分析处理起来更加的烦琐复杂,数据挖掘技术的使用可以通过一系列科学技术手段，对时间序列的历史数据进行快速分析，从而预测未来一段时间的变化趋势及其可能带来的影响。

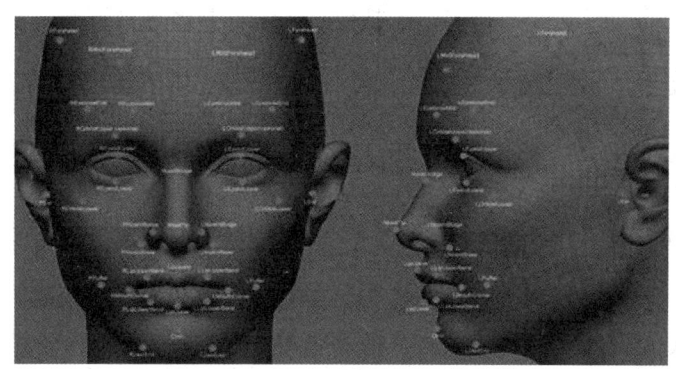

图 3-2　人脸识别技术

数据预测技术应用到网络游戏领域，可以在网络情况不佳的状况下保证游戏运行流畅。具体来讲，客户端程序根据场景中各个角色的当前状态以及之前的几个状态，预测下一个状态，并让这些角色根据预测结果进行下一步行动，从而使得在玩家看来游戏仍然在正常运行。当网络情况好转，服务器更新的数据到达以后，就会丢弃旧的预测数据，并且根据真实的数据重新更新场景中的信息。[①]

在大数据时代，银行、证券公司、保险公司等每天的业务都将生成海量数据，采用当前的数据库系统可以高效地实现数据的录入、查询和统计等功能。以前，数据机构只是具备一些简单的查询、录入功能，但是面对目前急剧增加的数据量已经无法满足要求，所以将查询功能提升到利用数据挖掘技术挖掘数据价值、提供决策的层次显得格外重要。目前，随着数据挖掘技术的不断成熟，数据挖掘在金融行业的应用中是具有可行性的，已经将理论应用到相关的实践中了，包括预测股票指数、发现金融时间序列中的隐含模式、信用风险管理以及汇率预测等。

在生命科学领域，大数据挖掘技术也有重要作用。生物信息学是一门交叉学科，融合了生命科学、计算机科学、信息科学和数学等众多学科。随着科学的发展、技术的提升及结果的优化，已经可以将高科技信息技术拓展到生物研究领域。但是，单纯凭借原有的计算机技术是远远不够的，需要以计算机科学作辅助，将生命科学、信息科学和数学等交叉学科融合在一起，通过数据挖掘技术进

---

①　张渊,陶道,余小清,等．数据预测技术及其在网络游戏中的应用[J]．计算机应用,2007(07):1795-1798．

行处理，仔细分析生物数据之间的内在联系，才可以挖掘生物数据内部的潜在信息。

生物信息数据的特点有很多，包括数量大、种类多、维度高、形式广和序列性等。当前，生物信息学的热点包括：从以序列分析为代表的组成分析向功能分析的转变；从单个生物分析的研究到基因调控的转变等。人类目前在生物基因组计划中的研究，仅仅是冰山一角，未来在差异基因表达、癌症基因检测、蛋白质和 RNA 基因的编码等生物基因方面的研究工作都将与数据挖掘技术密不可分。因此，只有更好地利用数据挖掘技术，才可以挖掘出生物基因组中的非凡价值。

无论是在物流、交通方面，还是在社会安全、教育等各个领域，每一时刻都会产生海量数据。由于社会存在过多的不确定性因素，导致处理的数据类型越来越繁杂，而数字经济又是要以数据为驱动的。若仅仅采用计算机辅助，用传统的处理方法解决实际问题依然存在局限性，但如果通过数据挖掘技术解决大数据问题，就开辟了另一个途径。未来的时代必然是以"数据为王"，数据挖掘技术将会面临更加严峻的挑战，利用数据挖掘的相关算法处理实际问题和分析数据的需求会更加显著，熟练地应用数据挖掘技术就显得格外重要。因此，面对数字经济的飞速发展，将这项技术充分运用才是对数字经济最大的驱动力。

二、运营升级：企业级大数据平台的构建

最近几年，大数据以迅猛之势融入生产和生活，同时企业也更加关注大数据的应用，实时的数据分析能力日益成为核心竞争力。大数据的范围比较广，可以是一个有限的集合，如政府、企业所掌握的私有的数据库；也可以是一个无限的集合，如社交网站、博客、论坛等上面的信息。在 IT 发展较快的互联网行业，大数据已经实实在在地落到实处，并逐渐发挥作用。在传统行业，大数据也开始逐步实践探索，挖掘传统企业中的数据价值。大数据技术就是从各种各样大量的数据中，快速获得有价值信息的技术，包括数据采集、存储、分析挖掘、可视化等，而数据的价值就主要通过数据的存储、处理、查询方面的能力来体现。

数据的存储问题，一直困扰着信息系统的建设。数据量小的时候，可能不会成为一个关注的问题，毕竟存储介质也是符合摩尔定律的，价格越来越低，容量越来越大。但是，对于超大量的数据，高昂的数据存储成本，也是低价值密度数据被抛弃的原因。随着技术的驱动、分布式集群和 x86 的发展，Hadoop 技术的

逐渐成熟，给大数据的存储提供了生存的空间。由于大数据技术的推动，使数据得以存储下来，具备了大数据的存储能力，为数据价值的发挥奠定了坚实的基础。

数据存储下来，就能发挥价值吗？远远不是。以前效率低下的、高成本的数据处理能力，是阻碍数据价值发挥的重要因素。不能在有效时间内对数据进行处理，数据就没有实际意义了。大数据技术的发展，使大规模分布处理技术、Spark内存技术日渐成熟，数据能够被及时有效地处理，有了真正发挥价值的空间。可见，数据处理能力的提升，对于缩小数据的规模、发挥数据的价值提供了有力的支持。

但是，对于需要直接对超大量数据进行查询的问题的解决，很多传统的存储系统是无法支撑的。Nosql技术、Spark等大数据新技术、新框架的出现，使大数据能够直接进行查询，有效支撑业务的发展，数据查询能力的提升，进一步加速了数据价值的实现。

从企业的价值实现层面来看，大数据有能力存储了，也能够处理和查询了，但企业数据的价值实现还需要真正使用到企业运营中去，并且为企业创造实实在在的价值。目前，以企业对数据的使用方式来看，一般可以分为两种：对内，对企业发展提供决策支撑，帮助企业更高效地制定策略，支持一线营销管理工作，支持对目标客户的精准营销，拓展业务；对外，开拓数据的长尾效应，对数据进行整合、能力抽取，与合作伙伴进行合作，发挥数据的外在价值。

数据的价值是不言而喻的，已成为企业重要的信息资产。数据的存储也好，数据的整合加工也罢，归根到底是为了使用数据。要有效发挥数据的价值，就需要企业建设大数据平台，以更高效的方式应用大数据，促进企业更好的运营发展。

企业构建大数据平台，其实就是构建企业的数据资产运营中心，充分发挥数据的价值。简言之，企业级大数据平台是整个企业层面的内部数据和外部数据等海量数据进行汇集、处理、分析、分享的设备、工具、流程等的有机组合，需要采集全企业层面的各类数据及相关外部数据，并对这些海量数据进行整合、加工、处理，并逐步形成数据资产，为公司进行企业决策管理和生产一线的营销工作提供完整、及时、准确、科学的信息支撑。①

随着企业对数据、效率要求的逐步提高，也给大数据提供了展现能力的平

---

① 董昭．开放的企业级大数据平台建设思路[J]．通讯世界，2017(14)：48-49．

台。首先，要建设企业的基础数据中心，这就需要构建企业统一的数据存储体系、统一的数据建模，为数据的价值呈现奠定基础；其次，要进行数据处理能力下沉，也就是建设集中的数据处理中心，这样便可以提供强大的数据处理能力；最后，就是建设统一的数据管理监控体系，保障系统的稳定运行。

需要说明的是，有了数据基础还不够，还需要构建统一的大数据商业智能平台（BI）应用中心，满足业务需求。BI 是达成业务管理的应用工具，没有 BI，大数据就没有了价值转化的工具，但大数据又是 BI 的基础，没有大数据也无法把数据的价值呈现给用户，也就无法有效地支撑企业经营管理决策，所以两者是相辅相成的。因此，数据的价值发挥，企业级大数据平台的建设，最好是囊括了大数据处理与 BI 应用分析建设的。

提到大数据，不可避免地会提到 Hadoop。尽管大数据并不等同于 Hadoop，但 Hadoop 确实是最热门的大数据技术。下面我们以最常用的混搭架构，来看一下如何搭建企业级大数据平台，以支撑企业大数据的应用。

首先，利用 Kafka 作为统一采集平台的消息管理层，灵活的对接、适配各种数据源采集，提供可配置的数据采集能力。

其次，利用 Spark 和 Hadoop 技术构建大数据平台最为核心的基础数据的存储、处理能力中心，它可以提供强大的数据处理能力，进而满足数据的交互需求。

再次，利用 Sparkstreaming 构建企业发展的实时指标体系，有效满足企业实时数据的需求。

最后，利用 RDBMS 提供企业高度汇总的统计数据，满足企业常规的统计报表需求。对大数据明细查询需求，则可通过构建 HBase 集群，提供大数据快速查询能力，满足对大数据的查询获取需求。

技术只是承载业务的一种手段，无论采用哪种技术手段，归根到底是为了实现数据的价值。只有根据企业实际的发展需求，透彻分析企业的数据形态，才能更好地选择符合企业发展的技术架构，最大限度地满足企业发展需求，发挥数据价值，支撑企业决策，提高企业的综合竞争能力。

随着近年来大数据技术的发展，电信运营商已经在分析系统中引入了多种大数据处理技术，初步构建了基于高性能平台的主数据仓库、基于 x86 平台的 MPP 数据库和基于 x86 平台的 Hadoop 云混搭架构，满足平台对于互联网数据爆发增长的平滑扩展能力，在运维过程中逐渐锻炼新技术的掌控力。①

安徽联通于 2016 年底成功构建起了数据融合的企业级大数据平台——智慧运营平台，目的是对内实现智慧运营、精准营销，对外实现价值变现。智慧运营平台基于"M+1+N"的理念构建，即 N 个可扩展的数据源、1 个企业级大数据融合平台、基于平台实现的 M 个对内、对外应用。简言之，安徽联通在搭建智慧运营平台架构时首要考虑的是对融合数据的统一采集、统一存储、跨域数据的共享以及跨域数据的精品应用。②安徽联通智慧运营平台采用的是 FusionInsight Hadoop 平台融合数据统一存储和处理、分布式共享存储，不需要额外的磁阵和双机软件，并通过云化 ETL 平台向数据仓库、实时查询库和流处理平台进行统一分发。③另外，安徽联通智慧运营平台具有强大的多租户能力（在一套服务器上运行某个应用实例能为多个租户提供服务，租户之间不感知），可以对用户进行权限控制和资源隔离，解决部门间大数据平台资源共享与数据共享困难，实现跨域数据的共享。④

在企业级融合大数据平台不断更新迭代的时代，安徽联通紧紧抓住了大数据发展时代脉搏，在全国运营商中率先实现技术、架构先进的企业级融合大数据平台，敢于创新，最终实现了安徽联通的数字化转型及全业务流程的智慧运营，并基于平台的开放架构，与融合大数据领域合作伙伴合作，实现大数据对外应用的百花齐放。

三、数据展示：大数据应用场景可视化

数据的收集、管理和使用已经成为企业和个人工作中不可或缺的一部分。随着时代的发展，出现了越来越多的数据量堆积，然而这些密密麻麻的数据的可读性较差并且毫无重点。任何一个行业，数据可视化不仅是帮助别人解读自己业务的名片，更有利于决策者分析数据背后蕴藏的价值、规律、趋势和关系，更能使数据易于被人们理解和接受，从而为决策者提供更好的服务。因此，运用恰当的

---

① 董昭. 开放的企业级大数据平台建设思路[J]. 通讯世界, 2017(14): 48-49.
② 韩晶, 张智江, 王健全, 等. 面向统一运营的电信运营商大数据战略[J]. 电信科学, 2014, 30(11): 154-158.
③ 于鹃. 数据仓库与大数据融合的探讨[J]. 电信科学, 2015, 31(3): 166-170.
④ 吴涛, 刘韬, 王斌. 安徽联通企业级大数据平台构建及应用实践[J]. 电信科学, 2018, 34(01): 135-147.

图表实现数据可视化非常重要。

数据可视化技术的基本思想，是将数据库中每一个数据项作为单个图元元素表示，大量的数据集构成数据图像，同时将数据的各个属性值以多维数据的形式表示，可以从不同的维度观察数据，从而对数据进行更深入的观察和分析。简单理解就是，在数据的采集、计算、存储全部完成后，将数据快速地输出到业务部门，主要是借助图形化手段较美观地展现出来，清晰有效地传达与沟通相关的信息。

接下来将依次介绍常用图表类型，分析其适用场景和注意事项，从而帮助大家通过图表更加直观地传递所表达的信息。

(1) 柱状图

展示多个分类的数据变化和同类别各变量之间的比较情况。适用场合是对一个维度的一到多个指标进行比较，适用于汇总数据比较（如图3-3所示）。

注意事项：尽量排序，除非维度是常规序列；柱子的宽度建议大约是间隔的两倍，不建议过宽或过窄；柱状图是为了比较差异，如果差异不大请改变基数，如都剪掉最小的柱子，或者保留数字；添加辅助线如平均值或者目标线让比较更有意义，不要使用3D、阴影，过度的效果会喧宾夺主，二次元最佳。

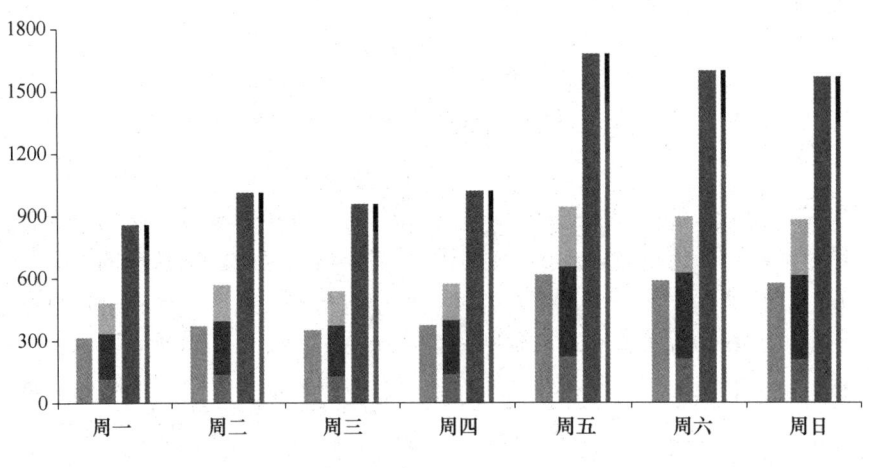

图 3-3 柱形图

(2) 条形图

相当于横过来的柱状图，优势是更能体现排序效果，适用于高亮 top3 或 5 的数据，节约排版空间（如图 3-4 所示）。

注意事项：同柱状图。

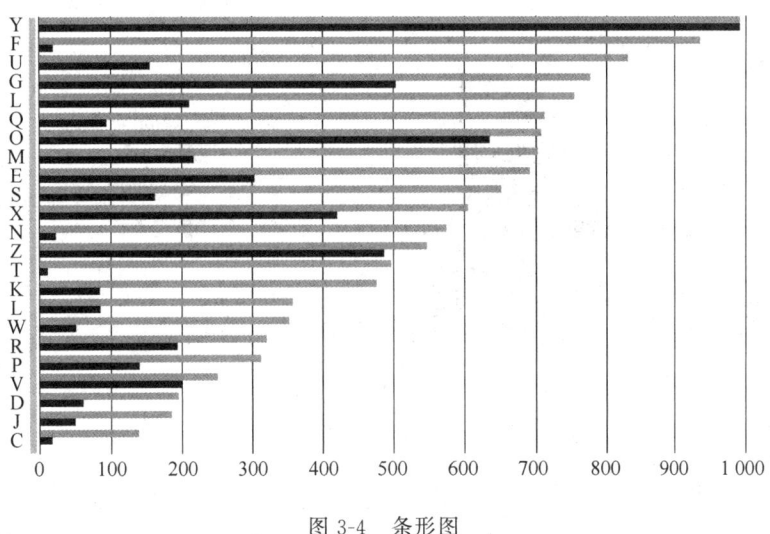

图 3-4　条形图

（3）折线图

折线图适合大数据集的趋势分析，尤其适合非离散型维度分析，如时间、价格走势（如图 3-5 所示）。

注意事项：不要使用虚线，可以高亮需要关注的节点。不同维度和指标用不同颜色区分，避免指标值过多。

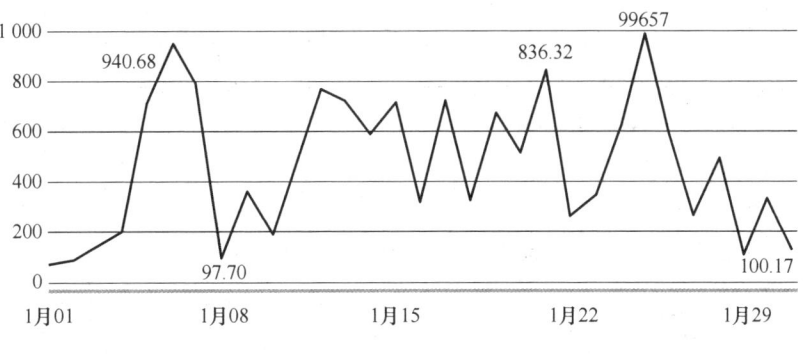

图 3-5　折线图

（4）饼图

适用占比比例图，明确显示维度的占比对比，非常适合和其他图形联动分析

（如图 3-6 所示）。

注意事项：最好顺时针排序。

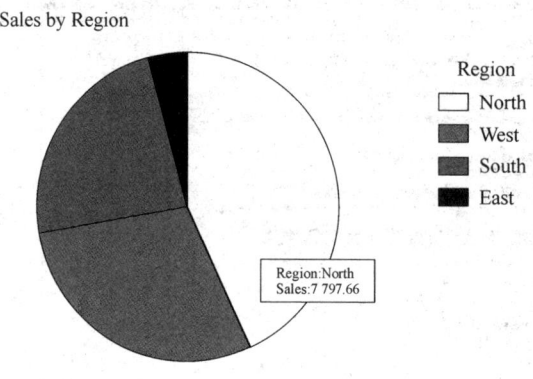

图 3-6　饼图

（5）散点图

一种场景为判断两个变量之间是否存在某种关联，如在销量大的情况下利润是否高，适合四象限分析；另一种常用场景就是对大数据的分布和分簇，迅速找到规律和分切点（如图 3-7 所示）。

注意事项：选择能合理解释的 KPI 进行比较，散点图如果过于混乱可以分色分类或者加上趋势线帮助阅读者分析。

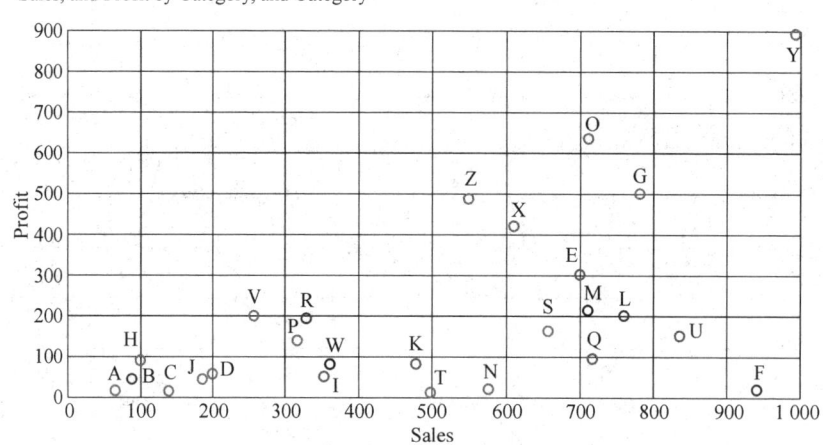

图 3-7　散点图

以上数据可视化信息图形的功能，简单说就是将复杂信息简化为清晰易理解的图画,统计学家爱德华曾说过,"良好的信息设计是一个清晰的视觉观念"。在数据集的视觉设计过程中,通过对数据进行针对性的分析可以还原事物本质,使人们如同拥有一个"新相机"。由于信息传输和接收的对象不同,相关信息的图形传输会有一些偏差,容易被误解。因此,有必要在初始设计中合理地总结信息,以使信息具有一定的结构,而不是简单地堆叠几何图,而是要将图形设计得相对匀称漂亮,否则难以直观地吸引用户并获得大量的用户浏览信息。①

通过图形的展示,实现了数据的应用场景可视化。数据的可视化已经应用到了各个领域,在实战中得到了展现与普及。对于数据可视化最有代表的场景应用之一,不得不提的就是大屏,它不仅可以带给观众更加准确、震撼和清晰的体验,而且大屏可视化展示系统会让更多背后隐藏的数据被发现、被阅读,充分发挥出了数据的内在价值。当然,更多的是还可以利用直观、灵活、多样的图表展示为企业提供业务驱动力和决策支持。因此,数据可视化大屏展示的功能应得到更加广泛的重视与应用。

2019年5月,盛世东方顺利完成甘肃人保大数据可视化LED显示屏项目,该项目采用得是pH 1.875小间距显示屏,应用于数据展示中心及视频会议中心(如图3-8所示)。使用大数据将BI中的信息转换成可视化图形,如表格、形状、地图等来增加直觉性和趣味性,通过一个清晰的目标,传递或者提供一个特别的角度表达信息,直截了当,以一个具有科学可视化的画面观察数据,最终达到为管理者提供关键的运营决策依据的目的,同时还能提升交警们的理解高度。这个项目达到了"数据多元化、流程网络化、信息可视化、展示人性化"的要求,形成了"资源共享、精确研判、全市联动、同步指挥、正确决策"的指挥网络格局,可以为指挥人员提供方便快捷的直观决策手段,提高交警队伍快速决策的能力,加强对社会基本面的控制,促进交警工作现代化,为各岗位的日常工作提供一个科学化、电子化的统一展示平台。

随着互联网的广泛普及,越来越多的人热衷于用移动网络观看电视剧、电影、综艺等电视节目,面对来源愈加复杂的广电用户行为数据和激烈的市场竞争环境,对数据处理的时效性提出了更高的要求,传统基于关系型数据库和统计报表的经分系统已不能满足媒资内容分析、广告运营监测、精确化营销等一系列市场活动对实时数据的需求,为了解决上述问题,广电便创建了基于开源软件构建的一个实时大数据可视化平台,该平台对采集到的业务数据和行为数据进行流式计算,将计算结果采用可视化图表进行展现,具有很好的交互性,这就可以为广

---

① 杨晓宇,李晋芳. 大数据时代下的数据可视化[J]. 电子技术与软件工程,2019(17):140-141.

电运营商的经营决策提供更加直观、精确、实时的支撑。①

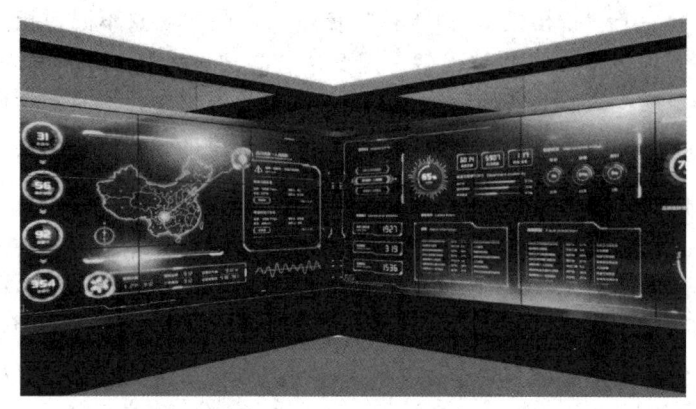

图 3-8　大数据可视化显示屏

工业智能制造逐渐加入了数据可视化的应用场景。制造数据可视化是指通过实时跟踪与展现各生产线的生产动态，对各类数据进行分析，同时对异常情况进行预警，便于加强流程监控和质量管控，从而提高生产效率和产品质量。

智慧城市的建设也加入了数据可视化，在城市管理中涉及政务、民生、医疗、教育等数据可视化，直观展示出城市发展现状和成就，同时从时间、空间、类别等多种维度进行交互展现，可凸显热点数据、预警突发事件，帮助相关单位全面掌握城市发展和监管工作，辅助管理决策。

商业智能数据可视化是综合、实时展示客户关注的各项业务指标和变化趋势，让绩效一目了然，让问题无所遁形，让决策有"数"可依。

除此之外，我们耳熟能详的零售、生产、交通、地产、汽车等领域，都已经将数据应用场景可视化，帮助人们更清晰地发现、诊断问题。可见，数据应用场景的可视化已经分布了各行各业，并且是一项可以普遍应用的新技术。

四、双轮驱动：大数据催生数字经济

有人将 2013 年称为中国的"大数据元年"，因为随着数据的广泛使用，大数

---

① 张浩波,丁云强. 基于流式计算的广电实时大数据可视化平台[J]. 有线电视技术,2019(09):47-50.

据已经呈现出快速发展的态势，可以说以势不可挡的姿态进入企业家们的思维中，并在社会的各个领域开始了它的实践。2015 年，大数据就上升到了国家战略层面。到 2017 年，大数据已渗透到经济和社会的方方面面，我国大数据产业的发展也进入爆发期。

随着云计算、物联网、人工智能与大数据技术的深入融合、政策和标准体系的完善、人才队伍的建设，以及应用场景和解决方案的丰富化和落地实施，未来的大数据产业也将迎来新一轮的增长。

目前，数字化信息和知识已经跨越了单一部门，渗透到了各个领域，出现产业数字化和数字产业化两大趋势，也就是所谓的"双车轮"。数字产业化是指以信息为加工对象，以信息技术为加工手段产生生产力，如信息通信业、软件服务业等，并不断向传统产业渗透。产业数字化是指第一、第二、第三产业等通过将数字化技术和产品融入传统生产环境中，促进产能和效率提升，通过互联网技术对于传统产业进行连接与重组，使传统产业与数字技术结合。换句话讲，产业数字化是通过技术完善数字化流程，把数字技术应用到不同行业的运营与管理中心，每一个传统行业都需要进行数字化革新，产品的生产、制作要与大数据、智能 AI 技术及区块链结合起来。产业数字化存在的意义在于，使大量数据、模型、决策信息平台化汇聚、在线化调用，系统之间实现互联互通操作，实现了业务系统的功能重用、快速迭代、敏捷开发、高效交付、按需交付等。

数字产业化可以说是继农业经济、工业经济之后新的经济形态，重塑着中国经济新结构，深刻地改变着人们的生产和生活方式，并日益成为经济增长的新动能。

IDC 最新发布的《全球半年度大数据支出指南，2018H2》预测在 2019 年度，大数据与商业分析解决方案全球市场的整体收益将达到 1 896.6 亿美元，相比 2018 年增长 12.1%。IDC 认为，在 2019—2023 年预测期内，全球大数据市场相关收益将实现 13.1% 的 CAGR（复合年均增长率），并预计总收益于 2023 年达到 3 126.7 亿美元（如图 3-9 所示）。

数据显示，2018 年数字产业化加速增长。2018 年我国数字产业化规模达到 6.4 万亿元，在 GDP 中占比达到 7.1%，在数字经济中占比为 20.5%（如图 3-10 所示）。随着数据的大量积累和分析手段的提升，金融、医疗、制造业、物流、交通等传统领域也加入了大数据的力量，开始实现自己的转型升级。此外，媒体、零售、餐饮等行业在大数据的促进作用下，也会产生新的运营模式和商业形态。

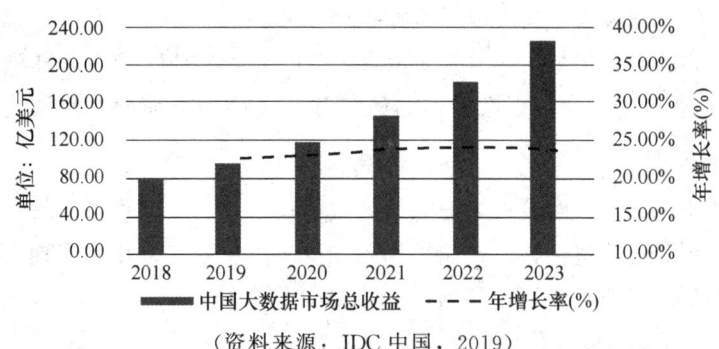

(资料来源：IDC 中国，2019)

图 3-9　2018—2023 年中国大数据市场规模及预测

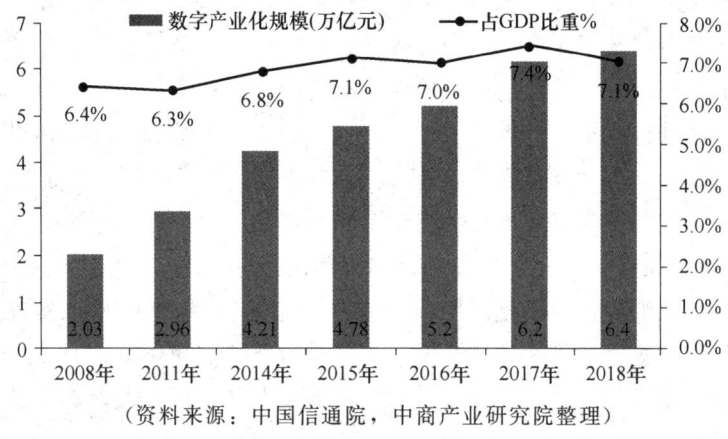

(资料来源：中国信通院，中商产业研究院整理)

图 3-10　2008—2018 年中国数字产业化规模及 GDP 占比情况

目前，大数据推动数字产业发展已经出现新的趋势，2019—2022 年将是数字产业价值凸显和智能化发展的阶段。随着大数据技术以迅雷不及掩耳之势融入人们的生产生活中，人们对其重视和应用也会更加频繁和高效。在移动互联网、大数据、传感网、脑科学等新理论新技术的驱动下，推动构建数据驱动、人机协同、跨界融合的智能经济新形态是必然趋势。而对于数字经济这种以新一代信息技术为基础，以海量数据的互联和应用为核心，将数据资源融入产业创新和升级各个环节的新经济形态，数字产业的发展也必将带动数字经济进入数字化、智能化阶段。

以汽车产业为例，从汽车产业大数据到汽车大数据产业，大数据将全面助推汽车产业变革。例如，通过大数据采集客户信息与特征、消费习惯、驾驶行为等，然后利用大数据分析技术为未来汽车设计、生产、制造、服务等带来建设性建议。而未来大数据信息平台的建设将成为汽车产业的顶层结构，充分控制产业的智能运转。车主集群平台、网络平台、软件平台、服务运营平台、信息提供平台、支付平台以及其他各种相关平台的建设,将形成综合的大数据服务交互管理平台,并基于云计算快速处理各种各样复杂的信息,这是通过大数据平台与服务运营平台的相互交融而形成的,构成未来产业运营的核心。因此,数据服务交互管理平台会变得至关重要。数字产业平台的建设大力提高了运营效率和经济效益:一方面,通过车联网平台可以最大限度获取车主、车辆以及交通等数据;另一方面,通过服务运营平台为车主提供线上和线下的内容、服务和移动支付。虽然这些平台的搭建及其整合是大数据产业的难点所在,但同时也是未来必然的发展方向。

在大数据和人工智能时代,大数据在驱动数字产业化快速发展的同时,也通过实现产业数字化有力地助推传统产业向数字化和智能化转型升级,二者共同作用加速经济实现效率提升和结构优化。大数据不仅通过与传统产业的深度融合,深刻变革其生产方式和管理模式,提升其生产效率和自主创新能力,而且通过推动不同产业之间的融合创新,催生新业态与新模式的不断涌现,实现数字经济的创新发展。

2018年产业数字化部分规模为25万亿元,同比名义增长23.1%,产业数字化部分占数字经济比重为79.51%。其中,2008—2018年中国产业数字化部分占GDP比重从8.8%提升至27.6%,增长十分迅速,产业数字化部分对数字经济增长的贡献度高达86.4%(如图3-11所示)。

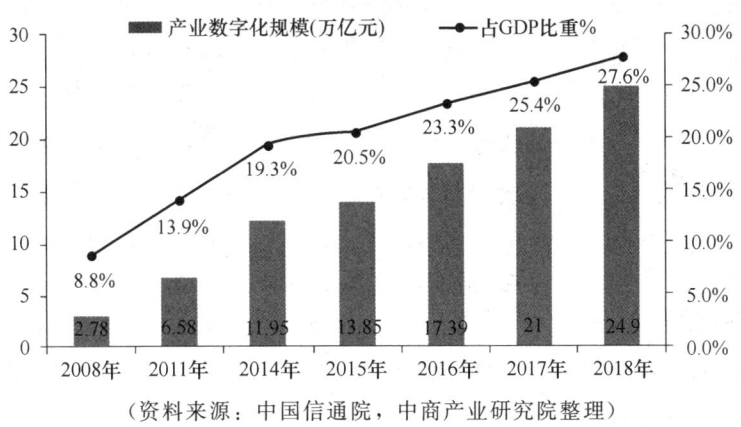

(资料来源:中国信通院,中商产业研究院整理)

图3-11 2008—2018年产业数字化规模及GDP占比情况

在大数据和智能新时代,大数据不仅是重要的资源和资产,而且成为驱动整个社会运行和经济发展的新兴生产要素,在生产过程中与劳动力、土地、资本等其他生产要素协同创造社会价值。以工业大数据为例，其在工业制造中释放出的强大赋能效应，促进了制造业的数据化变革。随着智能制造与工业互联网的深入发展，工业产业进入了新一轮的全球性革命。互联网、大数据与工业的融合发展成了新型工业体系的核心，工业大数据的应用将带来工业生产与管理环节的极大升级和优化，其价值也正在逐步体现和被认可。① 目前，工业大数据在我国培育发展了三年多，工业大数据公共服务平台建设已开始发挥效用，以工业大数据应用成功支持了工业企业推进大数据全生命周期、全产业链的升级应用，从而支撑智能制造和工业转型的升级。可见，大数据与实体经济的充分融合，推动了工业的快速智能化发展。未来三年，工业大数据将继续创新应用，其重点是加快工业大数据基础设施建设，推进工业大数据全流程应用，探索数据驱动的工业新模式，以及进一步深化工业云、大数据等技术在工业领域的集成应用，争取进一步释放工业大数据对智能制造的赋能效应。

大数据技术已成为发挥数据价值的使能因素。实际上，数据要素的市场价值提升和自生价值创造，都需要大数据作为支撑。以物流与供应链为例，随着大数据时代的加速到来，其数据呈现爆发式增长，面对海量的数据，大数据的采集、存储、分析技术就派上了大用场。在传统的供应链数据采集中，一般都是靠人工记录，这样得到的数据不够完整和及时，但是加入大数据采集技术后，这些数据采集器可以集成生物识别技术来区分各种用户数据，更加容易快速地采集数据。大数据的存储和分析技术的应用，能够及时地将这些复杂的数据归纳整理，充分提取出了数据的价值，为物流和供应链的运营提供了有力的支持。总之，使用大数据在物流与供应链管理中的应用对于做出正确供应链决策，降低企业风险，提高供应链灵敏度，以及减少成本等方面是十分有利的。随着数据采集与储存分析技术的日渐完善，大数据在物流和供应链管理中的应用研究也愈加深入。②

政务大数据已成为提高政府服务效能的重要手段，并且将有力支撑政府和社会治理，为经济发展和产业数据化营商环境的建设提供了有力的支持。随着计算机、互联网等信息技术的发展与管理信息化的普及，政府的多种信息都快速地转化为信息数据，并快速地形成了内涵丰富的政府大数据。政府大数据数量庞大、种类繁多，包含了很多高真实性、权威性、专业性的信息，是各级政府扩展触觉

---

① 田春华,杨锐,崔鹏飞. 工业大数据的实践与认识[J]. 软件和集成电路,2019(09):56-65.
② 张雅琼,刘巧云,危思攀,等. 大数据分析在物流及供应链管理中的应用研究进展[J]. 中国市场,2019(28):164-167.

点、提高敏锐度、提升决策水平与执政能力的重要工具和依托。[①] 目前，我国正在积极推动"互联网＋政务"，加速了电子政务、数字政府等政府大数据典型业态发展。具体来讲，我国正强化公共服务大数据应用，积极探索大众参与的数据治理模式，从而提升社会治理和城市管理能力。同时，地方政府也在不断加快推动政务信息资源互联开放共享的进程。可见，大数据在政务领域的应用在逐步深化，已经成为宏观调控、公共服务、社会治理的重要手段，有力地支撑了政府行政服务效能的提升。

目前，我国许多地方政府都制定了大数据产业和数字经济发展规划，有力地推动大数据在经济发展、转型升级和治理中的作用，为数字经济的发展创造良好的环境条件。以广东省惠州市为例，2018中国国际大数据产业博览会发布《2018中国地方政府数据开放报告》显示惠州总排名居全国第26位，大数据产业发展浪潮已然给市民的生活带来明显变化。惠州以大数据产业发展中的关键问题为出发点和落脚点，已经将大数据应用到了各个领域，如智慧交通、智慧医疗、网上预约、支付等民生应用方面，《惠州市发展大数据产业总体设计方案（2018-2020年）》还提出在开展宏观调控决策支持、政府治理、公共安全、环保、精准扶贫、健康医疗、教育、交通、食药安全、文化大数据、社区服务11个领域的大数据应用，推动大数据与民生服务的融合。

在环保领域，大数据的应用能提升监测监管的水平，维护惠州的绿水青山。《方案》称，惠州将建立统一开放的环保大数据应用平台，集中各级环保部门，以及规划、城建、水利、工商等部门的数据资源，用于行政流程和环保监控，同时保证数据的真实性，杜绝监控数据造假、违法偷排等漏洞，推进资源开发、环境保护等规划"多规合一"。惠州还推行身份证或社保卡实名制诊疗，使医生能了解患者一直以来的身体状况，这便是大数据应用推动健康医疗的影响。在教育领域要建设惠州市教育监管监测平台，实现对全市教育资源配置、人才保障、教学质量和区域发展等方面进行全面、及时的数据监测，为教育宏观决策提供数据支撑。在社区养老方面，构建惠州市养老数据资源中心及应用服务平台。结合老年人多维数据分析，有针对性地提供医、养等多方面的个性化、智能化服务，使政府养老服务政策更精准、社会养老服务产品更丰富、家庭养老服务选择更方便，推动惠州养老事业和养老产业良性、健康发展。

总之，大数据正在深刻改变着人类的思维方式和生产方式，企业新模式、新

---

① 熊赢新,刘华南,章青,等.政府大数据资源管理与价值挖掘机制构建——湖北省宏观经济大数据仓库项目的实践探索[J].中国管理信息化,2019(20):144-148.

业态的不断涌现，信息技术与经济社会的交汇融合和数据资源与产业的交汇融合都显示着大数据已经成为数字经济新的生产要素，并不断地形成新的生产力，而数字经济也在全方位地体现着大数据价值。面对经济的数字化、智能化发展，大数据显然已成了重要的战略资源、重要资产和核心动能，为数字经济乃至整个经济的发展带来新的机遇。

第二部分
赋能与转型

第四章

行业发展：重点行业数字经济发展

总体情况：数字经济在重点行业的发展状况
路径差异：重点行业的数字经济发展路径
效率变革：数字经济推动重点行业全要素生产率整体提升

从数字经济所涵盖的行业范围上来看，基本上所有的行业都可以运用到数字技术。数字经济的发展将对各个行业产生深远的影响，不仅新兴产业蓬勃发展，而且传统行业也广泛应用互联网、大数据、云计算、人工智能、区块链等数字技术，并与之深度融合，转型升级。由数字经济衍生出来的传统产业的数字化和智能化，新兴产业集群的深度发展，要求我们要采取不同的路径去分析与发展，以拓展数字经济的发展空间。

一、总体情况：数字经济在重点行业的发展状况

随着互联网、大数据、云计算、人工智能、区块链等新兴技术源源不断地注入各行各业的各个环节，无人车间、黑灯工厂、数字园区等，正潜移默化地重塑着企业的运营体系、运营机制，而且使传统产业逐渐变得时尚、轻盈、高效起来。以数字产业化为支撑，以产业数字化为根本，顺应数字化、网络化、智能化的发展趋势，数字经济极大地推进了传统产业的转型升级，使各行业领域走在了高质量发展的路上。下面以传统制造业、教育、网上零售为例，介绍数字经济在这些重点行业发展的总体情况。

今天，数字化转型已经不是一道选择题，而逐渐成为传统制造业企业紧急部署的一项长期战略。以大数据、云计算、人工智能等为代表的新一轮科技革命和产业变革正在世界范围内孕育兴起，一国的竞争力在很大程度上主要体现为拥有数据的规模、质量，以及运用数据的能力。而数字经济时代恰好正在改变传统产业赖以生存的基础，森严的产业壁垒日渐松动，产业融合的趋势不可阻挡，制造业向数字化延伸，数字化引导制造业变革，新的技术体系支撑起了制造业产生新业态、新模式。[1] 可见，作为国民经济的脊梁，制造业也应抓住数字化机遇走在变革的前列。

自改革开放以来，中国制造业一路披荆斩棘，成为行业领头羊，但与此同时，高增长下面也隐藏着生产管理粗放、效率低下等问题。2016 年，华为正式启动了数字化转型工作，经过改革，华为应用从开发到上线的时间，过去需要 6～9 个月，如今可以在一周或者一个月的时间内满足一线需求，而库存周期从 7 天缩短了 1.2 天，交付进度提升了 30%。可见，智能制造的应用与发展是一个不断演进和创新的过程。在这一进程中，传统行业的界限已经被打破，与此同时跨界创新就展现出了巨大的生机。

当然，制造业在数字化转型过程中也存在一些的问题。例如，企业对于数字化生产管理模式的认识不够深入，仅仅停留在生产环节的自动化、高效化，缺少对企业管理、支持服务等环节的重视。因此，面对产业变革的新态势，我们必须认识到挑战与机遇并存，把握住制造业的数字化转型是未来发展的大趋势。

---

[1] 张伟东. 数字化转型背景下制造业和服务业的融合发展[J]. 现代工业经济和信息化，2019(09)：30-32.

近年来，我国已经高度重视制造业的数字化和智能化转型升级，包括服装、家居等领域的个性化定制，航空、汽车等领域的网络化协同设计等。以贵州航天电器股份有限公司生产麻花针为例（如图4-1所示），公司每天要生产成千上万根麻花针，而且长度不到1厘米，但这种细如铅笔芯的产品广泛应用于探月工程、国产大飞机等重大工程。因此，对其精确性的把握要十分严格。过去，麻花针主要由工人靠肉眼进行手工焊接；而如今，每一个工序都上了云。具体来讲，工人们每一次手工打孔的力度、位置和设备的操作都会上传到云平台，每一针松紧度的数据也会实时上线，然后通过数据模型慢慢固化下来，最终固化到每个麻花针上，这样就使得生产效率和质量都大幅提升。

因此，让企业更加关注大数据、关注智能化生产，积极推动其建设智能生产线、数字工厂等重大举措，不仅助力了企业全流程和全产业链走向数字化和智能化转型，而且也助推了数字经济的大发展。

图4-1　贵州航天电器公司麻花针制造车间

据国家工信部数据显示，截至2019年4月，全国已经有11个二级节点实现上线运营，标识注册量突破5 300万，二级节点布局范围涉及机械制造、汽车制造、物流、供应链管理、纺织等行业。可见，标识应用领域不断深入，产业各方共同加速标识应用场景探索，应用范围也拓展至食品工业、日化业、热力行业等领域。通过标识打通了产品生产环节、销售环节、流通环节、服务环节等重要运营环节，实现了现代供应链管理、智能包装、全生命周期追溯管理等新功能。[①]

总之，我国制造业的数字化转型已经进入了高速发展期，以数字化、智能化不断推动着产业商业模式的创新发展，实现产品、模式、业态的新探索，使产品

---

① 吕欣．制造业数字化催生新一轮工业革命[N]．中国改革报,2019-07-31(011).

质量、服务质量都得到显著提升，最终实现制造业效率和质量的变革。

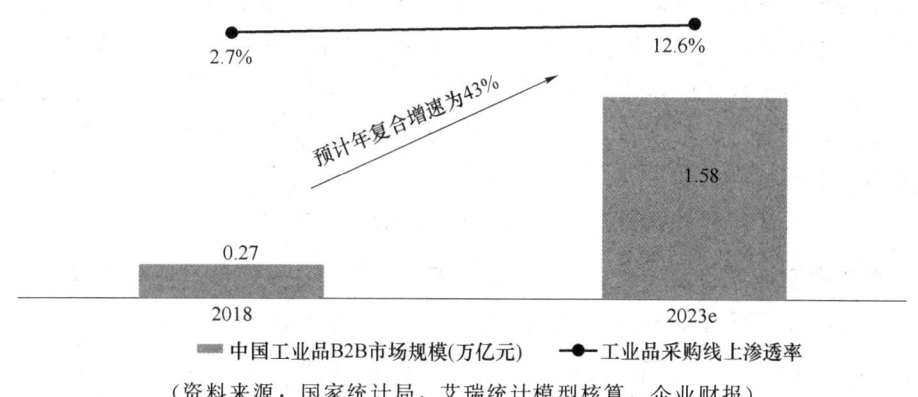

（资料来源：国家统计局，艾瑞统计模型核算，企业财报）

图 4-2　2018—2023 年中国工业品市场规模

从图 4-2 可以看到，工业品 B2B 行业进入快速成长期，已入局的平台正逐步建立起规模优势，目前正处于盈利可期的状态。入局者根据自身禀赋资源寻找发挥比较优势的切入机会，抓住入场时机。2018 年，中国工业制造品 B2B 市场规模约为 2 700 亿元，线上渗透率约为 2.7%。中国工业品 B2B 市场规模将持续增长，未来五年工业品 B2B 市场规模年复合增长率约为 43%，预计 2023 年中国工业品 B2B 市场规模约达 1.58 万亿元。总之，制造业实现线上运营、数字化转型已势不可挡。

随着数字经济时代的到来，互联网技术与智能技术协同飞速发展，在信息的生成与表达、处理与传播方面表现出空前繁荣，给人们的生产、生活方式与社会的经济发展都带来了巨大变化，同时也在很大程度上重塑着人的认知与思维方式，甚至人类文明。具体到教育领域，数字技术将以何种形态、何种方式、何种节奏影响教育的发展，正在成为全社会关注的问题。因此，探究数字技术如何重塑教育的意义十分重大。

数字技术驱动的创新已成为各国发展的重要推力，也给教育带来了深刻的影响。发达国家纷纷出台发展规划，围绕的核心均是如何最大限度地发挥本国的资源优势，最高的关注点要属以提升人力资本的质量来推进本国经济发展了。就教育领域而言，目前，前沿技术与相关理论的研究正在学术界如火如荼地开展，相关技术企业和社会力量也在与教育实体进行合作探究和实践试点，当下教育领域对于数字技术变革教育的需求很是强烈与迫切。同样，在我国，教育信息化也已被提到引领教育变革的战略高度，相继出台了一系列的教育信息化政策，并在实践中探索着前进，争取能让数字经济的浪潮席卷到教育这片天地。

其实,教育领域几乎是最后一个被技术重塑的行业。大部分的偏远学校仍然是普通授课辅导的教育模式,整体运转还是老样子。随着数字技术的不断融入,轻松便捷的学习方式方法已然成了传统教育的补充者,如在线课程、知识服务,还产生了一些多样化的学习方式,如混合学习、自适应学习。从教育生态重塑的角度来看,重新思考数字技术对教育变革的影响,会有助于更全面地看待技术在推进教育变革过程中的重大作用,进而在数字化发展的后续进程中,培养越来越多的数字化人才,推动我国快速走向数字强国的战略高度。

随着数字经济的发展和互联网的广泛普及,我国许多经济产业的发展规模和模式丰富程度都已经遥遥领先其他国家,尤其在电子商务的网络零售交易额方面,我国已经连续多年稳居世界第一,并且还在持续增长。

在拉动消费方面,电子商务的作用巨大,而且已经成为促进消费升级的重要力量。回顾过去几年中国电子商务的发展成就,无疑与新一代信息技术的进步是分不开的。4G技术的发展,给移动互联网带来了便捷性,也带动了手机端消费模式的兴起。5G技术的到来将会带来更大的应用市场,万物互联隐藏更大的商机。我们所有的社会活动,都可以做到零延时的信息传递,未来在5G环境下也会有更多的直播短视频,通过视频的角度,就能够初步了解商品的功能,精准找到消费者的需求,这对于带动销量有很大的帮助。可见,数字经济带来的数字化浪潮,为网上零售提供了不竭的发展动力。

从2009年苏宁易购开始,实体零售商大多参与了电商销售,自2017年飞牛网退出网购市场后,我们就应该重新重点审视一下这个已经到来的数字经济时代,它将为我国带来怎样的变化和发展。图4-3描述了2018年中国网购市场的市场份额,其中阿里占比58.2%、京东占比16.3%。可见,这样的市场集中度已经是非常高了,前面两个企业几乎拥有了最大份额的数字资产,包括消费者的ID数据、商品SKU数据、ID与SKU的消费匹配数据以及相关的线上流量,这些数据资产对于网上零售具有很大的支持作用,不仅可以对消费者进行精准营销,还可以通过大数据分析制定稳准狠的营销策略。总之,面对中国积极推动的数字化转型,我国零售行业已经大踏步进行转型,跟上了数字化发展的时代,并且可以看出拥有巨大的发展前景。

图4-4是大家非常熟悉的经济模型,上面是毛利率,下面是费用率,它们之间随着规模增加,差额也增加,代表了传统经济下的规模经济,而在数字经济下,前期费用率大于毛利率,当过了某个时间节点,费用率快速下降,两者差额迅速扩大,这就是所谓的数字经济的经济性。前文提到的京东的毛利率和费用率变化就可以验证这个模型,京东B2C的成本结构已经与实体零售商的成本结构

有巨大的区别,"关键"生产要素以及与其相关的劳动力、资产有了"效率优势",这是实体零售商退败 B2C 的主要原因。可见,中国的零售业已经走向了网络化、数字化的时代,逐渐形成新的市场格局,企业自身的数字能力已成为所有业务建立的大前提,其行为和绩效都会受到其影响。

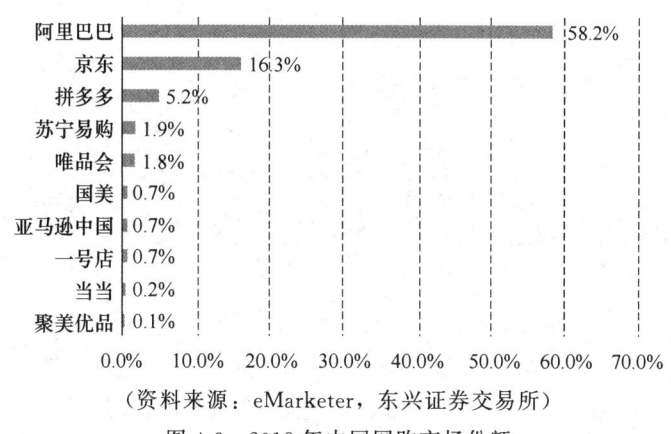

(资料来源:eMarketer,东兴证券交易所)

图 4-3 2018 年中国网购市场份额

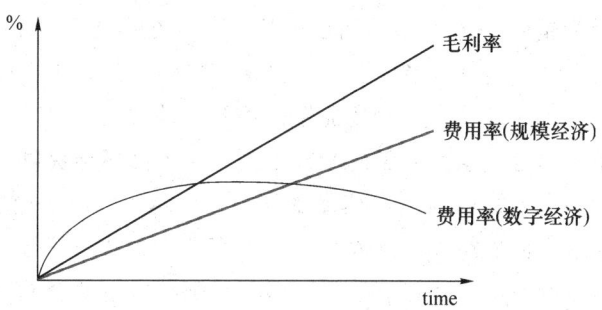

(资料来源:eMarketer,东兴证券交易所)

图 4-4 经济模型

对电商平台而言,基本上已经实验了赢者通吃的现象,从图 4-3 可知,阿里和京东两大巨头的市场份额已经达到 70%+,长尾企业数量众多,竞争激烈。即使对于头部巨头,活跃用户增速也在不断放缓,以营销费用、新增活跃用户数来计算,2018 年两大巨头获客成本均已超过 300 元。对商户而言,电商商家持续增加,商家间的竞争越来越白热化,2018 年中国网络购物交易规模达到 8 万亿元,增速 28.2%,品牌及商户在综合平台推广、曝光的费用日益走高,并且预测 2019 年和 2020 年中国网络购物交易规模将持续保持增长态势(如图 4-5 所示)。以"淘品牌"御家汇为例,2016 年其销售费用率为 30.8%,显著低于上海家化等传统品牌，2018年其销售费用率达到37.7%，基本与传统品牌持平。可见，网上零售的发展已经迈入高速阶段。

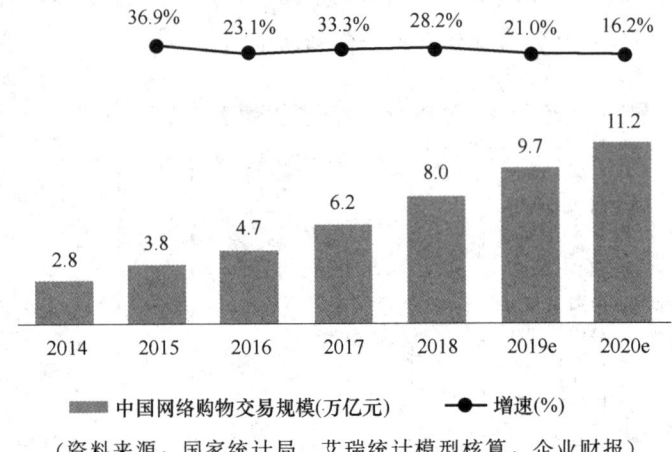

（资料来源：国家统计局，艾瑞统计模型核算，企业财报）

图4-5　我国2014—2020年网购市场交易规模及预测

电子商务的飞速发展也为农村带来了福祉。每年丰收季，中国一些偏远地区的农产品都会因为销售渠道不畅通而面临产品滞销的问题。2018年，商务部通过多种方式已帮助超过350个贫困县开展网上销售农产品，主要通过举办贫困地区特色农产品品牌推介洽谈会、专场促销活动等多种方式，同时帮助农产品生产经营企业培养电商思维，掌握品牌的管理方法，商务部还会提供一些农业创新创业平台，便于农民建立自己的电商店（如图4-6所示）。在这样的新形势下，许多民营企业也纷纷走向农村，帮助农民建立电商运营团队，部署一些网络新型推广手段，打造绿色健康的农业特色产品，从而增强供应链整合能力，提升农村可电商化和规模化水平。

图4-6　农村电商平台

二、路径差异：重点行业的数字经济发展路径

数字化是当今世界发展的大趋势，是推动经济社会变革的重要力量。由数字经济衍生出来的传统产业的数字化和智能化，新兴产业集群的深度发展，要求我们要采取不同的路径去分析与发展，以拓展数字经济的发展空间。

当前，我国发展数字经济面临着政策红利持续释放、产业格局深刻调整、经济转型步伐加快的三大历史机遇，同时也存在着传统产业生态尚未成熟、数据价值挖掘不足、核心技术突破受制约、数字人才缺乏等诸多问题，机遇与挑战共生，弯道超车与掉队风险并存，[1] 但传统产业肯定有其固有的生产与发展模式，因此需要着眼全球、立足国情，对于传统产业的数字化转型升级要总结出其特有的发展路径，从以下几方面协同推动我国数字经济的发展。

首先，加强数字经济的宣传引导，为其发展营造良好的氛围。虽然数字经济在消费领域已经深入人心，但在农业和工业等一些传统领域，人们对数字经济的认识和理解还不够深入，一些中小企业对数字经济的发展还处于观望状态。因此，政府需要加强宣传引导，让全社会都能够深刻认识到发展数字经济的作用和意义，积极参与到数字经济的建设中来。例如，政府可以发布相关行业数字经济具体行动计划，对针对性行业进行企业试点，然后通过利用企业典型的成功案例进行宣传推介，形成明星企业示范效应，吸引各类企业加入实践。同时，政府还可以通过资金引导，创建产业基金或创投基金等，给传统企业数字化转型升级提供资金扶持，从而缓解传统企业的资金压力。

其次，加强核心技术研发，为传统产业转型发展提供新动能。技术的发展和应用在数字经济发展中占据着极其重要的地位，而企业在产业链中的地位也往往是由于核心技术的差距所决定的。中国想要更好更快地发展数字经济，传统产业想要在国际竞争中占据主导地位，就必须提升自身的技术创新水平，尤其是计算机、通信和微电子技术领域中拥有自主知识产权的技术。因此，政府和企业要高度重视核心技术的研发，加大研发资金的投入，吸引高科技人才。这样，才能够为数字经济发展提供基本保障，促进我国传统产业的数字化转型。

最后，进一步完善基础设施，为数字经济发展、传统产业转型升级提供重要

---

[1] 柳杨,李君,左越. 数字经济发展态势与关键路径研究[J]. 中国管理信息化,2019,22(15):112-114.

基础。互联网的快速发展和普及应用是发展数字经济的基础条件，也是传统产业数字化转型的必要条件。只有基础设施牢固，我国的传统产业才能稳步地走向数字化。经过这么多年的建设，中国在信息网络建设上取得了一定成就，可以说已经为数字经济的发展奠定了一定的基础，但是还存在地区发展不均衡的问题。传统产业的数字化转型要求基础设施建设均衡发展，这样才能满足数据的全面性覆盖，充分发挥数字技术在传统产业中的应用。要继续加大对基础设施建设的投入，缩小地区发展差异，同时提升贫困地区的基础保障能力，助力传统产业转型升级。

新兴产业的发展规律不仅遵循产业发展的一般性规律，还有其自身特殊的成长规律和发展路径。重要的一点就是，资源条件、科技水平等产业资源以及机制体制、地区文化等外部支撑条件构成了新兴产业的成长动力。因此，要想把握好新兴产业发展新动能、新优势这一关键领域，就需要深刻认识新兴产业发展的演进规律和发展路径。

新兴产业中期会形成重大的产业关联性，技术的提升可能会优化局部或全局的产业结构。新兴产业技术更新速度快于传统幼稚产业，是以升级产品技术为动能，以上游研发产业向下游产品制造加工和市场推广为特点的产业链延伸，整个产业结构的形成是遵循着技术的逐步提升。高质量的新兴产品客观上要求一定的"技术根基"进行产品创新，或者以创新替代品开始新一轮产品生命周期，这样就可以通过技术的协同作用进一步激发产业结构的改善优化，推动新兴产业转型升级。因此，重视新兴产业关联性，技术优化全结构的产业特征至关重要。

同时，新兴产业相较于传统产业在萌芽阶段具有较长潜伏准备，一般后期会主导新兴产业集群的发展。相对于传统产业，只有对科技革命和技术发展趋势具有长期深刻的把握，才能够在新兴产业领域占有一席之地。在市场竞争作用下，创新效应是逐步发挥的，而且企业间的交易协作是频繁的，逐步引起从事创新活动、产品开发、生产销售等全产业链空间聚集。因此，只有充分有效地利用集聚优势和创新引擎，才能够引领新兴产业集群的大发展。

要充分发挥政府作用提供新兴产业发展支撑。主导性、创新性和关联性的特征需要政府根据产业演化规律，在不同的阶段制定相应的政策工具，采取不同的措施：在产业成长初期，要加强基础研究，选择适宜技术和适当产业进行发展；在产业发展中期，要加强科技成果转化，侧重提高创新技术转化率，形成全面提升融资水平和模式、知识产权保护、基础设施配套等环境体系；在产业成熟期，加强新兴技术和产品产业层级，规范市场秩序，避免市场垄断。

在发挥政府作用的同时,还要更加重视市场的力量,进一步强化市场需求拉动;通过技术改造、产品服务和品牌推广,改善消费习惯,增强消费者产品信心;实施"走出去"战略,引导战略性新兴产业攀升高端市场;要下大力气创造良好的营商环境,实现国内、国外市场开拓。

以陕西省为例,该省科学谋划在"追赶超越"中努力抢占数字经济制高点,从高质量促进基础型数字经济发展、高效益推动融合型数字经济转型、高标杆引领产业体制机制创新三大方面着手,全力推进数字经济发展壮大的未来路径。首先,积极完善基础设施建设,实施宽带网络提质扩面,加快宽带网络光网化,不断提升骨干网络、支线网络、入户网络传输网速和质量,努力普及企业单位、城镇商业楼宇和住宅小区、农村行政村通光纤,并且提高移动网络的稳定性。其次,持续壮大融合型数字经济产业,促进农业、工业、服务业的数字化转型。最后,健全和完善数字经济产业治理体系和健全优化数字经济产业评价体系。总之,陕西数字经济成长发展的根本路径在于,以互联网和数字经济为引擎,发挥信息化和数字经济驱动引领作用,加快完善政策体系,提升信息基础设施建设水平,支持实体经济加快数字化转型。①

企业的基础不同,数字化转型的顶层设计和转型路径也不完全一样。为了寻求不同数字化阶段的企业转型成功之道,金蝶 KBS 根据对数字化客户的调研,综合行业评估标准,设计了企业数字化转型成熟度模型(如图 4-7 所示)。该模型定义数字化转型分为五个阶段,如表 4-1 所示。

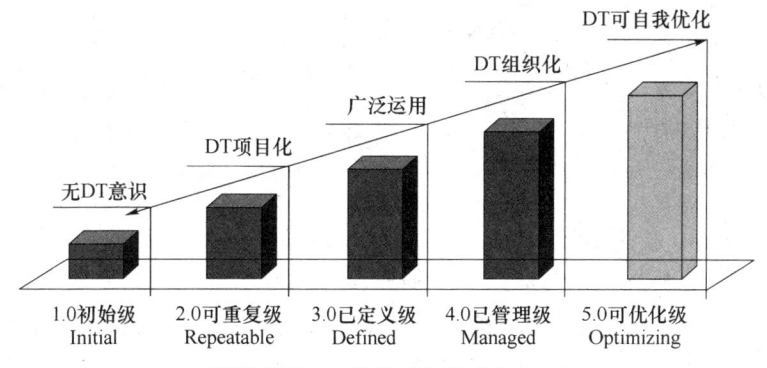

(资料来源:金蝶数字化转型白皮书)

图 4-7 金蝶企业数字化转型成熟度模型

---

① 吴珅珅,周军,周冰. 新一代信息技术推动实体经济与数字经济融合发展路径研究——以河南省焦作市为例[J]. 现代信息科技,2019,3(14):178-179+182.

表 4-1　企业数字化转型阶段

阶段	名称	特征
1.0	初始级	无数字化转型意识
2.0	可重复级	在企业内部开始推动多项数字化转型项目任务
3.0	已定义级	数字化转型在企业普遍推行，展开核心业务能大数字化
4.0	已管理级	效字化转型组织已经建立，展开全面的业务能力和商业模式数字化
5.0	可优化级	企业具备数字化传型的持续改进、自我优化能力，力求通过这样的顶层设计，来探寻数字化转型的路径

三、效率变革：数字经济推动重点行业全要素生产率提升

全要素生产率是指在各种生产要素投入水平既定的条件下，所达到的额外生产效率。比如，一个企业或国家，如果资本、劳动力和其他生产要素投入的增长率都是 5%，而产出或 GDP 增长率是 8%，多出来的 3% 就是全要素生产率对产出或经济增长的贡献。全要素生产率主要包括技术进步、组织创新、专业化和生产创新等，是用于衡量经济效益水平和集约化增长程度的综合性指标。"提高全要素生产率"的提法首次出现在党的代表大会报告中，这是以新发展理念引领新时代经济发展的新思想新举措。[①]

在新一轮科技革命、产业变革的背景下，整个经济社会运行模式正在发生根本性改变，全要素生产率提升的途径也正在出现新的变化。完全沉浸在以往的宏观经济架构和既有的研究思路方法，可能无法很好地分析考察新经济、新模式。因此，在提升全要素生产率以及提升增长动力方面，要深入进行创新思考。

2012 年前后，可以说是我国处于国际、国内两个重要时期的交汇点。一方面，全球新一轮科技革命与产业变革加速演进，数字经济蓬勃发展；另一方面，恰好在这个时间节点上，中国经济逐步进入以降速、换挡为特征的新常态。大数据、云计算、人工智能等数字技术在商业活动中的大量应用正是新一轮科技革命的标志性事件，新经济、新模式、新业态也突然涌现出来。这些新形态的涌现首先带来的就是效率的提升，就相当于是给提高全要素生产率提供了一个新途径、

---

① 陈畴镛. 提高全要素生产率 再创浙江制造新优势——基于 2006—2015 年浙江制造业全要素生产率分析的咨询建议[J]. 决策咨询，2018(01):51-53.

新方向。而数字经济这一种新经济形态的快速发展，也给我们的宏观经济的全要素生产率增长提供了新的动力源泉。

理解数字经济提高全要素生产率背后的作用机制，就需要从它的经济特性来进行分析。数字经济具有三个重要的经济特性。

第一个是渗透性。以数字技术作为其经济活动的标志和驱动力，导致包括生产、交换、分配、消费在内的各个经济活动环节的数字化，作为通用目的技术它能够渗透到经济社会的方方面面。

第二是替代性。从1971年英特尔出了第一款4004的芯片开始到现在40多年，摩尔定律一直存在，每隔两年左右，芯片处理器的实际价格降低一半。在过去的40多年里，数字技术产品价格处于持续快速下降状态，生产过程中会尽量多地去用数字技术，数字资本会对其他的资本形成一个替代。

第三是协同性。数字产品一旦形成资本渗透到生产过程中，它便能够提高其他要素，如劳动者和机器设备之间的协同性，增加其他要素之间的配合，最终结果是带来生产效率的提高。

通过上述论述，我们不难理解数字经济在推动行业的全要素生产率提升中的作用。下面从制造业、农业、生物医学三个重点行业介绍数字经济如何推动其全要素生产率的提升。

当前，新一代信息技术与制造业融合不断深化，"互联网＋制造""智能＋制造"成为制造业发展新常态、新形势。随着我国资源环境和要素成本约束趋紧，制造业原有的比较优势正在逐渐消失，因而加快制造业转型升级迫在眉睫。数字经济在中国的快速发展使制造业也逐渐迈入高速、高质量发展阶段，并且能够明确未来重点发展的领域。要实现制造强国目标，就必须在着力扩大需求的同时，通过优化产业结构有效改善供给，释放新的发展动能。这就要求我国制造业必须加快转型升级步伐，提升全要素生产率以及提升经济长期持续发展能力，推动制造业向智能化、绿色化、服务化转型，从而重构国家竞争新优势。

我国农业的发展，除了长期受人多地少、自然灾害频发等一系列资源刚性约束外，还因为化肥、农药和农膜等的大量使用而付出了沉重的环境代价。新时代中国经济进入新常态，但下行压力加大，资源环境压力凸显，这对农业发展提出了更高要求，过去以高投入、高产出和高废物为典型特征的"三高"型农业发展模式已经不可持续。但是，农业在加入了不断革新的数字技术后，很好地适应和消化了工业化与城市化所产生的冲击，避免了经济快速发展过程中可能产生的农业衰退，农业发展也逐渐找到了提升全要素生产率的出路。

数字经济的发展带来了农业前沿技术的进步。在智能新时代，农业逐渐由高产为导向的数量型发展阶段转向品质型为导向的高质量发展阶段，技术进步逐渐向资源节约型技术与劳动节约型技术并重的方向发展，加快推进了农业机械化。同时也发生了许多重大的转变，例如，由生产者目标导向逐步转向消费者目标导向，由增产转向提高质量、数量、效益并重的方向。随着数字技术逐渐渗入农业领域，农民的数字素养得到了提升，为劳动者提供科学文化知识、职业技术知识、技能等的人力资本也随之增加。另外，农村教育、医疗卫生、文化体育等公共服务水平得到了全面提升，城乡义务教育得到一体化发展，标准化村卫生室也加快了建设，同时落实更加积极的就业政策，促进农村劳动力多渠道转移就业等。可见，数字技术与农业生产的融合大大提高了农业发展的全要素生产率，使农村、农业、农民一同走向了效率变革的新发展、新时代。

2017年是人工智能元年，人工智能的一个经济特性就是能够促进经济增长，提高全要素生产率。在生物医药、材料科学等领域，研发过程具有"大海捞针"的特点，即能够确定创新存在于已有知识的某种有用组合，但有用知识范围却广泛复杂，要找出来极不容易。而人工智能技术的突破性进展，则使得研究人员能够大大提高识别效率，找出那些最有价值的组合。例如，在生物医药领域，应用深度学习技术和已有的数据，可以较为准确地预测出药物试验的结果，对于早期的药物筛选来说，便可以减少一些不必要的检验，从而提高筛选效率，识别出那些成功概率更大的候选分子。结合新增长理论，这相当于知识创造的过程加速了，必然能带来全要素生产率的提升。虽然目前人工智能很多经济特性可能还没有全面显现出来，但未来一旦这种效应充分发挥出来，必将对我们经济发展产生前所未有的促进作用。

第五章

赋能实体：实体经济的数字化转型

赋能农业：农业的数字化转型
赋能制造：制造业的数字化转型
赋能电商：跨境电商的数字化转型

实体经济是一国经济的立身之本、财富之源，在整个经济体系中占据极其重要的地位。实体经济与新一代信息技术的深度融合，加快了实体经济的数字化转型，从根本上改变了经济发展模式，重塑了全球产业链。在智能新时代，传统的实体经济就要拥抱新技术，积极迎接数字化转型。

一、赋能农业：农业的数字化转型

农业是人类衣食之源、生存之本，是一切生产的首要条件，为国民经济其他部门提供粮食、副食品、工业原料和出口物资。同时，农业也是与人们生活最息息相关的实体经济。数字技术和智能技术被推广运用到农业产业中，引发了数字田园、数字牧场、智慧农业等一系列农业数字化转型，深刻改变着农业的面貌。

我国目前已成功地将现代电子技术、控制技术、农机工程装备技术集成应用于精准农业的智能装备中。在农业生产中也经常应用到自动导航技术、播种监控技术和农药变量喷洒技术等。除此之外，新能源的应用也逐渐转向农业领域（如图5-1所示）。可以说，我国农业的数字化发展现状是良好的，但全方位、全覆盖地实现农业数字化转型还有待进一步提升。

图 5-1　新能源应用于农业

精准农业是指在现行农业生产方式的基础上，利用卫星导航、遥感、地理信息系统等现代空间信息技术，实现农业生产精准作业的一种生产方式。它从技术上保障了农作物生长需求与农业生产要素投入的及时、定位、平衡，构建了资源节约和环境友好型的生产方式，可以说是现代农业数字化转型的动力和载体。

之所以要在数字经济时代倡导精准农业，是因为精准农业是农业现代化的重要表现形式，是数字农业发展的实现路径，也是数字经济发展的本质要求。具体来讲，与传统的现代农业方式相比，精准农业不仅节约了资源、降低了成本、减少了排放，而且成功地构建起绿色农业生产体系和实现农业的可持续发展。目前，我国发展精准农业的基本条件已经成熟，形成了空间基础设施、农业空间数据和大数据分析系统的有利条件，需要进一步加强数字经济和数字农业知识的宣传普及，提高数字农业发展必然性的规律性认识，加强精准农业示范应用，加快构建数字农业经济体系。①

在数字和智能时代，我们所讨论的一切根本前提都是要数字化，但即使机械代替了人力，如果没有具有高数字素养的人力，机器也无法工作。因此，未来农民的内涵将发生重大变化——他们会更加专业化、职业化、年轻化、高学历、懂农机、掌握新一代信息技术和人工智能技术，更易接受新生事物。整个"农民"群体将逐渐分化：越来越多有农业专业背景的大专院校毕业生将从事田间管理；未来懂操作农机、维修农机的劳动力需求越来越多；未来农民更懂市场，有互联网和大数据思维的新农人将从事农业的营销、流通相关工作；老一辈会逐渐淘汰，或从事基础性工作。与此同时，专业大户、合作社、公司将会越来越多，并发挥更加重要的实际作用。在北方地区，尤其是东北地区，生产经营主体将以专业大户为主，而合作社将变得更加规范化、实心化，公司下乡将不再急功近利化。

随着我国人口红利的逐渐消失，以及资源环境约束压力下的粗放式发展难以为继，农业科技将成为农业领域发展的主动力、主引擎。使用了基因工程技术的产品，在抗病、抗虫、抗旱、抗逆性等方面都比传统作物要优秀，既可以大幅提高作物产量，也能提高产品品质。如果我国公众能更科学、理性地看待这项技术，则政府放开转基因作物种植的步伐将会更快。

目前，无人机植保在农村已成星火燎原之势，尤其是在湖南。因为湖南属于丘陵地区，且田块分散，过去农民靠背负式喷雾器打药费时费力还危险，如今有了无人机植保技术（如图5-2所示），对农民帮助很大。虽然无人机植保目前仍存在药剂漂移、大风改变作业轨迹、电池续航差等问题，但有理由期待，在未来的农业植保领域，无人机将发挥主要作用。

---

① 刘海启. 以精准农业驱动农业现代化加速现代农业数字化转型[J]. 中国农业资源与区划, 2019, 40(01): 1-6+73.

图 5-2 植保的无人机

用互联网、人工智能、大数据等新技术能更好地帮助猪场实现科学化管理，同时也会为未来科学养殖技术的突破提供数据基础。自 2018 年 8 月中国确诊首例非洲猪瘟疫情以来，全国已扑杀百万余头生猪，使得生猪价格出现了持续上涨。面对人们想吃上安全、平价猪肉的需求，让"每一头猪健康"成了人们最关心的问题。

根据阿里云披露的论证数据，AI 可以让母猪每年多产 3 头小猪仔，且猪仔死亡淘汰率可降低 3% 左右。京东数科则介绍其智能化养出来的猪平均出栏时间可缩短 5～8 天。这种智能养猪的手段还包括通过传感器实时监测温度、湿度、粉尘、氨气量、氮气量等，改善猪的生活环境。在物流环节，运用测温等技术，对运输中环境卫生的变化进行监控、猪脸识别等。AI 支持下的养猪场如图 5-3 所示。

图 5-3 AI 支持下的养猪场

新技术的加入能够更好地控制猪的生长过程、健康状况，排除影响人类生命安全的疾病因素。同时，智能化的运营方式提高了生产率，减少了成本，使猪肉价格也能保持在合理的波动区间。

农业生产方式、经营主体的变化,也在倒逼流通形态不断进化和升级,传统的农资厂商、经销商也在谋求转型,农资电商也逐渐成为农业流通体系的有效补充。

阿里巴巴的普惠式发展实践始于2009年电商消贫。其核心思路就是用商业模式扶持贫困地区经济发展,通过电商赋能使贫困地区具备致富脱贫的能力。

2015年,832个国家级贫困县在阿里零售平台上,完成销售215.56亿元,同比增长80.69%。贫困地区根据自身实际,充分利用互联网平台,实现数字化经营:有的依靠传统产业线上转型;有的依靠本地资源,将土特产品卖向全网;有的根据需求找资源、促生产,实现增收脱贫。

阿里巴巴除了提供消费品下乡和农产品进城的双向商品服务外,还在农村地区展开了众多生活服务的创新实践(如图5-4所示)。譬如,农村淘宝搭建的18 000个村级服务站,通过与当地联通、电信等运营商合作,为村民提供充值、上网等服务,通过与支付宝合作,给村淘合伙人授信,为村民提供生活缴费、小额提款等服务。此外,还帮助农村建立起电商基础设施,包括交易、物流、支付、云计算等。未来各类经营主体、创业者都可以借助这些基础设施,为农村和农民带来了更丰富的信息化服务。

图5-4 阿里在农村展开创新实践

农村各类经济主体和大型电商企业协同发展的格局初步形成,对农村,特别是贫困地区的经济发展、农民收入的增加和生活的改善发挥了积极的作用。中国农村电商的成功经验均可复制、可推广,实现农村发展和共同富裕。

京东的"跑步鸡"项目就是京东集团开展的创新型电商扶贫项目。具体的操作流程是,将鸡雏交给已在扶贫办建档立卡且征信记录良好的贫困户养殖,将每只鸡的自然生长周期进行智能监控,养殖4个月以上上市销售。对批量屠宰、加工运输等环节进行智能化运作,为消费者提供绿色健康的"跑步鸡"食品。目前,一万只"跑步鸡"已经出栏,除去成本,贫困户平均收入至少为3 000元以上。"跑步鸡"养殖场如图5-5所示。

图5-5 "跑步鸡"养殖场

扶贫"跑步鸡"通过前期的养殖、屠宰环节,确保在纯天然、无污染的环境下,使其成为天然无公害的肉鸡。在营销过程中,以每只188元的价格通过京东自营销售,一经推出,就被抢购一空(如图5-6所示)。通过扶贫"跑步鸡"的试点,证明建立农村电商产业精准扶贫是有成效的。

图5-6 一售而空的"跑步鸡"

二、赋能制造：制造业的数字化转型

制造业是国民经济的主体，是立国之本、强国之策，更是实现创新驱动、抢占未来的关键制高点，决定着实体经济的质量和效益。只有做强中国制造，才能振兴实体经济。

我国制造业的规模巨大，已经成了世界制造业的第一大国。一方面，经过改革开放40多年的积累和发展，我国制造业综合实力和国际竞争力显著提高，制造业带动就业的效果也十分突出，它的发展可缓解交通运输、批发零售、住宿餐饮等各行业的就业问题。另一方面，制造业也是创造社会财富的主要源泉，已经成为国家安全的保障和国防实力的重要支撑，成了人民幸福安康、社会和谐稳定的物质基础，是实现我国工业化、信息化、城镇化、农业现代化同步发展的主要推动者，对国民经济和社会发展做出了重要贡献。

作为实体经济的骨架和支撑，制造业也是振兴实体经济的主战场。随着"互联网＋""大数据＋"和"智能＋"的推进，数字技术和制造业的深度融合成为必然趋势。大力推动制造业数字化转型，不仅有助于经济转型升级，而且有助于培育经济增长新动能。

那么，面对数字经济时代，实体经济将如何转型升级？这里有三个关键：其一是拥抱不断革新的数字技术。全球新一轮的产业变革的重要特征是以互联网、大数据和人工智能为代表的新一代信息技术的持续创新，及其与传统产业的深度融合。互联网开放、共享、协同的特征正推动着制造业创新主体、创新模式的深刻变革。例如，工业互联网是制造业数字化转型的前沿技术应用，发展工业互联网也已经成为各主要工业强国抢占竞争制高点的共同选择。其二是开发新资源。随着经济的快速发展，也同时伴随着资源的滥用而导致枯竭，不当的尾料处理导致环境污染。数据资源的利用水平和成效，日益成为企业、国家拥有强大实力的证明。其三是营造良好的政策环境。企业创新能力、创业热情的进一步释放，有赖于营商环境的精心营造。

下面进一步探讨这三个方面如何能促进制造业的转型升级。

首先，拥抱新技术，促进制造业的数字化转型。以互联网为例，其之所以日益成为制造业转型的新动力，是因为互联网不断创新资源的优化配置，激发全社会的创新活力。移动互联网、工业互联网、开源软硬件、3D打印等新技术的应用,推动着创新组织的小型化、分散化和创客化,面向大企业及中小型企业的各类创新创业平台不断涌现,支持万众创新的产业生态正在改善(如图5-7所示)。企业创新资源的配置方式和组织流程正在从以生产者为中心向以消费者为中心转变,构建客户需求深度挖掘、实时感知、快速响应、及时满足的创新体系日益成为企业新型能力。正是因为互联网发挥着这些特性,才有助于促进制造业的转型升级。

图5-7 互联网构建感知创新平台

工业互联网是拓宽制造业新空间的重要引擎。处在产业发展前沿的工业互联网应用在不断拓展,规模也在不断扩大。工业互联网技术主要应用在产品开发、生产管理、产品服务等环节。工业互联网的主要应用模式和场景可归纳为以下四类:一是智能产品开发与大规模个性化定制;二是智能化生产和管理;三是智能化售后服务;四是产业链协同。在产品开发和服务环节应用工业互联网技术的企业,一般致力于开发智能产品,提供智能增值服务;在生产管理环节应用工业互联网技术的企业,一般主攻发展数字工厂、智能工厂(如图5-8所示)。目前,我国在产品和服务环节应用工业互联网技术的企业,远远多于在生产管理环节应用工业互联网技术的企业。工业互联网与传统制造业地融合发展,进一步提升了劳动力、技术、管理等要素的配置效率,增强了产业供给的能力和水平,这也将同时为经济增长持续注入新活力。[①]

互联网也催生制造业的新模式、新业态。制造业与互联网的深度融合,可以有效激发制造企业创新活力和发展潜力,也将产生诸多的新模式、新业态和新产品。其中,个性化的定制已经出现在人们的生活中。作为传统工业向智能制造过

---

① 沈恒超. 制造业数字化转型的难点与对策[J]. 变频器世界,2019(06):44-46.

渡的重要标志，个性化定制是用户介入产品的生产过程，将指定的图案和文字印刷到指定的产品上，用户获得自己定制的个人属性强烈的商品或获得与其个人需求匹配的产品或服务。利用互联网和大数据平台，以及智能工厂建设，将用户需求直接转化为生产订单，开展以用户为中心的个性定制和按需生产，能够有效解决制造业长期存在的库存和产能问题，实现了产销动态平衡。

图 5-8 智能化生产车间

通过个性化定制，消费者深度参与生产制造全过程，传统的大批量集中生产方式向分散化、个性化生产方式转变，传统商品将被智能产品所取代，服务型制造逐渐渗入到制造业之中，加快我国制造业从传统单一的制造环节向两段延伸，提高了产品附加值，推进制造业从生产型制造向服务型制造的转变，对促进我国制造业转型和重构制造业产业体系具有重要价值。

开发新资源。人口红利的消失、环境问题的严峻、自然资源有限，经济发展依赖的传统资源正在慢慢走向衰竭。在寻求传统资源高效利用的同时，新资源的开发也是刻不容缓的。大数据正是目前最为热门的新资源，数据挖掘、数据驱动都可以让生产运作、科技研发更加的有效；数据孵化，让新产品和服务脱颖而出。中国拥有比美国互联网平台更为丰富的场景，在数据这一新资源的开发利用上具有得天独厚的优势。

另外，新能源汽车的开发也是制造业近几年发展得比较好的，我国汽车行业可以说逐渐迎来新拐点（如表 5-1 所示）。随着 5G、车联网、人工智能、大数据等新兴技术的快速发展，各类品牌纷纷确立电动化、智能化为战略方向，并提出向移动出行服务商转型。

表 5-1　2018 年 12 月新能源汽车销售情况

	12月/万辆	1～12月累计/万辆	环比增长（%）	同比增长（%）	同比累计增长（%）
新能源汽车	22.5	125.6	32.9	38.2	61.7
新能源乘用车	16.6	105.3	19.0	69.0	82.0
纯电动	13.5	78.8	23.9	64.6	68.4
插电式混合动力	3.1	26.5	2.0	91.0	139.6
新能源商用车	5.9	20.3	97.8	−8.8	2.6
纯电动	5.7	19.1	94.6	−7.7	6.3
插电式混合动力	0.1	0.6	73.9	−76.9	−58.0

（资料来源：中国汽车工业协会）

营造良好的营商环境促进制造业的数字化转型。数字化转型是制造业自身发展的现实需要，这一进程中遭遇的大多数问题会由市场解决，但只用市场的能力去解决可能并不能达到真正的改善，这就需要政府的积极推动，所以也要更好地发挥政府的作用。

中国作为全球第二大经济体，制造业的进一步增长不可避免地要靠创新驱动和创业促动。创新的出现，需要各领域知识充分交流和碰撞，创业的热潮需要宽松的环境，企业创新能力、创业热情的进一步释放，有赖于营商环境的精心营造。为了能让企业获得公平、公正的发展和竞争环境，我们应进一步增强对小微企业的扶持力度和政策优惠，可以通过技术改造贷款贴息、搬迁补助、职工安置补助、产业引导基金投资等方式支持和鼓励企业进行数字化改造；通过政府购买服务等方式鼓励中小企业与服务平台合作，引导中小企业通过"上云"提升数字化水平；通过试点示范，培育工业互联网平台，鼓励、支持优势企业提高工业互联网应用水平，推广网络化协同制造、服务型制造、大规模个性化定制等新模式、新业态。[1]

同时，也要加强国际合作，提升国际影响力。当前，美国、德国正在合作探讨工业互联网参考架构（IIRA）和工业 4.0 参考架构模型（RAMI 4.0）的一致性，最终有可能形成统一的架构。我国应发挥产业门类齐全、市场规模大、数据资源丰富等优势，谋求与其他国家的深入合作，并引导行业组织在国际合作方面进一步发挥作用。

我国制造业规模庞大、体系完备，但"大而不强"问题突出。尤其是传统制造业，自主创新能力不强，生产管理效率较低。在我国制造业低成本优势逐步减

---

[1] 沈恒超. 制造业数字化转型的难点与对策[J]. 变频器世界，2019(06):44-46.

弱的背景下，必须着力提高产品品质和生产管理效率，重塑竞争优势，数字化转型正是提升制造业竞争力的重要途径。当前，需要更好顺应数字经济发展趋势，解决好制造业数字化转型进程中的难点问题，切实推动制造业高质量发展。大家熟知的海尔，就是制造业成功转型的一个典型例子（如图5-9所示）。

图5-9　2019海尔空调顺逛平台新品首发启动会

历经30多年的创新发展，海尔从一个濒临倒闭的集体所有制小厂，到今天的全球白色家电第一品牌。面对互联网、大数据和人工智能迅猛发展的浪潮，海尔积极主动推进互联网化转型，从战略方向、管理模式、研发体系、服务体系等方面开启全方位变革，从传统制造家电产品的企业转变为面向全社会孵化创客的平台，构建起互联网时代企业、员工、用户、合作伙伴的新型生产关系，引领制造业变革。可以说，海尔利用互联网实现了全方位的转型，引领了时代变革。

三、赋能电商：跨境电商的数字化转型

跨境电商是指利用跨境电子商务平台发展起来的跨境网络贸易，是在"互联网+"发展到一定程度出现的跨境贸易与电子商务的有机结合的新型贸易形态。跨境电子商务凭借其便捷性、普遍性得到广大民众的认可，是普通百姓参与国际贸易的渠道之一。我国跨境电商最初的模式是海淘、个人代购等模式。[1] 随着互联网的不断发展，跨境电商也不再是固定的这几种形式，而是逐渐向企业化、规模化转化、数字化发展，而且越来越多的企业踏进跨境电子商务市场，跨境电商

---

[1] 张夏恒.跨境电商类型与运作模式[J].中国流通经济,2017,31(1):76-83.

凭借其便捷性逐渐成为电商业的主体。①

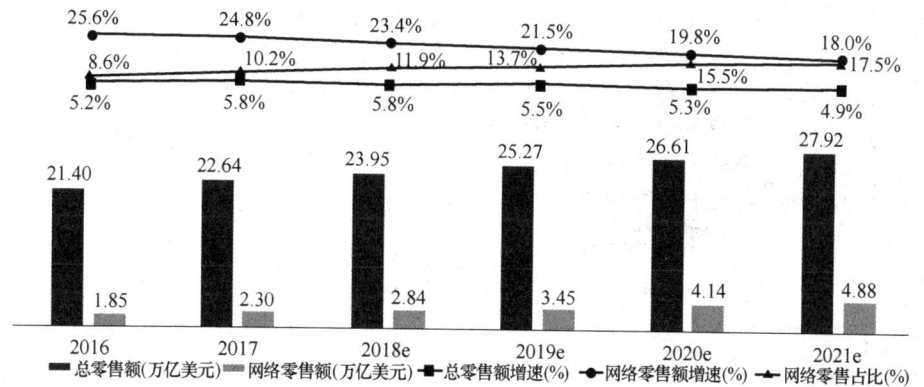

(资料来源：eMarketer，CIECC，CAICT 中国信通院)

图 5-10　2016—2021 年全球零售及网络零售发展态势

随着数字经济在快速发展，全球网络零售规模保持快速增长（如图 5-10 所示）。2018 年，全球网络零售额、全球总零售额分别达到 2.8 万亿美元和 23.9 万亿美元，同比增长依次为 23.4% 和 5.8%，网络零售在总零售中占比由 2017 年的 10.2% 上升至 2018 年的 11.9%，网络零售对全球居民消费的影响力日益增大。

全球物流和线上支付的发展进一步促进了跨境电商的发展。2018 年，约 92% 和 75% 的受访者表示使用过信用卡和借记卡进行线上交易，这一数字与上年相比分别降低了 5% 和 4%，但信用卡和借记卡仍然是线上支付的主要手段。与此同时，2018 年，PayPal、银行转账、手机支付使用比例分别达到 61%、33%、29%，相比上年分别提高了 5%、25% 和 7%（如图 5-11 所示）。

从电子商务地理范围看，电子商务跨境化发展趋势明显。PayPal 数据显示，2018 年，全球主要经济体中，奥地利、以色列、新加坡消费者进行跨境线上交易的比例最高，分别达到了 82%、79% 和 73%；金砖国家中，俄罗斯、南非、巴西、中国、印度也分别达到了 70%、62%、48%、43% 和 34%（如图 5-12 所示）。而中国已连续多年成为全球规模最大的网络零售市场，网民数量也急剧增加。从当前各大电商企业的采购计划和数据来看，跨境电商的数字化转型、消费升级正成为趋势。对于海外商家来说，中国跨境电商的蓬勃发展，为海外商品进

---

① 周健，张丹丹．eWTP 全球高效落实下跨境电商的发展进程[J]．山东工商学院学报，2019，33(04)：28-36+115．

入中国市场提供了新的营销渠道,同时也为中国产品走向世界带来广阔的商机。

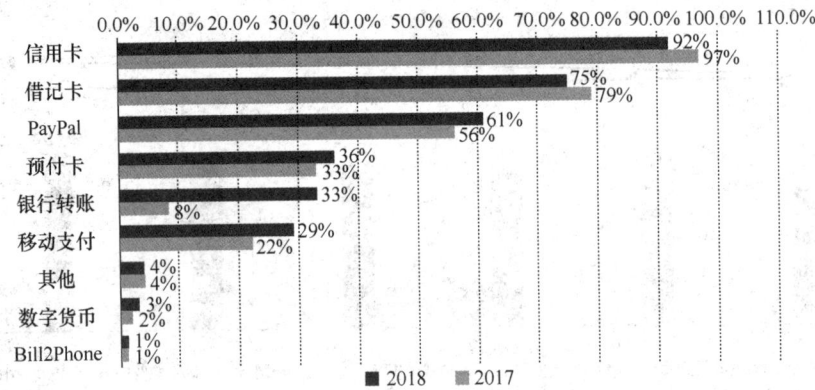

(资料来源:Kount,CAICT 中国信通院)

图 5-11 全球线上交易支付方式使用情况

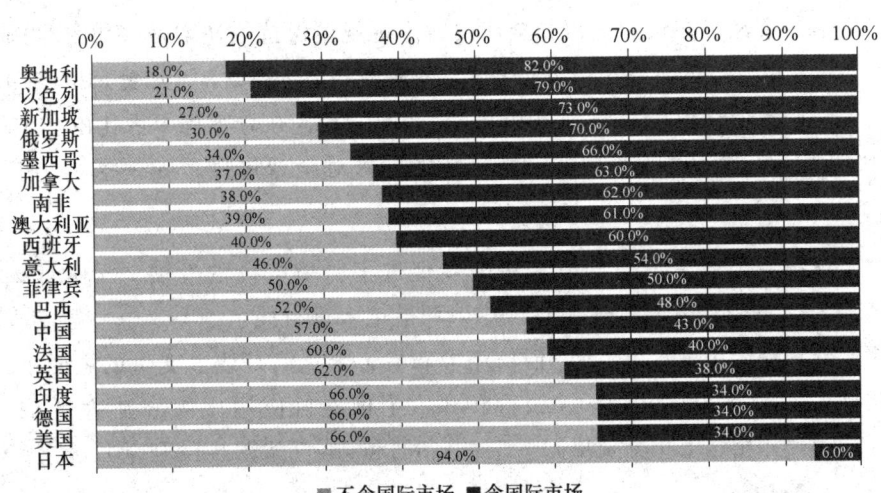

(资料来源:PayPal,CAICT 中国信通院)

图 5-12 2018 年全球主要国家跨境电商使用情况

具体来讲,跨境电商的数字化升级为买卖双方提供了精准的"人、货、场"信息匹配服务和交易信用保障,使买卖双方同时具有高效的履约体系,从而完成商家数字化信用和数字化体系的构建,实现跨境贸易的数字化重构。目前,全球外贸链路环节有 20 多个,国际站平台只是其中的一个营销场景,如果国际站将更多的外贸环节数据沉淀于平台之上,就会更清晰地将买卖双方的画像勾勒出来,更能进行精准匹配。比如,来自印度的厂商买家,他如果在国际站沉淀的数据中发现有一位曾出口过印度的卖家,且其产品质量、发货速度、买方评价等信息都有很高的好评率,那么他就会倾向于选择这位卖家交易,这便是数据反哺平台,做到"人、货、场"的重构。

阿里巴巴国际站——跨境电商"一站式服务管家"就成功诠释了"人、货、场"的信息匹配服务。成立于1999年的国际站是阿里巴巴集团的第一个业务板块,现已成为全球领先的跨境贸易B2B电子商务平台,也是中国与"一带一路"沿线国家跨境电商贸易往来的优质"一站式服务管家"。每天,包括"一带一路"沿线国家在内全球200个国家和地区,有1 000万海外采购商活跃于国际站,并产生超过30万笔的循环订单。近几年,"一带一路"沿线国家在国际站上的活跃买家实现了大幅度增长,从2015年的232万家增长到了2017年的474万家,平均一年增长超过40%。

同时,在国际站最近两次的采购节中,"一带一路"沿线国家表现出了良好的发展趋势:2018年9月"采购节",交易额增速超过200%的国家,除去类似美国这样的传统交易大国,俄罗斯、越南、印度表现抢眼;2019年3月"新贸节",卖家数增幅最大的前10个国家中,"一带一路"沿线国家占到一半,交易额增幅超过100%的国家,几乎均为"一带一路"沿线国家和正在推进"一带一路"合作的国家。可见,我国跨境电商发展势头良好,未来一片光明。下面是中投顾问对2018—2022年中国进口电子商务交易额推测(如图5-13所示)。

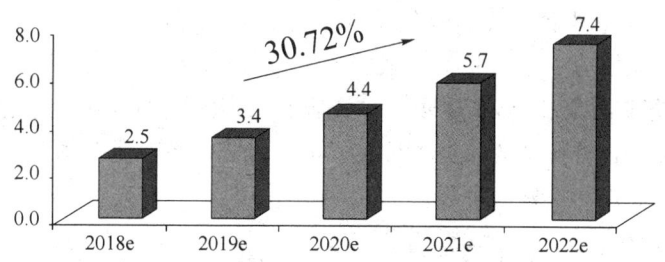

(资料来源:中投顾问产业研究中心)

图5-13 中国进口电子商务交易额

我国跨境电商虽然发展时间不长,但是发展速度较快;虽然相关的管理和法律法规还不够完善,不能完全适应跨境电商快速发展的需求,但政府正在积极推进相关政策,新技术、新模式也在不断创新。所以,我国跨境电商的数字化转型有望得到新一轮的大发展。

一方面,政策"红利"持续释放,使跨境电商数字化迎来了新的发展机遇。日前召开的国务院常务会议部署完善跨境电商等新业态促进政策,提出支持跨境电商新业态的发展，是适应产业革命新趋势、促进进出口稳中提质的重要举措。下一步要在现有 35 个跨境电商综合试验区基础上，根据地方意愿，再增加一批试点城市。试点城市的增加，有助于将前期跨境电商园区的先进经验进行复制、完善和推动中国跨境电商的发展成熟。

另一方面，"无票免税"政策。对跨境电商综合试验区电商零售出口落实"无票免税"政策更便于企业的所得税核定征收。所谓"无票免税"，是指出口企业只要登记相应的销售方名称、纳税人识别号、货物名称、数量、单价和总金额等进货信息，就可以享受免征增值税的优惠。这一政策的落实大大减轻了跨境电商企业的人力、时间成本，加快了退税进程。

不断创新的智能分拣系统、CT 智能审图判图等高科技装备以及不断革新的数字技术为跨境电商的出口积极赋能。就拿深圳机场国际快件运营中心海关监管区为例，跨境电商出口正在变得越来越便利，规模也逐渐增大，从入园到出园的车辆无须检验，仅仅只需要 30 分钟。来自深圳海关的数据显示，2019 年前 5 个月，深圳海关共验放 786 万票跨境电商零售出口货物，总货值 20.5 亿元，从事相关业务的物流企业也从最初的 3 家增加到 14 家。

其实，无论是在发达国家还是在新兴市场，网购都在覆盖更广的人群，而中国制造也逐渐向普及化发展，同时，"一带一路"建设也为中国跨境电商卖家提供了快速布局沿线国家市场的机会。国家统计局数据显示，2018 年，我国出口跨境电商交易规模为 7.1 万亿元，同比增长了 12.7%，明显快于电商行业整体 8.5% 的规模增速。其中，3C 电子产品、服装服饰配件等传统优势消费品一直是全球跨境电商平台最畅销的品类。可见，国内传统优势产业基础和产业带正在快速赋能跨境电商走向更好的发展。

与此同时，跨境电商出口的模式和方式也在不断创新。其中，出口 B2B 平台普遍由纯信息服务模式向在线交易模式及综合服务商角色转变，从提供单一的服务向多种服务并举转变，满足中小外贸企业线上化发展需求，增强平台用户黏性及盈利能力。

另外，海外仓的方式也在提升国外消费者的体验。所谓海外仓，就是卖家准备好货物，然后整批发到海外仓，通过海外仓的后台系统下达订单，然后操作人员根据卖家的订单指令做终端派送，这种方式对于优化电商供应链体系、提升物流配送时效和降低单件物流成本都有助益。

跨境电商的数字化成为制造业国际化的要道。近年来，我国跨境电商发展迅猛，成为制造业企业拓展海外市场的重要通道，大批制造业企业积极搭乘跨境电商的快车，市场触角延伸到全球各个角落。一方面是因为跨境电商能够有效化解产能过剩的平台，另一方面是因为跨境电商能够有效协助企业连接国际市场的通道。例如，浙江奥康鞋业通过兰亭集势，实现对 200 多个国家的广泛销售；福建九牧王服装集团通过使用跨境电商平台，市场边界得到大范围拓展，实现了全球近 30 个国家男装市场的部署；广东鹰牌陶瓷集团通过 TradeKey 跨境电商平台开展网络销售，将业务拓展到全球 180 多个国家。可见，跨境电商发展势头强劲，将逐渐演变为制造企业国际化的主要渠道。

第六章

赋能民生：民生行业的数字化转型

赋能教育：教育行业的数字化转型
赋能交通：交通行业的数字化转型
赋能医疗：医疗行业的数字化转型

数字化转型是指通过采用数字技术对业务策略或数字策略、模型、操作、产品、营销方法、目标等进行改造转换的行为，基于IT技术所提供一切所需要的支持，让业务和技术真正产生交互和提升。之所以越来越多的行业将"数字"视为核心资产、新资源和新财富，究其根源，数字化转型能实现产业的数字化转型升级，而这正是抢占新竞争制高点的有效助力。[①]数字技术和数字经济的发展不仅促进了制造业、农业和跨境电商等传统行业的数字化转型，同时也推动着民生与公共服务领域赋能升级，促进教育、交通和医疗等领域的数字化、智能化和智慧化转型，大幅度便捷生活、改善民生、提升社会治理能力。

① 陈川,彭向晖,许嘉伟,等."领时"电商数字化转型[J].电子技术与软件工程,2018(21):242-247.

一、赋能教育：教育行业的数字化转型

随着数字技术的不断发展，大数据、互联网、人工智能等新技术的应用范围也在不断扩大，其智能、便捷和普惠的优质特性已经逐步渗透到教育领域，推动着教育走向数字化、智能化，这不仅有效地促进教育公平，而且重塑了教育新业态。目前，随着人工智能技术的不断成熟，它与教育领域结合得更加紧密，赋能教育行业转型升级呈现出显著的优势。

人机协同的教育可以促进学生个性的成长，激发教育个性化发展。随着人工智能时代的到来，人机协同的教育方式使学校无论是教还是学，都让学习形式变得更加个性化，我们一直追求的"因材施教""关注每个学生的成长"，由于有了技术的支持而变为现实。

在教的方面，教师是教育中的关键要素，教师的专业能力、对学生的态度是决定教育质量的重要因素，教师质量差异也是导致教育不均衡发展的因素之一。在目前的班级授课制下，即使优秀的教师也无法准确地了解每个学生的学习障碍和进行一对一的精确辅导，而人工智能虚拟教师会成为教师的得力助手，帮助教师完成很多工作，如答疑、批改作业、心理辅导、日常管理等。另外，人工智能还可以汇聚、叠加更多专家智慧，增强教师的工作能力，使其能够突破传统班级授课制的局限，创造性应用多种教学方法和工具，实现对每一个孩子的个性化和精细化关注。[①] 因此，在人工智能虚拟教师的帮助下，教师可以花更多的时间与学生交流沟通，从而促进学生更好地成长。

在学的方面，人机协同可以改变学生的学习方式。大数据的精准教育可以为每个学生提供更精准的学习诊断和分析，通过建立个人学习成长档案，满足学生个性化发展的需求，进而提供最适合每个学生的学习方式。人机协同还能实现泛在学习。例如，重构学习社区、智能学习平台和终端可以让学生随时随地进行学习，学习社区的构建打破了原有的班级、年级概念，学习群体可以任意选择不同的学习内容、学习时间、学习等级等，同时还可以实现远程协作学习。

智能教育的共创共享、跨界融合促进了教育生态重构，也引发了教育的供给侧改革。随着智能学习环境的逐步建立，自由学习成为可能。无论是从知识技能

---

① 石邦宏．人工智能＋教育：加速推动教育供给侧改革进程[N]．学习时报，2019-08-23(003)．

的获取,还是从育人的角度,学校都不再是孤立的,学习的时间与空间打破了学校的界限而扩展到更广阔的社会、企业、博物馆等,它们都将成为学习内容的提供者和学习场景的承载者,教育资源会更加开放共享,教师和学生都可能是学习资源的提供者和使用者,形成共创共享的教育生态。

教育供给也将变得更加多样化。人工智能和大数据技术的应用可以更好地突破物理空间和实体条件的限制,使得学习受众群体的广度和知识信息的跨度发生巨大的变化,每一个学习者可以得到更加个性化的学习内容和方式。在知识大爆炸的当今时代,可以通过人工智能算法,更好地为每一位学习者制定出合适的内容、合适的难度、合适的方式等个性化策略,为实现"因材施教"提供了无限的可能性。①

人工智能对教育领域可谓全方位赋能。人工智能对教育的赋能具体表现在以下几个方面。

首先,人工智能赋能管理。人工智能技术会帮助学校和机构实现智能化管理,从招生到日常管理、从考勤到校园安全、从选课到学生过程性数据的采集分析,支持学生的职业生涯规划等。智能管理不仅提高了工作效率,也使教育管理基于数据分析实现科学决策。

其次,人工智能赋能学生。智能时代对适应未来的人才的培养目标提出了新要求,从而带来教育内容、教育结构的调整,但人工智能对教育最直接的影响还是学习方式的转变,使个性化、定制化的学习成为可能。

最后,人工智能赋能教师。如同上述人机协同的教育,人工智能技术使老师从繁重、重复的工作中解脱出来,如利用机器学习、图像识别、自然语言处理、大数据分析等技术从词汇、句子、段落、语法等多个角度批改学生作业,学生得到分数后根据所给建议和标注的错误修改作文,得到进一步提高。② 同时,人工智能还可以使优质教师资源以更适切和个性化的方式辐射更多的学校,解决资源与学情不匹配、难以发挥作用的问题,从而更好地促进优质教育资源均衡,推进教育的公平发展。

人工智能与教育的深度融合展现出了很大的优势与发展前景,未来教育发展趋势必定是与智能相结合,才能更好地利用人工智能发展教育,提高教育质量和

---

① 石邦宏. 人工智能+教育:加速推动教育供给侧改革进程[N]. 学习时报,2019-08-23(003).
② 高伟,刘苗苗. 人工智能时代教育人工智能研究与应用现状、问题及对策[J/OL]. 软件导刊:1-5[2019-11-02]. http://kns.cnki.net/kcms/detail/42.1671.TP.20190820.1125.040.html.

效率，促进个性化学习，面对教育的数字化转型，应高度重视人工智能的教育培训。

第一，推进人工智能素养教育和实践活动。良好的学生培养方案是素质教育的起点，首先要做的就是遵循教育教学规律和中小学生身心特点，注重基础人工智能教育的培养，与此同时，增强创新能力和应用能力的锻炼，改变"填鸭式"教学方式，从而提升人工智能素养教育水平，促进学生全面发展。在实行人工智能素养教育时，也要将人工智能的综合社会实践活动和开放性科学实践纳入学习范畴，将理论联系实际，突破优质均衡发展的瓶颈。对于传统教育资源不合理分配的问题应该予以解决，要扩大人工智能教育覆盖面，缩小中心城区、远郊区和校际差距，精准推进基础教育携手并进，最终实现兼顾个性化和规模化的高质量人工智能教育发展。

第二，对于学校的学科设置方面，加快人工智能领域学科专业建设，努力实现人工智能与传统教育的融合，提升各类人才的创新精神和实践能力。目前，很多高校已经设置了人工智能学科方向，加大了人工智能领域学科投入，这样不仅推进了人工智能方向复合型人才的培养，而且加快了人工智能领域成果和资源向教育教学转化。同时，很多高校也推出了人工智能与计算机、控制、数学、心理学等专业的交叉融合，逐渐形成"人工智能＋X"的人才培养模式，即培养贯通人工智能理论、方法、技术等的纵向复合型人才，以及掌握人工智能与经济、社会、管理等的横向复合型人才。通过学校与学生的努力协作，会把人工智能建设成为高精尖的学科，助推教育行业的数字化转型。

第三，教师人工智能的教学水平对于学生的提升也是至关重要的，要加强教师对人工智能知识的学习（如图6-1所示）。首先需要加大教师人工智能知识和技能培训，推动高校教师与人工智能行业工程技术人员、高技能人才双向交流，并且支持高校教师参与到中小学人工智能素养教育及相关的研究工作，以不断增强教师应用人工智能的能力。同时，可以引进和培养人工智能领域高水平创新人才，面向人工智能领域重大问题和关键技术，汇聚国内外人工智能高端创新人才，进而打造高水平的人工智能创新团队。

第四，深化人工智能科技创新平台建设。政府要通过政策引领和激励措施，鼓励人工智能相关机构加大创新力度，组织机器学习、计算机视觉、深度推理等人工智能前沿核心技术攻关。企业可以基于人工智能领域的基础理论、核心关键技术等需求，统筹部署人工智能科技重大项目，鼓励和引导高校对大数据智能、跨媒体感知计算、群体智能等人工智能基础理论的研究。深入推进人工智能领域"政产学研用"合作和科教融合，引导高校、科研院所和企业等主体协同创新，从而推动人工智能技术创新与转化应用。

（资料来源：https://www.baidu.com/）

图6-1 预想未来的人工智能学习课堂

人工智能对传统教育领域带来的颠覆性变革，使各国都高度重视人工智能高端人才的培养，不仅高等院校设立相应学科、打造复合型人才培养模式，改变教学方式，而且也加强了基础教育的配合，在基础教育中重视数学和理科，改变学习方式、培养审辩式思维与创造力。全社会积极推进产学研合作，打破校企的边界，共同打造培养人才的实践平台。

总之，人工智能技术与教育的结合更好地促进了教育发展，培养了社会所需人才。随着生物识别技术、自适应技术、大数据等技术的发展，会进一步推进人工智能与教育的融合，使人工智能时代的教育更关注学生成长，以人为本，促进学生全面发展，从而大力推动教育的数字化转型。[①]

二、赋能交通：交通行业的数字化转型

数字交通是数字经济发展的重要领域，以数据为关键要素和核心驱动，促进形成物理和虚拟空间的交通运输活动不断融合、交互作用的现代交通运输体系。加快交通运输信息化向数字化、网络化、智能化发展，为交通强国的建设提供重要的支撑。[②] 数字交通既包括对交通的精细、动态和智能控制，也涵盖了便捷且

[①] 高伟,刘苗苗.人工智能时代教育人工智能研究与应用现状、问题及对策[J/OL].软件导刊:1-5[2019-11-02].http://kns.cnki.net/kcms/detail/42.1671.TP.20190820.1125.040.html.

[②] 梁晋.交通运输部：2035年实行天地一体的数字交通网[J].中国招标,2019(31):6.

安全的交通出行服务，是数字经济在民生领域与社会治理的交集。数字交通的发展极大地改善了民生，创新了社会治理，方便了人们的生活，提高了居民幸福指数。

构建数字交通，毋庸置疑，是以"数据链"为主线，构建数字化的采集体系、网络化的传输体系和智能化的应用体系，这样便可以加快交通运输向数字化、网络化、智能化发展，实现交通的数字化管理。下面介绍这三个体系（如图6-2所示）。

图6-2 数字交通形成的三大体系

首先是构建数字化采集体系。第一是布局交通重要节点的全方位感知网络，构建数据采集系统，这就需要掌握所有交通点的情况。所以，布局交通重要节点的全方位感知网络是首先要做的，具体要推动铁路、公路、水路领域的重点路段、航段，以及隧道、互通枢纽等重要节点的交通感知网络覆盖，这就需要进行交通感知网络与交通基础设施同步规划建设，深化高速公路ETC门架等路侧智能终端应用，建立云端互联的感知网络。第二是构建载运工具、基础设施、通行环境互联的交通控制网、基础云平台，载运工具、作业装备的智能化设施（如图6-3所示），这样才能更好地融入数字化的采集体系。第三要多应用具备多维感知、智能网联功能的终端设备，提升载运工具的远程监测、故障诊断、优化控制等能力，同时推动自动驾驶与车路协同技术研发，鼓励物流园区、港口、铁路等运输站点广泛应用物联网、自动驾驶等技术，加强信息共享和业务协同。

其次是构建网络化传输体系。网络化的传输效率主要依赖于数字基础设施的建设，所以要加强交通运输基础设施与信息基础设施一体化建设，促进交通专网与"天网""公网"的深度融合。安全的信息传输方式也至关重要，一般数字化传输从两个方面完成：一是信息的加密和编码，工作人员在发送信息之前对信息进行特殊的算法处理，使信息加密；二是信息的解码和还原，接收到信息后，工作人员需要将经过加密处理的信息还原，得到原始的数据信息。[①] 同时，推进车联网、5G、卫星通信信息网络等部署应用，更好地完善全国高速公路通信信息网络，力争做到多网融合的交通信息通信网络，这样便可以提供广覆盖、低时延、高可靠的网络通信服务，强化网络化传输。

---

① 李万鹏.智慧交通大数据平台系统设计与实现[J].智能建筑与智慧城市,2019(05):98-99+102.

(资料来源：https://www.baidu.com/)

图 6-3 载运工具融入数字化采集系统

最后是构建智能化应用体系。在构建智能化应用体系的内容上分为三个方面。

一是打造数字化出行助手，即促进交通、旅游等各类信息充分开放共享、融合发展。平台型企业要深化多源数据融合，整合线上和线下资源，同时各类交通运输客票系统充分开放接入，为旅客提供全程出行定制服务，打造数字化出行助手，使出行成为一种按需获取的即时服务，让出行更简单。要推动"互联网＋"便捷交通发展，鼓励和规范发展智能停车、智能公交、网络预约出租车等城市出行服务新业态。

二是推动物流全程数字化，即大力发展"互联网＋"高效物流新模式、新业态，加快实现物流活动全过程的数字化。推进铁路、公路、水路等货运单证电子化和共享互认，提供全程可监测、可追溯的"一站式"物流服务。同时，各类企业加快物流信息平台进行差异化发展，推进城市物流配送全链条信息共享。依托各类信息平台，加强各部门物流相关管理信息互认，构建综合交通运输物流数据资源开放共享机制。

三是推动行业治理现代化，即完善国家综合交通运输信息平台，提高政务服务、节能环保等领域的大数据运用水平，实现精确分析、精细管理和精心服务。要建立大数据支撑的决策与规划体系，推动部门间、政企间多源数据融合，从而提升交通运输决策分析水平。同时，进一步推进交通运输领域"互联网＋政务服务"，实现政务服务同一事项、同一标准、同一编码，进而推进交通运输综合执法等系统建设，提高执法装备智能化水平，如在线识别和非现场执法。

举一个成功发展数字交通的例子：乌鲁木齐市沙依巴克区利用数字技术解决道路拥堵。沙依巴克区的高峰时段拥堵路段主要集中在宝山路、西北路、自治区中医医院等，天山区高峰时段拥堵路段主要集中在西大桥、北门、南门等，根据监测的数据，乌鲁木齐市建设局交研中心一方面梳理出突出问题，制定对市民出行影响大、投入少、见效快的疏堵改造行动方案；另一方面结合本市总体规划的发展目标与城市格局定位，系统研究本市的城市结构、出行特征、交通系统供给能力，寻找拥堵产生的根源和深层次原因，确定长期治本的城市交通发展策略。通过对数据进行分析、现场实地查看后发现，宝山路与哈密路交叉口为畸形交叉口，未进行有效渠化交通，标线识别性不强，四个方向比较拥堵，行人过街距离较长，过街困难，所以对整个交叉口范围的标线重新施划，加强地面标线的识别性，有效保障行人过街安全，整体改造使得交叉口交通组织更为人性化。

同时，通过道路平面优化、交叉口渠化交通等方式，将原五路交叉口优化为四路交叉口，大大提高了交叉口通行效率。目前，每个月全市路网运行平稳，全路网工作日高峰时段平均交通指数为"基本畅通"等级，全路网工作日早、晚高峰时段拥堵路段主要集中在高新区、沙依巴克区和天山区，晚高峰日平均拥堵里程大于早高峰。可见，基于交通运行与拥堵指数分析系统监测的数据，再结合乌鲁木齐市交通规划模型，更加容易地分析城市居民出行需求、出行分布和出行方式等，并且能够将其应用于乌鲁木齐道路交通新建、改建规划方案研究，以及公交线网优化等的量化分析与方案评估之中。

同样，兰州市也将数字技术应用到交通治理过程当中，实现了交通的数字化转型。兰州市面对人口激增，机动车数量剧增导致的交通拥堵、安全事故频发的问题，传统的交通治理体系已无能为力。恰逢交通数字化转型的大趋势，近年来，兰州市不断完善智慧交通体系，强力推进智慧交通建设，探索构建"云端＋数据＋应用"的交通大数据决策应用体系，逐步推动交通管理由"人海战术"向"智慧管理"转变，提高了城市交通拥堵疏解能力，使交通管理水平得到有效提升，产生了良好的社会效应。这样的转型升级既减少了人们出行时间，又提高了出行的效率，为居民出行提供了极大的便捷，也使得交通运行与交通管理效率大幅提升。[①]

可见，随着人民生活水平的不断提高、城市化进程的日益加快，交通行业数字化转型的发展对于解决城市道路交通问题具有重要意义。数字交通技术的应用给我们带来了许多的便捷服务，但同时也存在许多的挑战需要克服，只要我们能

---

① 杨平,魏晋.基于智慧交通的兰州市拥堵治理研究[J].城市道桥与防洪,2019(09):40-42＋8.

做到加强对交通数据信息系统规范,并提升其整体服务能力;确保智慧交通系统中数据的真实性,完善管理制度,加强对数据的管理,我们的道路交通问题就会越来越少,城市交通的智慧化程度也会越来越高。①

三、赋能医疗:医疗行业的数字化转型

医疗是重要的民生领域,它直接关系到人民群众的健康安危。随着大数据、5G、人工智能新技术的快速发展,医疗逐渐走向数字化转型,现已打造了健康档案区域医疗信息平台,利用最先进的物联网技术,实现了患者与医务人员、医疗机构和医疗设备之间的互动,逐步达到信息化。数字技术在医疗领域的应用也取得长足发展,实现医疗过程透明化、医疗流程科学化、医疗信息数字化和服务沟通人性化,达到提升医护工作效率,为数字医疗注入了新活力。这样的转型必将掀起医疗领域的大变革,重塑医疗领域新业态。②

传统的信息化技术程度不高的医院存在很多的问题,如患者就医不便、医护工作效率低、内部管理制度落后等。面对数字经济带来的新机遇,医疗的数字化转型迫在眉睫,这不仅是解决这些问题的好时机,还是重塑医疗行业的重大历史机遇。

首先,增强了患者就医的便利性。传统挂号方式是排队,这样不仅花费的时间长,而且效率也非常低,可能经常出现长时间排队后无号可挂情况。但是现在增设了手机预约挂号和医嘱查询服务等网上服务功能,可以利用信息化技术建立信息查询系统,只要病人或病人家属将住院号或者手机号输入查询系统中,就能够查询从入院到现在所有的费用支出清单,而且还能查到疾病的具体情况,这使得就医难的问题得到了有效缓解。

其次,提高了医护工作的效率。通常,传统医院录入病人的关键信息时都采用人工笔录,纸质版存储病例内容可能会出现漏记或者管理不善的问题,导致无法进行信息共享和整合,从而难以支持跨领域的综合分析。随着互联网、大数据等新技术的发展,医院加入了电子病例的使用,电子病例具有查询方便、保存完整性高等优点,电子病例的使用可以利用信息化技术实现。在此过程中,利用计算机软件对病例内容展开实时保护和管理,使得记录方式更加简洁,管理更加方

---

① 常春光,石秋红. 城市智慧交通发展对策研究[J]. 辽宁经济,2019(04):20-21.
② 叶东蠡,陈木子. 5G时代的智慧医院建设[J]. 中国医学装备,2019,16(08):150-153.

便，避免出现病例内容丢失等现象。[1]

最后，提升了医院内部管理制度。传统医院信息化系统虽然比较完善，但是设备的数据化应用和智能化改进进展较慢。常用的系统包括医院综合管理系统、医院信息系统、OA系统、实验室信息系统、医学影像归档及传输系统、放射学信息系统、远程会诊系统和后勤能耗监管系统等，但整合度不高、数据不统一。整合的智慧医院系统平台能除去不同系统间的壁垒和各种重复环节，在降低医院运营成本的同时提高运营和监管效率。[2] 整合的智慧医院信息系统，能对就诊量、患者检查及出入院情况、医生用药情况、医保基金使用、财务结余、后勤能耗及运维费用等涉及业务运作的每项数据做到实时监控，合理进行内部管理。[3]

另外，传统医疗资源分布不均，跨地域就诊难，一直是医疗领域发展的痛点。但是，随着5G时代的到来，这些摆在眼前的就医难题似乎有了化解的希望。2019年，5G因其特有的高速率、大连接、低延时等特点成了世界各行业的焦点，而它在医疗行业的应用，将有效赋能远程医疗、医疗影像、医院数字化服务及医疗大数据等多方面，切实提升广大患者在医疗健康领域的获得感。

2019年7月，大连某医院举办了5G临床应用演示会，成功演示了与基层医院实时的远程会诊、病例讨论、手术指导等医疗过程。在急救车辆运送患者途中，5G网络也充分支持了急救中心专家的实时监护、指导。此前，医院在实施远程医疗演示中发现经常出现视频卡顿、图像不清晰、沟通不流畅等影响因素，这些问题最终导致整个过程中医疗支持质量下降，所能做的查房、示教、手术指导等大受局限。但对于专家而言，出诊、手术、查房、会诊等已经占据了每日的大部分时间，甚至有时精力和体力都难以应付，因此很少有时间深入基层进行指导，但基层医院技术的提升又离不开上级医院的支持，为了平衡两者的关系，"互联网＋医疗"应运而生。"互联网＋医疗"的健康服务模式是指以互联网和信息技术为载体，以医疗信息查询、在线疾病咨询、电子健康档案、电子病历处方、远程视频会诊等多种形式的线上医疗服务方式为表现形式，在疾病筛查、预防、风险评估和诊后康复等阶段发挥健康监控作用，这也将成为优化医疗资源配置、推动优质医疗资源纵向流动和改善劳动力就医体验的重要支撑。[4]

可见，在5G技术出现前，互联网能够支撑的是将个别点布上好的网络条

---

[1] 田娅坤. 信息化技术在智慧病房建设中的作用[J]. 电子技术与软件工程,2019(17):218-219.
[2] 崔文彬,唐燕,刘永斌,等. 智慧医院建设理论与实践探索[J]. 中国医院,2017,21(8):1-4.
[3] 叶东蠡,陈木子. 5G时代的智慧医院建设[J]. 中国医学装备,2019,16(08):150-153.
[4] 顾海,刘曦言. 互联网医疗信息外溢对健康人力资本的传导机制——基于劳动力微观数据的中介效应研究[J]. 河北经贸大学学报,2019(06):82-89.

件,上级医院与基层医院间只能通过对应点交流,但实际上,基层医院需要的是一个面的支持,而每个点都布上网络却是难以实现的。但5G覆盖后,每个基层医院与上级医院科室之间、病房之间、医疗单元之间,甚至专家教授和基层医生之间,顺畅地交流和探讨将成为可能(如图6-4所示)。与4G环境下远程会诊最直接的不同之处是——图像非常清晰,且来回切换时反应时间大大缩短,许多检查、影像信息等也实现了共享。总之,在不久的将来,基于5G技术的优异特性,将带给医疗健康领域更多超出想象的智能应用,真正满足百姓的健康和就医需求。

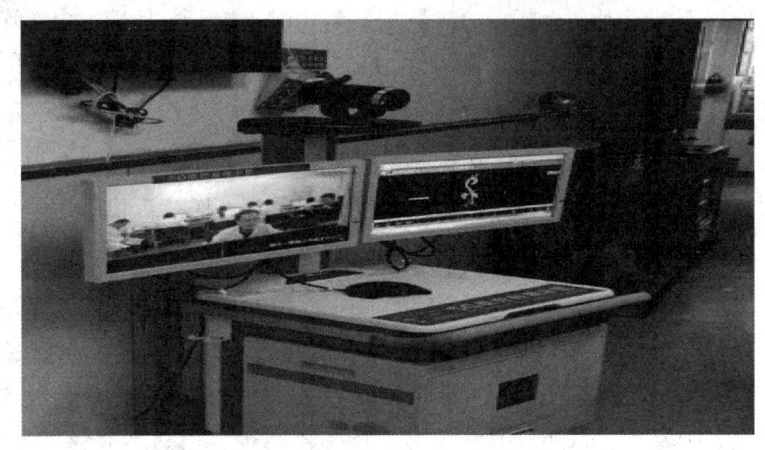

(资料来源:https://www.baidu.com/)

图6-4 5G下的远程医疗

广为人知的"悬崖村"——四川凉山彝族自治州昭觉县阿土列尔村启动了健康扶贫"5G+智慧医疗"试点项目,以5G网络为基础,结合物联网、大数据等技术,缓解"悬崖村"等贫困地区因交通不便导致的看病难、看病远问题。该试点项目是由四川省卫生健康委员会、中国电信四川公司联合启动的,试点内容包括在"悬崖村"建设5G网络、提供省州县多级远程诊疗服务、提供20套健康体征实时监测设备用于5G随访、建立灾难急救无人机送药模式等。基于5G网络,"悬崖村"正在建设电视轻问诊系统,村民不用出村,通过5G网络可以在电视上向四川省人民医院、凉山州第一人民医院的医生进行看病咨询,通过健康体征实时监测设备,还能有效开展健康管理和随访工作。另外,政府还积极探索5G技术与医疗卫生行业的融合应用,促进优质医疗资源下沉,加快解决像"悬崖村"这样的贫困村医疗服务欠缺难题,为贫困群众提供更加公平、可及、有效的卫生健康服务,促进贫困地区医疗健康事业的发展。可见,5G的这些特性不仅解除了4G时代的制约,而且恰巧适合未来的医疗需求。

医疗的数字化转型是将互联网、大数据、5G、物联网等新的信息技术融合到医疗行业，实现医疗信息共享的目的。传统的医疗带来了各种各样的现实问题，造成了人们看病难等各种后果，但数字医疗可以将网民、医生、患者联系起来，让其实现有效互动，在实践中互联网医疗可以利用其数据分析或者资源整合的能力将信息以及数据进行综合分析后整理，实现有效资源的合理配置甚至是最优配置。[①]

[①] 林悦."互联网＋智慧医疗"现状及发展展望[J].中国医疗器械信息,2019(18):15-16.

第七章

赋能金融：金融行业的数字化转型

金融生态：数字金融的生态体系
赋能金融：金融行业的数字化转型
监管挑战：数字金融监管模式的创新

随着大数据、人工智能、云计算、区块链等新兴技术的快速发展及其与金融业的深度融合，传统金融机构正处于转型的关口，通过应用前沿技术，将自身金融服务能力平台化开放，构建全新的"数字金融"新生态。金融的数字化转型带来了新的商业模式和行业变革，使得人们更好地享受金融服务，但转型升级必然会产生一些新的挑战，需要新的监管模式来应对。

一、金融生态：数字金融的生态体系

在大数据和人工智能时代，对于金融业这种数据资源最密集的行业，毋庸置疑，也迎来了数字化的发展机遇。互联网、大数据、人工智能、云计算、区块链等新技术的不断渗透，使传统金融的生态体系发生极大的变化，加快了融合数字技术的创新发展，数字金融的生态体系便是数字科技与传统金融的深度融合的结果（如图7-1所示）。

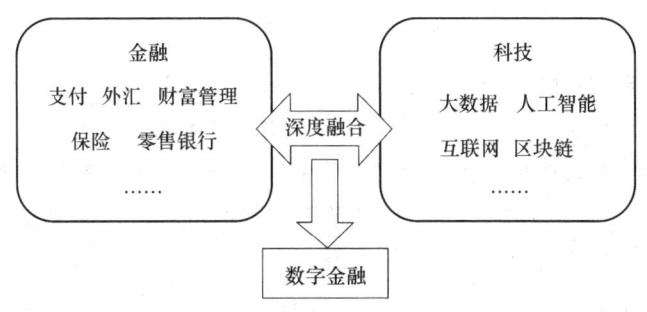

图 7-1 数字金融的生态体系

下面简单介绍支付、外汇、财富管理、保险、零售银行等数字金融生态体系中的金融服务。

"支付"一直是金融服务的重要领域，在数字金融的形成过程中，"支付"也发生了数字化转型升级。数字金融中的支付业务融合了大数据、区块链、云计算等新技术，其中使用大数据技术可以对海量的交易数据进行精准分析，云计算进行数据资源的汇总整合，打造出更为场景化和便捷的支付平台，还能开展其他相关业务。目前，阿里、腾讯推出的第三方支付等非传统金融支付方式（如图7-2所示），已经占据了很大一部分前端客户市场份额，如微信支付、支付宝、京东支付等。可以说，谁掌握了支付端口，谁就会在金融市场中赢得先机，而银行由于很少推出这种快捷的支付方式，已经逐渐转变为支付的后端通道，而且随着区块链技术的发展应用，银行很可能还会失去支付后端通道。

在外汇方面，国家外汇管理局打造了跨境金融区块链服务平台。这是目前国内金融领域涉及范围较广的区块链平台，也是国内少有的由国家监管部门牵头组织建设的区块链平台。平台的建立既方便了企业，也提高了银行开办业务的效率，有效缓解中小企业跨境贸易融资难问题，对城市外向型经济的发展也起到了促进作用，更好地服务于实体经济。

图7-2 第三方支付方式

在传统出口贸易融资中，传统银行主要依赖于企业提供的线下纸质单据审核办理业务，缺乏核验渠道。如今，平台以区块链技术整合了出口报关数据，利用区块链的数据不可篡改特性，通过"货物流、信息流、资金流"三流合一推动资金"脱虚返实"，这将为银行出口贸易融资真实性审核提供新渠道、新手段，大幅度提升银行出口贸易融资业务的审批效率。

以厦门市成为国家外汇管理局跨境金融区块链服务平台试点为例，作为试点城市，平台上线试点首日，中国工商银行厦门集美支行率先利用该平台为厦门宸展光电股份有限公司办理了出口发票融资业务，全流程线上操作，企业10分钟就获得融资145万美元。中国建设银行厦门分行也为所辖70家网点设置平台使用功能，并为4家客户办理了6笔跨境金融区块链上链业务，合计金额近190万美元，客户群体涵盖国有、外资和民营企业。可见，厦门引入了区块链技术，不仅增加了办事的效率与效能，而且还能鼓励中小企业积极融资，最终助力实体经济的飞速发展。

财富管理是对客户的资产进行管理，通过向客户提供保险、投资等一系列的金融服务，来满足客户不同阶段的财务需求，帮助客户降低财务风险，最终实现财富的增值。随着云计算、大数据、人工智能等新兴技术的应用，银行这种传统金融机构的财富管理业务已经向数字化的服务方式转移，不断创新商业模式，如利用数据分析提高投资准确性和客户个性化定制。以智能化投资顾问为例，利用云计算、大数据等技术，可以低成本、快速精确地获得市场信息，基于最基础的资产理论和其他衍生模型，再结合投资者的风险偏好、财务状况，通过算法自动为用户提供资产配置建议。可见，智能投资顾问不仅改变了客户和理财顾问面对面的传统服务模式，具有成本低、易操作的优势，而且可以避免投资人受情绪化的影响,分散投资风险、信息相对透明,从而使普通客户也能享受到过去只有金融机构高层才能享受到数字化金融服务。

保险也是金融领域比较传统的一项服务,随着物联网、大数据、人工智能为代表的新兴技术的快速发展,极大地促进了保险行业的创新发展。金融的本质就是面对风险的跨期资源配置,所以商业保险活动当然是金融行为,金融科技在保险业变革中的作用是重中之重,可能会从根本上改变和颠覆商业保险模式,更为保险业创新发展提供源源不断的动力。① 支付宝作为移动支付领域的龙头,旗下的功能也是日益完善,深受网友喜爱,而且支付宝的出现结束了繁杂的现金时代,进入了更为先进的移动支付时代。

互联网保险提供的销售和服务形态,使保险服务渠道从线下的实体网点发展到线上,打破了获取保险服务的时空限制,使客户更经济、方便、高效地享受优质保险服务。而且保险业充分利用线上渠道,得以不断创新保险产品和服务模式。② 随着数字经济社会的不断发展,保险行业也走向了创新之路。

零售银行在传统的银行业务中一直是最赚钱的业务之一,而在近几年,金融科技创新企业正在一步步侵蚀零售银行业务。很大一部分原因是银行实体网点投资回报率正在逐渐下降,人力成本正在逐渐上升,而大部分业务成本可以通过自动化节省下来。零售银行针对消费者和中小企业,具有交易金额小且分散的特点,主要通过银行网点、ATM、网上银行、手机银行等方式进行。在当前技术和制度环境下,科技与金融深度融合,新型零售银行正在探索纯上线的数字银行,不设立任何的物理网点,实现远程开户,借助现代科技提供体验更佳的金融服务。③

中国数字金融起步于公益性小额信贷,后来扩展为支付、信贷等多业务的综合金融服务,并由于网络和移动通信等的广泛应用而得到长足发展。中国数字金融的发展极大地提高了金融服务的可得性和便利性。④ 依托于互联网、大数据、人工智能、云计算、区块链等新兴技术,使得对于原先无法接触到金融的群体来说有更多的机会去接触。尽管中国的传统金融也在迅速发展,但由于数字金融的普及性更高,现在的人们又基本上人人一部手机上网,数字金融便提高了人们使用金融服务的便利性,推动了金融的数字化转型。

---

① 马向东. 金融科技是保险业转型升级的必由之路[N]. 中国保险报,2019-05-14(006).
② 同上。
③ 马化腾,孟昭莉,闫德利,等. 数字经济:中国创新增长新动能[M]. 北京:中信出版社,2017:173-174.
④ 张勋,万广华,张佳佳,等. 数字经济、普惠金融与包容性增长[J]. 经济研究,2019,54(08):71-86.

二、赋能金融：金融行业的数字化转型

金融行业是一个很容易被技术牵动的行业，几乎每一次技术的进步都会使金融业随之发生变化，在如今的数字经济时代，数字技术也将给金融业带来的伟大的变革。数字科技将在金融行业中得到充分应用，但这并不会使金融的本质发生变化，而是一定程度上大大降低金融的交易成本、创新交易方式和种类，最终实现金融行业的智能化、普惠化发展。

在数字技术的作用下，中国金融业可谓是跑步进入数字金融时代。数字金融泛指传统金融机构与互联网公司利用数字技术实现支付、财富管理、保险等其他的新型金融业务模式，在中国主要有两种表现形态：一种形态是强调数字金融的科技属性，与金融科技的概念比较接近，指利用移动互联网、大数据分析、人工智能、云计算等数字技术来帮助金融机构解决传统金融业务模式中的痛点，这也是发达国家数字金融的主要表现形态；另一种形态强调其金融属性，与互联网金融的概念更为接近，即互联网科技公司利用数字技术提供以移动互联为主要特征的替代性金融服务，弥补传统金融服务的短板。

中国金融的数字化转型经历了几个不同的发展阶段（如图 7-3 和图 7-4 所示）。

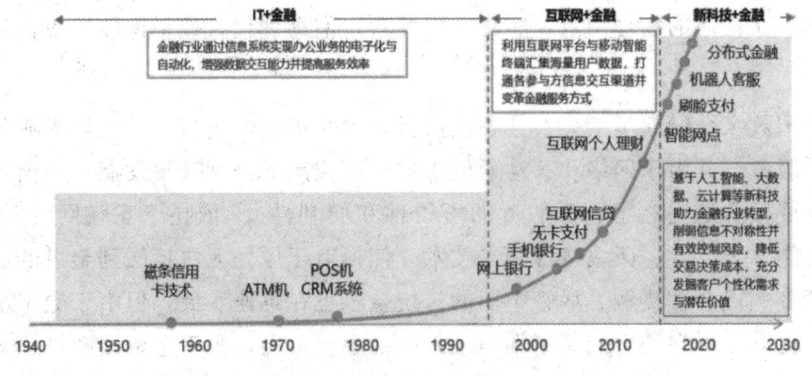

（资料来源：艾瑞咨询研究院）

图 7-3　科技赋能现代金融业的发展历程

图 7-4　三个发展阶段

第一个阶段是从 20 世纪 90 年代开始的传统金融机构的互联网化，中国的商业银行最初开始将互联网技术应用到金融服务中。主要体现在大力推行后台服务实现 IT 化，如通过自动取款机、网上银行手机银行等多种终端向用户提供金融服务。到了 1988 年年底，中国工商银行在上海推出自动取款机；1997 年，中国银行和招商银行在国内率先推出网上银行，同时推广借记卡和信用卡支付。当时人们就发现，数字技术不仅可以帮助金融机构提高工作效率和降低服务成本，而且能够突破其物理服务网点和营业时间的限制，从而加快资金融通的速度，给用户带来便捷省时的服务。但这一阶段的数字金融主要集中在简单的业务咨询、存取款、支付等基本的金融服务，用户和金融机构的连接相对薄弱，所以用户信息和金融交易数据的价值没有得到充分体现，仅仅反应在账户安全保障和金融产品销售方面。

第二阶段是中国的互联网金融时代，结合数字技术的优势，金融科技企业如蚂蚁金服、腾讯金融利用自身的海量用户，提供了互联网移动支付、网络借贷、互联网财富管理、互联网保险、网络众筹等金融服务。自 2013 年起，中国互联网金融业抓住了智能手机快速普及的历史机遇，积极推进技术和产品的不断创新升级，使业务规模持续增长。北京大学互联网金融发展指数显示，自 2014 年年初起，互联网金融规模在以每年翻一番的速度增长。在支付领域，中国第三方移动支付交易速度快、规模效应高的成本优势不断凸显；在网络借贷领域，数字技术简化贷款流程，降低借贷风险。另外，我国中小企业普遍存在显著的外部融资约束，而互联网金融的发展能够降低中小企业对内部现金流的依赖性，起到缓解中小企业外部融资约束的作用，从而在一定程度上解决中小企业融资难、融资贵的问题。[①]

这一阶段互联网金融的发展弥补了用户与金融机构连接相对薄弱的劣势，金融服务与人们的衣食住行等生活场景紧密结合，从而使人们更加积极地参与各种金融类产品和服务。在互联网金融发展过程中，我国逐渐产生了许多企业致力于研究人工智能、云计算、区块链等前沿技术，这对于数字技术和传统金融的结合也有显著的帮助，创新出了许多金融服务类产品。可见，金融的数字化转型逐渐显示出了强大的发展优势，对于驱动全球金融科技进步和市场发展提供了新动能。

互联网金融的快速发展给商业银行带来了巨大的竞争和转型压力，这就推动

---

① 胡振兴,邰晓月,王豪. 互联网金融发展、内部控制质量与中小企业融资约束[J]. 财会通讯,2019(30):120-124.

中国金融进入第三个发展阶段——数字金融时代，金融的数字化是一种新的金融服务体系，具体来说，它以新技术和数据为驱动力，以信用体系为基石，克服传统银行服务成本高、金融服务效率低的弊端，使所有社会阶层和群体平等的享受金融服务，并且它与日常生活和生产紧密结合，促进所有消费者在改善生活、所有企业在未来发展中分享平等的机会。换句话说，商业银行、中国银行等其他传统金融机构与金融科技企业展开深度合作，在战略、组织和金融产品层面上全面推进金融业的数字化转型，打造更加数字化和智能化的综合型金融服务平台。

由于目前商业银行在中国金融体系中仍然处于主导地位，是提高金融服务实体经济效率的关键，并具有服务集团客户的经验和流动性风险管理的优势。因此，以商业银行为代表的传统金融机构全面拥抱数字金融，就意味着中国的金融业开始进入数字金融时代。

从金融一步一步走向数字化转型可以看出，金融科技并不是突然产生的新事物，而是随着数字金融的发展而不断创新的。也就是说，技术创新与金融创新始终紧密地相连。数字金融发展以来，传统的支付业、财务管理业、保险业、消费金融业、证券交易等传统的金融服务发生了重大转变，国家积极投入大量资金将数字技术应用到传统金融业务服务中，不断促进金融的数字化转型，实现金融与科技的深度融合，从而带动金融企业与科技企业的进一步融合。

2018年，我国金融机构技术资金投入达2 297.3亿元，其中投入到以大数据、人工智能、云计算等为代表的前沿科技资金为675.2亿元，占总体投入比重为29.4%。从金融机构技术资金投入结构来看，支付业务投入占比最高。艾瑞咨询预计2019—2022年，中国金融机构技术资金投入将继续增加，到2022年预计将达到4 034.7亿元，其中前沿科技投入占比将增长到35.1%（如图7-5所示）。

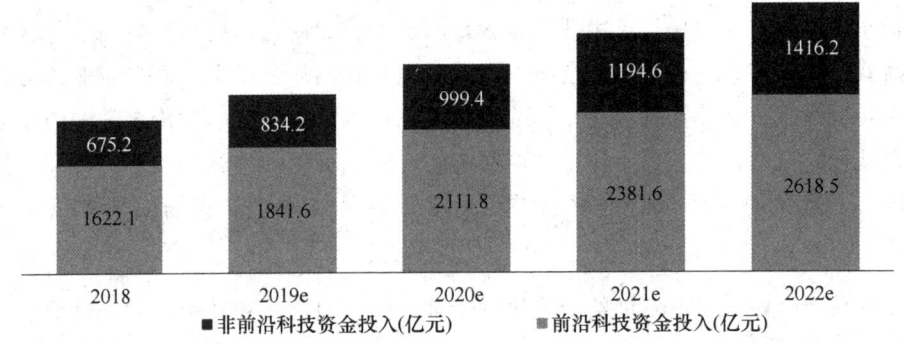

（资料来源：银行、保险、证券、基金、互联网小贷、第三方支付等企业调研，艾瑞咨询数据评估模型）

图7-5　2018—2020年中国金融机构技术资金投入情况

在支付领域,根据央行数据统计,2018 年银行金融机构共处理支付业务 1 751.92 亿笔,而非银行支付机构发生网络支付业务 5 306.1 亿笔。非传统的支付方式已经赶超传统金融机构。例如,支付宝、微信等第三方支付模式的广泛应用,这些新形式的支付交易模式推动着我国支付业务技术资金的投入规模增长。2018 年,我国支付业务技术资金投入达 1 033.6 亿元,其中前沿科技投入仅为 152.6 亿元,占比较低。但随着支付数字化、智能化的发展,艾瑞预计 2019—2022 年,支付企业对前沿科技的资金投入将快速增长,到 2022 年支付企业前沿科技投入预计增长到 337.2 亿元(如图 7-6 所示)。

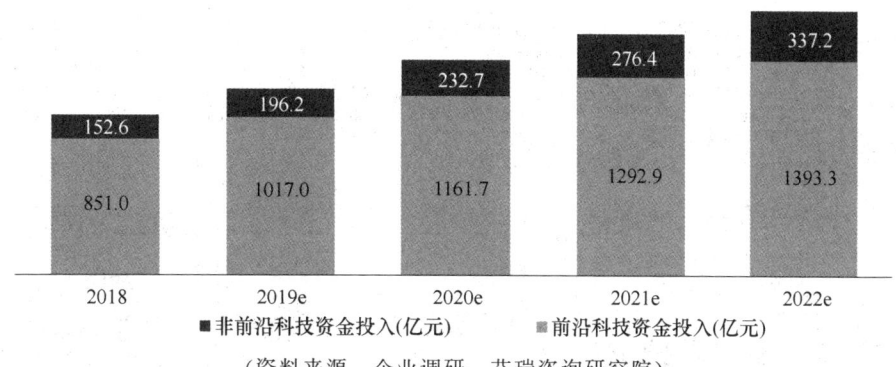

(资料来源:企业调研,艾瑞咨询研究院)

图 7-6　2018—2022 年中国支付业务技术资金投入情况

在银行理财领域,传统银行理财业务除了选择与具备流量优势的互联网金融公司合作,还进行了自身技术的创新和强化。目前,银行信息化建设已经相对成熟,2018 年理财业务技术资金投入达到了 306.9 亿元,并且预计 2019 年往后将持续增长(如图 7-7 所示)。

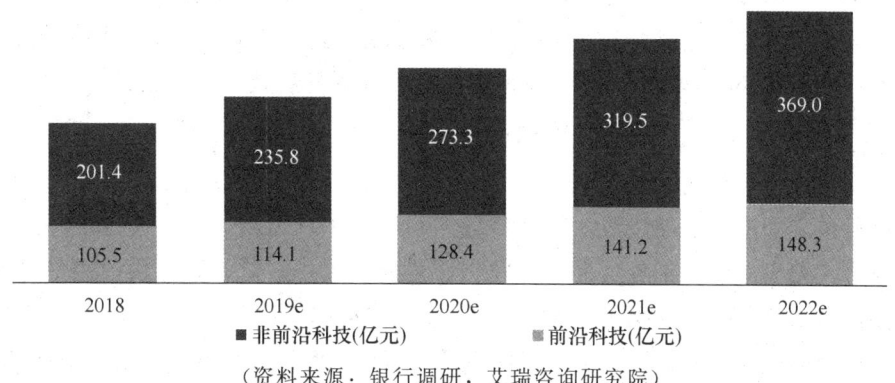

(资料来源:银行调研,艾瑞咨询研究院)

图 7-7　2018—2022 年中国银行理财业务技术资金投入情况

近几年，伴随着智能化应用的逐渐发展和信息化建设投资力度的扩大，中国保险企业也开始加大保险科技投入，其中，头部保险企业和互联网保险公司的布局更加迅捷，以中国平安、中国人寿、中国太保、中国人保为代表的大型保险机构纷纷将"保险＋科技"提到战略高度，并且积极出资设立保险科技子公司。根据艾瑞测算，2019年中国保险机构的科技投入达319亿元，预计2022年将增长到534亿元（如图7-8所示）。新技术对于传统保险行业来说，有效扩展了场景数据边界，更丰富了保险数据化场景，全面实现全域数据化，促进了保险行业的数字化转型。

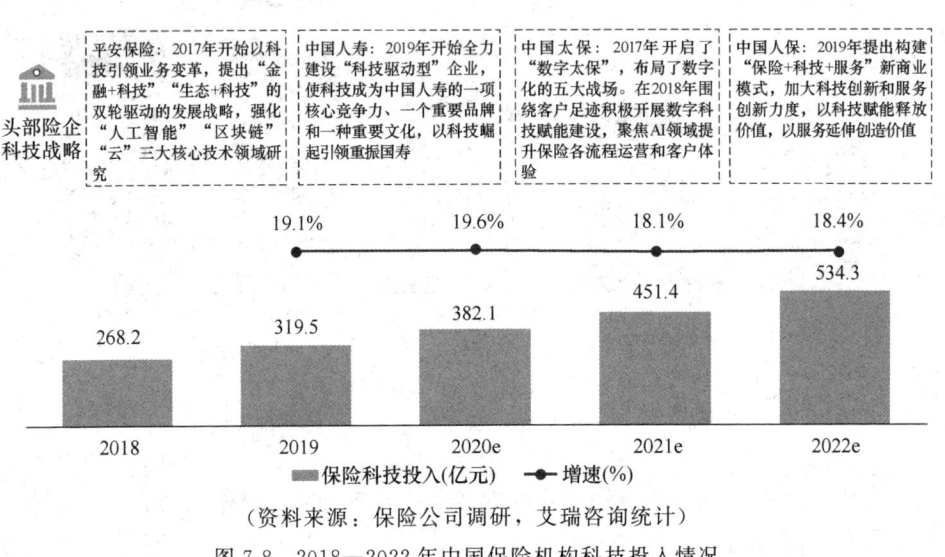

（资料来源：保险公司调研，艾瑞咨询统计）

图7-8　2018—2022年中国保险机构科技投入情况

在消费金融业务领域，金融科技的有效使用主要体现在使平台更好地利用其业务中产生的数据，定制和优化其产品模型和风控模型，从而降低坏账风险、满足用户需求。消费金融业务2018年技术资金投入达157.1亿元，其中前沿科技投入达93.6亿元（如图7-9所示），在前沿科技的各项技术中，云计算、人工智能、大数据技术的投入占比都很高。

据统计，2018年在证券技术的资金投入中，主要是建设以基础IT为主的非前沿科技（如图7-10所示），但随着数字技术的创新发展，未来至2022年，证券业将大力投入资金于各项前沿科技。在资金投入中，对不同应用前景的技术，其侧重点也有所区别。例如，对云计算与大数据的基础建设，以及AI、RPA/IPA这类应用场景明显的技术，将作为投入重点；区块链等这类以应用探索为主的技术，将主要由头部企业进行投入。

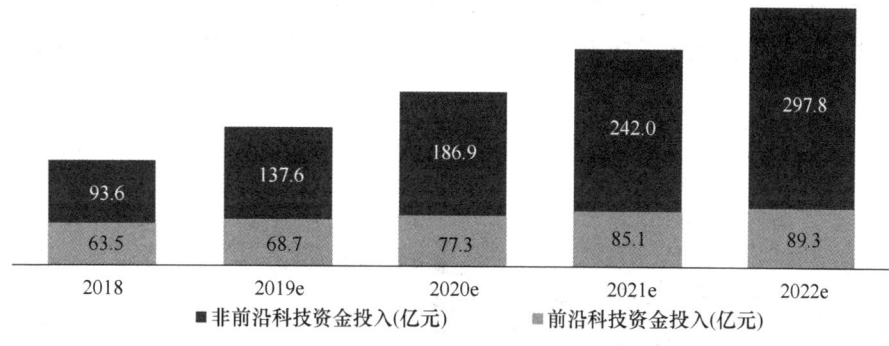

（资料来源：企业调研，艾瑞咨询研究院）

图 7-9　2018—2022 年中国消费金融业务技术资金投入情况

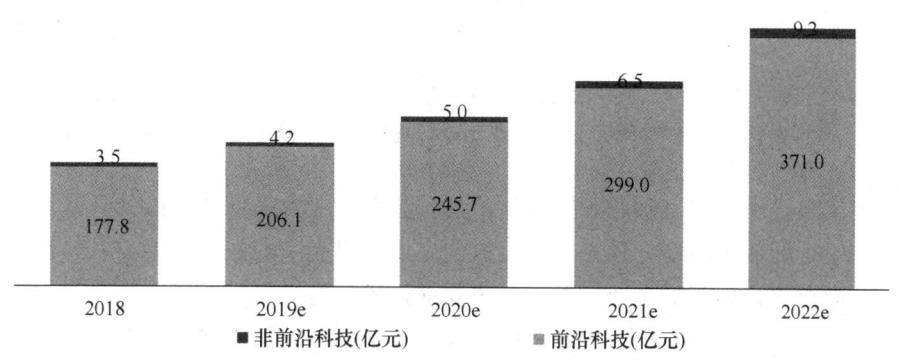

（资料来源：中国证券业协会，证券公司调研，艾瑞咨询研究院）

图 7-10　2018—2022 年中国证券业务技术资金投入情况

随着数字技术的不断革新，智能客服、RPA/IPA 等技术将逐渐替代传统金融业务中的流程化、重复性的人力工作。从图 7-11 艾瑞咨询的预测数据可知，智能客服的利用率逐渐增加，不仅可以提供 24 小时的不间断服务，而且极大地降低错误率。另外，提升人工替代率，用技术替代人力大大降低了人工服务成本的投入，全面实现银行业的数字化转型。

进一步来说，金融的本质就是服务实体经济，是与人们的日常生活和生产紧密结合的。真正将金融与生活生产融为一体，对普通消费者而言，金融不再是冷冰冰的金融产品，而是支付宝、余额宝、花呗、芝麻信用等已成为家常便饭的生活方式的改变，为实体经济的发展带来了新的商业模式；对企业来说，尤其是中小型企业，数字金融增加了实体经济的融资渠道，通过大数据技术获得客户的数据信息，并以此甄别客户的信用状况和经营状况，不需要资产抵押就可以为他们提供相应的金融服务,有效解决长尾人群融资难的问题。① 可见,数字金融降低了实体经济获得金融服务的成本,低门槛、低成本的金融服务成为万众创新大众创业的保障。

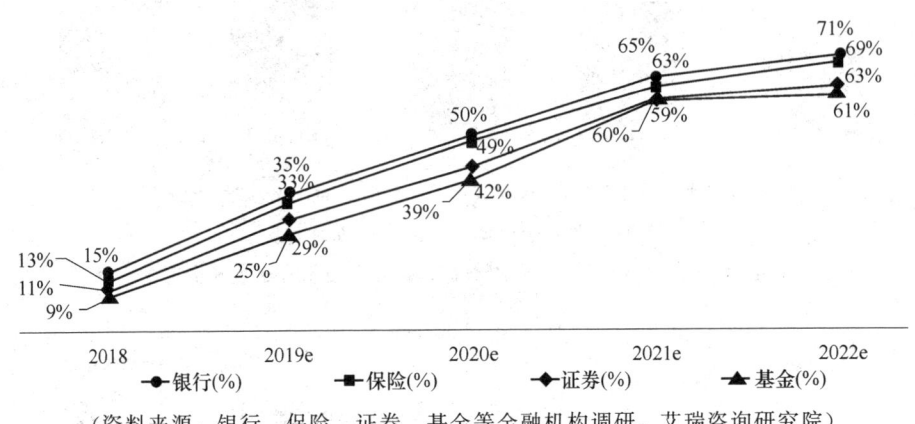

(资料来源:银行、保险、证券、基金等金融机构调研,艾瑞咨询研究院)

图7-11 2018—2022年中国金融机构智能客服人工替代率

近年来,中国数字金融走在世界前列,其发展大大降低了金融的风险,无论是传统银行的数字转型,还是新型互联网企业发展起来的数字金融系统,面向农业、小微企业、创新型企业、供应链企业都提供了之前难以提供的服务,都能更好地服务于实体经济,对实体经济的发展、复苏和转型提供强大的助力与赋能。

三、监管挑战:数字金融监管模式的创新

数字金融作为一种新的金融生态体系,它的健康发展离不开管理者的监管。金融科技来势汹汹,其天生的技术优势会给金融发展带来机遇和变革,但其监管也会同时面临许多的挑战,一旦监管不当,随之而来的就是巨大的破坏性。当前,绝大多数国家和地区都要求数字金融创新必须遵循现有金融监管的基本原则,以确保一致性和便于管理。因此,面对日新月异的金融科技,各国政府也在积极调整监管机制,确保数字金融能够健康稳定地发展。

---

① 侯琳琳.数字金融服务实体经济发展研究[J].纳税,2019,13(25):217.

(一) 我国网络金融监管的现状

我国数字金融服务的业务已进入高速发展阶段,数字金融的业务种类很多,业务量较大,数字金融业务基本已经成为较为普及的盈利手段。当前,我国的证券交易基本实现了全国联网,网上炒股日益发展。传统金融机构也都建立了各地的局域网,其中,中国银行已建立了以总行数据处理中心为核心,辐射海内外的网络化应用体系。互联网的快速发展也给我国金融业注入了新的活力,它不仅方便了客户,而且大大降低金融运营成本。

但同时,我们也遇到了不少关系到金融安全的问题。例如,非法入侵金融机构的网络系统,攻击金融组织的数据库;通过网络盗取他人股票、金钱的行为也开始出现,种种行为都给数字金融监管提出了更大的挑战,使得国家的金融安全受到很大威胁。在硬件技术方面,我国所用的计算机硬件设备主要依靠从美国公司进口,但美国对其他国家实行技术上的保留,持续的贸易战让我们认清关键技术不能受制于人。因此,华为的强势崛起让我们有信心发展自己的数字技术。

在对数字金融的监管政策方面,由于数字金融发展不均衡,而且不同金融科技类别的监管存在较大的差异,各个国家和地区对数字金融的界定尚未达成共识,我国的数字金融监管模式也没达到与金融科技智能化、技术化的发展同步,相应的治理和法律机制还不成熟。

首先,我国互联网金融的飞速发展使其监管措施和手段都较为落后,不能有效针对互联网金融出现的问题进行解决,国际上互联网金融的发展不能为我国提供有效的可供参考的实践经验,因此我国在互联网金融的监管中缺乏相关行业的法律约束。[1]

其次,由于我国很多金融机构采用的是与科技公司合作开展网络金融业务的发展形式,而这是监管政策中的一个漏洞。对于金融隐私保护法或银行秘密保护法,我国还没有较为完善的政策法律,绝大多数商业银行也没有作出一些必要的隐私声明,这会使客户因权利没有得到保障而减少对网上金融服务的需求,影响我国数字金融业的正常发展。

最后,我国对数字金融业务的市场准入监管是比较严格的,只有具备条件的金融机构才能开展数字金融业务,这虽然能够有效地防范风险,但在一定程度上也阻碍了数字金融业务的发展。

---

[1] 卢绪泽. 中国金融监管体制现状及改革对策[J]. 现代商贸工业, 2018, 39(16): 80-81.

从监管内容来看,目前的金融发展仍然将机构审批和经营的合规性当成监管重点,而对企业的风险监管涉足不深。没有建立稳定的市场退出机制,主要采取撤销和破序等方式,只能由政府和中央银行采取行政性的手段加以解决,国家财政和中央银行为此投入大量资金,同时也带来一些不稳定的因素。在监管范围上,重国有商业银行,对其他银行和非银行金融机构的重视程度不够,对新出现的网络银行的监管基本属于空白。可见,监管内容和范围过于狭窄,这势必影响监管工作的有效性,使监管无的放矢。[①] 因此,从我国现有情况来看,对数字金融进行适当的监管是非常必要的。

(二)其他国家数字金融的监管模式

随着金融监管机构的协同性和统一性的提高,美国对金融机构的处罚呈现出联合执法的趋势,且联合执法的罚款金额都较大,带有惩罚性和目的性。美国的刑事诉讼制度赋予执法者很大的自由裁量权,使他们可以选择性执法,因此金融机构的违规行为一旦被美国发现并证实,美国相关机构会联合对其采取严厉的惩治措施,轻则督促其提升合规、进行整改,重则吊销其营业执照或禁止外国金融机构在美国开立账户、开展业务。[②] 美国监管模式虽然对金融机构的违法者处罚非常的严格,但对于数字金融的准入和经营体的规范性监管采取谨慎宽松的政策,与传统的金融监管相比,数字金融的监管在监管体制、监管机构和监管分工方面都没有太大变化,这使得数字金融市场准入的门槛很低,现有金融机构可直接进行数字金融业务,无须申请或备案。由此可见,美国模式的主要目的在于促进数字金融这一新事物的发展,政府采取不过分干预的态度,只是通过补充处罚力度的法律法规,以保证其安全稳健发展。

欧洲模式是采取一套独立的方法对数字金融进行专门监管。为达到增强国家之间监管的合作、提高监管效率,欧盟各成员国的监管机构具有监管统一标准,这样不仅可以提供一个清晰、透明的法律环境,而且可以适度审慎和保护消费者的权益。

英国作为世界领先的金融科技国家,在鼓励金融创新的同时,也十分注重对金融科技可能存在的风险进行防范,源源不断地出台监管政策,对金融科技产业的规范主要采取适度性监管模式。

此外,许多亚洲金融发达国家也注意到金融科技的发展价值,在开展金融科技发展的同时,也陆续出台了相应的监管政策,来保证金融科技产业健康发展及

[①] 奇凡. 浅析中国金融监管的现状和改革对策[J]. 内蒙古科技与经济,2009(07):145-146+148.
[②] 罗璠,詹琪,杨茗. 美国金融监管处罚的特征及趋势[J]. 西南金融,2019(09):81-88.

社会金融秩序的稳定。[①]

(三) 完善我国网络金融监管的政策建议

比较各个国家的数字金融监管模式可以发现，美国模式虽然准入门槛低，为数字金融的发展提供了一个宽松环境，但惩罚措施十分严格，非常重视网络金融交易的安全和消费者权益的保护。英国和其他国家也都表现出了鼓励金融创新的监管模式，促进金融的数字化转型。

我国对数字金融的监管可借鉴于这些国家的监管模式，同时也结合我国经济发展的不同需要及时出台、调整网络金融监管方面的新法规，最终是要以适应、促进经济金融的不断发展为主要目标。

首先，确立统一监管体制，建立和完善网络金融条件下前瞻性的法律、法规体系，强化对数字金融业务的全面管理。当前，金融产品的延伸、金融服务的信息化、多元化以及各种新金融产品销售渠道的拓展，数字金融涉及的法律问题十分复杂广泛，使得金融业从强调"专业化"向"综合化"转变，传统的分业监管制度也将受到严峻挑战，行之有效的法律框架才是进行数字金融监管的理论依据。因此，监管体制应从"机构监管型"转向"功能监管型"。我国在数字金融的法制建设上比较落后，这种落后不仅表现在法律体系不完善上，还表现在法律的制定跟不上社会环境的发展和变化上，从而由保护变成阻碍社会发展。因此，必须尽快修改现有法律条款或重新制定适合、促进网络金融发展的法律法规，为促进数字金融在我国的发展提供良好的制度环境。

其次，注重金融机构的自我管理与规范，将监管与自律有机结合起来。数字金融的特性要求打破单纯由监管当局制定规范的固有模式，充分依赖金融企业和科技企业的自我管理与规范，这是数字金融条件下政府和企业必须遵守的一条基本原则。投资者的权利应当得到市场机制的保护，而对其保护应当从个人数据权属关系出发，形成政府、机构和市场三者统一的个人数据保护机制。对此，政府部门需要加大教育和引导力度，使投资者认识到个人的行为数据将决定自身未来的信誉画像，将作为本人信用的凭据。[②] 监管当局应十分注重督促和协助金融机构加强内部管理，承担起数字金融发展的促进者和协调者的角色，采取有效的内控措施，在一个健全的内部控制系统中，金融机构可以及时发现并且防范各种风险和隐患，其实任何外部监管行为只是起到揭示性作用，真正能够减少甚至避免

[①] 徐晓莉,杜青雨. 我国金融科技监管体系研究:来自国外的启示[J]. 新金融,2019(06):42-46.
[②] 邵伟. 数字金融发展与监管政策刍议[N]. 上海金融报,2018-11-09(A14).

风险发生则需要依赖于金融机构本身。

最后,加强数字金融条件下金融监管的国际性合作与协调。数字金融是一种无须跨国设立分支机构即可将业务伸向他国的全新的金融组织形式。随着数字金融业务国际化发展步伐的加快,金融监管也必将走向全球一体化,这就要求未来的金融监管由各国通力合作才能完成,所以我国要积极加强数字金融条件下金融监管的国际性合作与协调。目前,越来越多的机构将直接面对海外司法管辖与监管检查,建议在跨境数字金融事务中,探讨建立各国监管机构互惠协作机制与相互委托协查本国金融机构相关事项的实施方案,通过签署谅解备忘录、共享信息、跨境监管、合作治理等方式,携手维护和谐稳定的国际金融市场环境。① 这对于数字金融正处于快速发展阶段的我国尤为重要,面对数字金融国际化程度的加深,我们只有积极地融合金融监管的国际性合作与协调,才有助于我国数字金融健康稳步地发展。

---

① 吴善东. 数字普惠金融的风险问题、监管挑战及发展建议[J]. 技术经济与管理研究,2019(01):66-69.

第八章

杠杆效应：
数字经济推动中国经济高质量发展

助力经济增长：数字经济成为经济增长的重要动力
提升发展质量：数字经济提高经济发展质量
促进供给改革：数字经济推动供给侧结构性改革

我国数字经济虽然起步较晚，在很长一段时间相对比较落后，但最近十年来加快了发展的脚步，占GDP的比重也不断增加。尤其是以互联网企业为代表的数字化企业强势崛起，传统企业也纷纷运用数字技术进行数字化转型，它们都已经成为推动中国经济高质量发展的主要动力源泉。只要我们紧紧抓住新一代信息技术和新一代人工智能技术的重大战略机遇，努力推动数字经济快速发展，加快实施新发展理念和高质量发展，一定会有更多引领世界的新技术、新应用、新领域、新业态和更多具有强大竞争实力的企业巨头出现，中国经济也将迎来一轮更高质量的发展。

一、助力经济增长：数字经济成为经济增长的重要动力

当前，数字经济的快速发展成了经济增长的重要动力。数字经济基于大数据、人工智能、物联网等新技术的创新发展，实现了数字技术与传统产业的交叉深度融合，并且快速向各个行业领域拓展，催生了一系列以数字技术为主导的新产业群落。例如，数字技术与制造、交通等传统行业相结合，带动了智能制造、智慧交通等新业态的形成。

同时，数字技术还带来了巨大的市场需求和增长潜力，个性化、社交化制造平台的创新模式，为消费者带来巨大的消费需求。在新技术革命的驱动下，各个行业逐渐走向服务化、专业化，产业链分工更加精细化，进一步促进了生产格局向网络化、分布式方向发展，提高了企业的生产效率。

此外，生物技术、新材料技术和新能源技术也取得一系列突破，各种各样的前沿技术多头并进，以多点突破的态势形成新技术群落，促进产业的变革，深刻改变人们的生产和生活方式。一些新兴科技企业抓住"技术变轨"的机会窗口进入了世界领先行列，成为拉动我国经济增长的重要力量。

从当前技术的影响范围、渗透深度来看，数字技术已经具备了引发产业变革的关键因素，数字经济作为融合性经济，发展数字经济已是大势所趋。总之，在新一轮科技革命和产业革命的变革过程中，数字技术的作用尤为重要，极大地促进了数字经济和实体经济融合发展，不仅推动传统企业向数字化发展、增加企业效率，还激活市场、提高创新能力。[①]

目前，数字技术、产品、服务正在加速向各行各业融合渗透，对产业产出增长和效率提升的拉动作用不断增强，数字产业化和产业数字化规模逐年增长（如图8-1所示）。可见，数字经济将成为新一轮变革的主力军、经济增长的重要动力源泉、中国经济增长的主要引擎。

近年来，各级地方政府陆续出台了数字经济相关政策，推进数字经济持续发展。截至2018年，全国有11个省市数字经济规模跨越万亿元，并且数字经济的增速显著高于GDP的增速（如图8-2所示），为我国国民经济的增长提供有力的支持。

[①] 唐坚. 大力发展数字经济推动区域经济高质量发展[J]. 全国流通经济,2019(24):129-132.

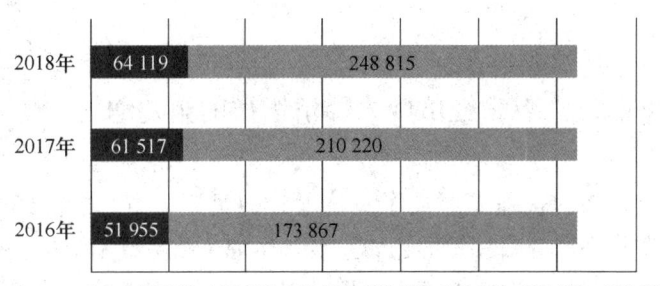

（资料来源：中国信息通信研究院）

图 8-1 数字产业化和产业数字化规模

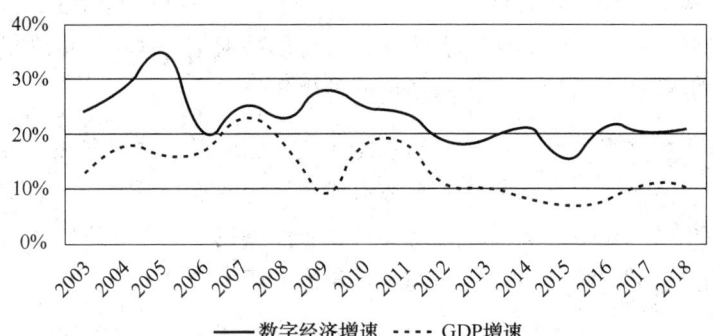

（资料来源：中国信息通信研究院，国家统计局）

图 8-2 数字经济与 GDP 的增速

数字经济的崛起与蓬勃发展，推动了传统产业改造提升，为经济的发展提供了新动能，已经成为带动我国经济发展的核心关键力量。未来，数字技术在数字经济繁荣发展的推动下，将会不断地创新与优化，加速向传统产业融合渗透，不仅会带来生产效率和企业效率的提升，而且对我国国民经济增长的拉动作用也是巨大的，将会呈现出快速发展的态势。可以说，中国的数字经济发展已经进入了黄金期。从图 8-3 可以看出，数字经济已经呈现出逐年增长的形式，而且占 GDP 的比重也是逐年增加的。因此，数字经济的大发展已成定局，其对于我国经济增长的拉动作用已不言而喻。

如今，建设制造业强国和网络强国是我国经济快速发展的两个重大领域。制造业和互联网是体现一个国家核心竞争力的关键领域，现在世界经济竞争的焦点都聚焦在高科技上，又恰逢我国数字经济快速发展的契机上，可以说正是我国从制造大国、网络大国向制造强国、网络强国迈进的重大战略机遇。因此，我们应积极利用本国的内在优势提高核心竞争力,大力推动两个强国建设的进程。

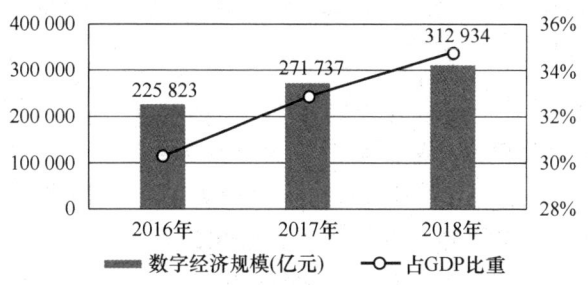

(资料来源:中国信息通信研究院,国家统计局)

图 8-3 2016—2018 年数字经济规模以及占 GDP 比重

对制造业和网络信息化领域来说,要从以下三个方面发力。

首先,加快补齐核心技术能力欠缺的短板。我国制造业和网络信息化技术领域在制造规模、水平和应用方面已经走在世界的前列,但在核心技术、关键元器件、基础材料、生产工艺、系统软件等方面与世界水平还存在很大的差距。从美国 2018 年打压中兴通信,2019 年打压华为的事件中就可以看出,我们的核心技术能力存在很大的短板。所以,趁着数字经济大踏步发展、数字技术不断创新的时机,我们要紧紧抓住这个机遇,加快核心技术的研发,举全国之力尽快把这个短板补上。

其次,数据是一个企业的重要资产,要着力推动工业数据标准的制定与应用,促进数据的技术升级和开放共享。良好的规范是今后健康发展的前提,行业组织、企业研究机构在制定工业数据的行业标准时应梳理现有的国家标准,将行业标准上升为国家标准,同时加强标准体系与认证、检验体系的衔接,促进标准应用的实施。数据的高效利用需要公共数据的开放共享,只有整合处理了所有的数据,才能得出准确的决策,实现高效率的发展。因此,我们需要建立健全社会数据采集、存储、交易等制度,保障数据有序、规范的应用。另外,须加大对通信、网络、人工智能、区块链、核心器件等领域的技术研发资助力度,资金的支持是企业快速升级的关键环节,同时加强底层操作系统、人机交互、核心工业软件、工业传感器等核心技术的攻关。

最后,要继续实施大工程大项目带动,推进大公司发展战略。从以往的经验来看,为带动信息技术广泛的应用,推动我国经济向数字化和智能化的方向发展,我国重点实施重大应用工程和项目,并成功推动数字国家的建设、引领世界潮流。因而,大企业始终是带动经济发展和提高国际竞争力的主力,现在高科技竞争基本上都是国际巨头之间的竞争，因为这些大企业具备强大的研发、创新以及引领市场的实力。因此，我们要充分发挥大国优势，积极推进重大制造项目和工程的开发，从而引领我国经济的发展。

下面讲述一个我国成功抓住历史机遇，实现经济飞速发展的事例。20世纪90年代初，当信息化浪潮席卷全球时，我国就紧紧抓住了重大发展机遇，积极推动信息化技术和信息技术产业发展，特别是当时以"三金"工程为代表的重大信息化工程的实施，极大地推动了我国信息化的发展，为我国经济、科技、社会、军事等各领域发展发挥了非常重要的作用，也为我们今天信息化发展打下了良好的基础。如今，在信息产业快速发展的时期，除了中国移动、中国电信、中国联通以外，在互联网领域还逐渐成长了百度、阿里巴巴、腾讯三家互联网巨头，我国也正在推动着这些大企业的发展，他们不仅是我国市场开拓的领军企业，也是国际竞争的强劲对手。这样看来，紧抓历史机遇、发展大公司战略不仅是技术创新、市场开拓、带动中小企业发展的主要力量，也是我国走向国际舞台的重要支撑。

因此，今后我国在落实经济发展理念和高质量发展过程当中，需要紧紧把握时代的特征，抓住时代的机遇，就像现在的数字经济带来的重大的时代变革，它对于经济的增长作用巨大，所以我们要跟随它的步伐，结合本国优势，继续推进市场潜力大、技术性强、能发挥关键作用的大工程、大项目，并且集中财力、物力推动实施，这样才会更快提升我国经济实力和核心竞争力。

二、提升发展质量：数字经济提高经济发展质量

随着数字经济的快速发展，我国经济发展进入了新时代，其最鲜明、最突出的特征就是由高速增长阶段转向高质量发展阶段。实现经济高质量发展，最关键的因素就是要培育、形成、发展新动能。我们正在经历一场广泛而深刻的数字化变革，数字经济已成为新时代经济发展的新动能和转型发展的主抓手，因而在经济高质量发展中扮演的角色越来越重要。[①]

目前，我国依靠速度、规模、资源的粗放型经济发展模式已经得到了根本性扭转，经济结构调整和转型升级也随之进入一个新的起点，更加注重智能化、信

---

① 杨祖增. 在数字化转型中壮大经济发展新动能[J]. 浙江经济，2018(21)：36-39.

息化、效益化、创新化、绿色节能的新型发展模式已经形成，并正在不断地提高完善，为新发展理念奠定了良好的基础，推动着我国经济走向高质量发展。

就目前的形势来看，数字经济将推动中国全面实现数字化和智能化。随着我国人工智能技术的重大突破和新一代信息技术的快速发展，数字化和智能化已经成了我国许多领域研究的重要发展方向。例如，在中国互联网科技和传统行业的数字化转型领域，数字化和智能化已经创造了无法估量的市场应用。可以说，智能化的机遇和市场空间是我们无法想象的。在数字化和智能化的推动下，今后将出现更巨大的跨界融合，数字化和智能化与传统产业的融合必然会进一步促进实体经济的转型升级，加速推动中国经济实现高质量发展。

以工业互联网为例，作为新一代信息技术与制造业深度融合的产物，工业互联网已经成了工业全要素链接的枢纽、工业资源配置的核心和智能制造"大脑"，是数字经济时代的新生产力、新基础设施和新产业形态。伴随着工业互联网的广泛部署，传统制造迎来了数字化、智能化驱动的转型升级热潮，智能制造开始风生水起，制造业新生态已经加速重构。[①] 目前，实体经济领域除了智能制造，还有智能汽车、智能机器人、虚拟现实等。可见，在智能化的带动下，我国经济将实现高质量的健康发展。

智能化的发展不仅需要大数据、云计算、人工智能等新技术的运用，还需要信息化运作的信息物理系统。这个信息物理系统是通过将数字技术与设计、生产、管理、服务等制造的各个环节融合起来的工具。换句话说，就是把各种信息汇集起来，然后进行加工处理，再进行智能分析，最终实现智能制造。不同的制造企业、不同的制造环境，需要不同级别、专业的智能连接平台。

工业互联网就是目前使用的信息化建设最高级别的智能平台。随着5G信息通信技术的不断发展，将为实现智能化连接创造良好的网络条件。5G技术的应用构建了全新的网络体系结构，其具有高速度、低延时、大覆盖的特征，并且存在大容量、超高清、泛载网等数据流的传送特点，因而5G将为我国信息化建设提供重要的内在动力，为智能化发展带来重大的创新和突破进步。

对于普通人来说，新一代信息技术地不断进步将为我们的生活带来更大的便利，不管是老人还是孩子，都能够使用微信、QQ软件相互交流，还能使家家户户在网络上购买和支付水、电、气费，或者利用网络办理税务、就业、社保等业务。这些网络化、信息化的进步都为中国经济的高质量发展提供有力的支持。

---

① 杨祖增．在数字化转型中壮大经济发展新动能[J]．浙江经济，2018(21)：36-39．

目前，我国企业纷纷启动数字化转型，以数字化实现不同生产、运营方式的创新，这种以创新驱动的生产模式使企业的效益加速增加。数字技术本身就是科技革命产生的创新成果，它在企业中的发展和应用大大降低了交易成本，更好地改善了市场的运作机制，成功实现了供需双方资源的有效对接。伴随数字技术对传统制造行业从研发、生产、服务到营销等全流程中的渗透，加快了重点行业的数字化转型，同时有效推进机械、轻工、建材、纺织等传统制造行业生产效率的全面提高。[1] 可见，新一轮科技革命带来的不仅是激烈的科技竞争，而且是各个行业也都竞相转型，实现自己的效益最大化。企业以创新驱动转变了以往的传统要素的驱动方式，这也为高质量发展创造了新引擎。

近年来，国内逐渐具备了庞大的数字市场体量和网民数量，不断推动着商业模式的创新发展。由于我国在电子商务、移动支付等数字化领域已处于全球领先水平，企业抓住了这一商机，将原有的商业模式改造成新的盈利模式。具体来说，通过大数据技术分析客户的消费习惯，挖掘他们的潜在需求，实现新业态下创新商业模式的运作，主要就是以数据信息为基础研究，分析得出结论，然后优化生产和营销流程，从而提升企业运营的效率、增加企业利润。可见，企业已经可以利用大数据技术从大规模、多样化的数据中挖掘新的商业价值、改变商业模式，传统商业模式的创新改变为我国经济发展质量的提高提供了重要支撑。

数字经济催生新一代信息技术不断进步，促进了中国经济绿色健康地发展。信息通信技术可以说是一切社会活动的承接载体，它的发展对于减少社会经济活动、对物资能源的消耗提供了重要帮助。[2] 以淘宝、京东为例，随着互联网的大范围普及，越来越多的人选择在网上购物，这种趋势的产生必然会影响企业消费结构的变化。相比以前，生产商与消费者是两个独立的个体，生产商只是生产产品而不知道市场的具体需求，这可能出现生产过剩、货物囤积的现象，浪费了物资。现在，互联网技术将生产商与消费者连接了起来，消费者表现出购买的需求时，生产商根据需求投入生产，这就形成了供需的动态平衡，大大减少了物资的浪费，企业的经济效益也会相应地提高，最终实现高质量化生产、高质量性盈利。

数字经济催生的数字技术的进步，对于能源节约提供了技术支撑。以电动汽车为例，现在国家正在大力推广新能源汽车，对于购买电动汽车的消费者还给予一定的补贴，因为电动汽车不仅能够节约汽油资源的消耗，而且减少了环境污

---

[1] 唐坚. 大力发展数字经济推动区域经济高质量发展[J]. 全国流通经济,2019(24):129-132.
[2] 马化腾,孟昭莉,闫德利,等. 数字经济:中国创新增长新动能[M]. 北京:中信出版社,2017:22.

染,为地球增添了一份绿色。

麦肯锡咨询公司认为自动驾驶汽车不仅可以降低交通事故,每年挽救3万~15万人的生命,而且也可以大大减少尾气的排放,提升城市的空气质量。预测2025—2027年将是自动驾驶的拐点,基于对自动驾驶底层技术成本曲线的估算,此时将是自动驾驶与人力驾驶的经济平价点。换句话说,自动驾驶每公里的总成本将与司机驾驶传统汽车的成本大致持平(如图8-4所示),在此拐点之后,市场对自动驾驶的需求将稳步上升。因此,麦肯锡也将持续发展这一项目,估计2025年可以带来经济规模数万亿美元的市场。

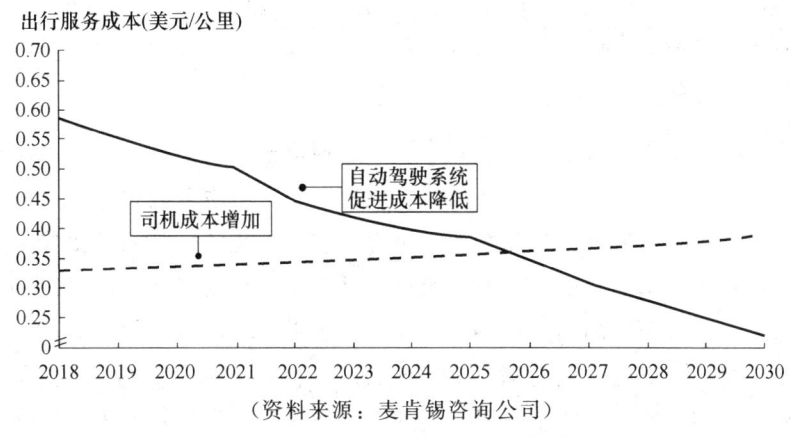

(资料来源:麦肯锡咨询公司)

图8-4 汽车数字化推动成本下降,使自动驾驶推广更易实现

随着要素市场建设和市场体系的不断完善,中国数字经济发展将进一步提速,在促进经济高质量发展、提高现有产业劳动生产率、培育新市场和产业新增长点、实现包容性和可持续增长等方面将会发挥更重要作用,同时也将在全球范围内创造更多的发展机遇。[①]

三、促进供给改革:数字经济推动供给侧结构性改革

2012年,我国新供给经济学派形成,率先在国际上提出了经济转型期的供给侧改革的理论与政策观点,认为构建促进经济发展的新动力机制应为:改革开放、创新创造和生态民生,统称为"新三驾马车"。其中,改革开放就是要提供

---

① 王红. 数字经济成为中国经济发展新动能[J]. 时代金融,2018(04):36.

新制度供给,发挥市场决定性作用;创新创造就是要推进技术进步和产业升级,提升全要素生产率,增加新产品和服务供给;生态民生就是要改善人的生存环境与自身发展需求。①

当前,我国正处于供给侧结构性改革的关键期。面对以移动互联网、云计算、大数据、人工智能、物联网为代表的新一代信息技术支撑的数字经济,我们要充分认识其对企业生产运营中供给结构的影响,才能促使我国经济的供给结构健康稳定地形成。由于数字经济以数字技术为驱动力,它的发展必定会推动企业精细化的分工,促进智能化生产工具的生成,这在一定程度上降低了交易费用,提升了生产效率,从而达到产品供需之间高效率、高质量的匹配。可以说,数字经济的发展对于我国的供给侧结构性改革起着积极的作用,也将为我国经济的长期健康发展奠定坚实的基础。

首先,从需求方面入手,分析数字经济如何促进居民的总需求。随着经济的快速发展,我国已经进入中等收入阶段,居民消费水平也随之逐渐升级,普通的产品已经无法满足人们多样化的需要,个性化、定制化的生产销售更能满足群众需求,而由数字技术赋能的制造业已经可以满足个性化的定制。互联网的大规模普及扩张了各融合领域的消费市场,使人们有了更多的消费空间。通过大数据分析了解到消费者的偏好,从而提供更优质的产品、更便捷的服务,增强居民需求力。另外,数字化的发展产生了更丰富的新兴业态,这样的转变不仅增强了用户体验、优化了消费环境,而且更重要的是培育了新型消费模式,这样的新模式对于人们的总需求将会进一步扩大,从而拉动需求方的不断升级。

传统业态逐渐转型升级,满足了人们日益多样化的需求。例如,过去说的实体店零售业,现在逐步发展成了电商平台,但现在的电商已经并不单纯的只是线上营业,而是线上线下结合发展。阿里的盒马鲜生(如图8-5所示)和京东的7FRESH就是这样一种形式,非常有吸引力,提供中高档甚至是非常高档的商品,如波士顿的龙虾、挪威的三文鱼等,价格也很低平,而且购买者可以现场体会不同的做法。

除线上外,线下服务也非常周到。只要你在三千米半径内的任何时候在手机端下单,就能保证三十分钟之内将购买的商品送到指定地址。这种线上线下有机结合的形式所产生的效果就是消费者会因为增加的获得感和幸福感产生更多的有效需求,从而使消费需求得到更进一步的提升。

---

① 曾嘉,谢碧摇,张佩佩,等. 中外供给侧改革的比较与启示[J]. 中国市场,2016(33):273-274.

图 8-5 阿里的盒马鲜生

其次,从供给方面,分析数字经济如何促进企业的供给能力。国家积极推行"三去一降一补"五大任务,减少无效和低端供给,扩大有效和中端供给,数字经济的发展伴随着互联网的大范围普及,这样的普及力度会显著提升有效的供给能力。第三方支付就是一个典型的例子,互联网的助力使其一下子调动起了中国巨大的市场潜力,基本上全国大部分的人都在使用第三方支付,它所形成的电商的寡头垄断和过去的垄断不一样,它的发展使得一大批中小微企业跟随其步伐,形成产业集群,带来的结果就是一直到穷乡避壤都可以发展出淘宝村。可见,技术创新是全要素生产力提升中的第一生产力,它产生的供给效应是乘数倍放大的。因此,数字技术带动下的经济发展,大力支持了中国经济的超常规发展,显著提高了企业的供给能力。

图 8-6 京东的 7FRESH

互联网推动低水平供需平衡向高水平供需平衡的跃升，实现了供需的动态平衡。供给侧结构性改革逐渐成为全社会的一种新共识，其根本目的是使供给能力、供给质量更好地满足广大人民日益增长和不断升级的个性化需要。而作为经济增长新引擎的数字经济，同样在推进供给侧改革，已经完成需求端数字化的互联网行业无疑是一个非常合适的突破口。[①] 互联网的快速发展使得供给结构由低端供给向高端供给发展，需求结构由生存型需求向品质型需求转变，通过解放和发展社会生产力，用改革的方法推进结构调整，增强了供给结构对需求变化的适应性和灵活性。

数字经济是推动供给侧结构性改革的重要着力点，无论是工业、农业还是服务业领域，数字经济都发挥着重要的作用。在工业方面，智能制造模式通过深度融合制造技术和互联网技术推动制造产业新一轮变革，传统规模化、流水线的机器大生产转向网络化、智能化的生产形态，网络化和服务化的产业组织新方式取代了以往垂直化的产业组织形式。数字化、虚拟化等新技术融入产品中，使产品拥有了颠覆性变化。在农业领域，数字农业、智慧农业等创新性的发展模式层出不穷，推动了农业领域从生产到消费全产业价值链的转型升级，为打造现代农业发展模式，提高我国农业国际竞争力提供了重要驱动力。在服务业方面，不论是较为成熟的电子商务，还是正蓬勃发展的在线娱乐、在线教育、共享出行、远程医疗等，都是数字经济在社会生产生活中的价值体现，为社会供给需求的动态平衡贡献力量。

最后，借用新结构经济学的理念，阐释数字化对于供给侧结构性改革的重要作用。从宏观层面来看，经济社会的发展必然伴随着产业结构的变迁，而产业结构的变化是为了适应不断革新的要素禀赋。目前，随着数字经济的发展，我国的要素禀赋不断变化，这就要求我国的产业结构、供给结构也要随之变化。要想真正实现供给侧结构性改革，应密切关注产品需求市场和要素供给市场的变化，对每一项要素禀赋进行实时监控，并评估当地的要素禀赋结构，再相应地调整产业结构，实现产业结构和要素禀赋的有机结合。总之，就是结合需求侧的数字化实现匹配，打通产业链，实现最底端的生产要素与最顶端的最终产品需求相连接。从微观层面来看，通过供给侧数字化，企业、行业和产业都能够得到所需要的配置。例如，工业企业可以迅速找到原材料供给更为低廉的地区，人力资本、知识

---

① 盘和林. 数字经济供给侧改革推动外卖行业升级[N]. 中国商报, 2019-01-29(P02).

储备也将得到更好的匹配，劳动力充沛的地区将会匹配更多的劳动力密集行业，高校较多的地区将匹配更多的科技密集型产业。

总之，从微观和宏观的角度总体来看，企业通过数字化转型实现了人力资源的高效利用和产业链的全面整合，以及生产运营过程中原材料成本与生产经营再到产品需求的高效率匹配。可见，数字化的快速发展，不仅优化了资源的高效配置、调整了经济结构，而且拓展了数字经济发展中供给侧结构性改革的新道路，为国家的供给侧结构性改革注入了新鲜的活力。

第三部分
发展与治理

第九章

独特优势:
　　新时代我国发展数字经济的优势

网民优势：孕育了中国数字经济的巨大潜力
后发优势：为数字经济提供了跨越式发展的特殊待遇
制度优势：为数字经济发展提供了强有力保障

数字经济作为一种新的经济形态，在全球经济发展中取得如此巨大的成就，与全球信息技术革命带来的历史性机遇有关，更主要的是数字经济呈现出的有别于其他传统工业经济的显著特征。对我国而言，数字经济的发展具备了三大优势（如图9-1所示）：基础设施的大力发展和强大的网民优势孕育着数字经济发展的潜力；虽然我国数字经济发展较晚，但后发优势明显，为数字经济实现跨越式发展提供了支持；制度优势也为数字经济的快速发展提供了强有力的保障。

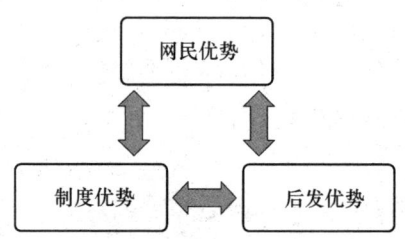

图 9-1　中国发展数字经济的三大优势

一、网民优势：孕育了中国数字经济的巨大潜力

随着互联网的快速发展，网民数量不断扩大。就目前来看，由于各行各业数字化的创新转型和移动设备的大量应用，吸引了成千上万甚至过亿的网民。例如，电商平台的建立迎来了网络化购物浪潮；线上教育的创新形式激发了网民网上学习兴趣；网络视频新业态的创新发展促进了网上娱乐。可见，这些新形式、新业态的产生推动着中国的网民数量加速增长，互联网的普及进一步使我国网民大国的红利持续释放，庞大的网民规模不仅为我国数字经济的发展提供了有利的基础，同时也为我国数字经济走上世界舞台、发挥出巨大的发展活力提供了强大内在动力。

截至 2019 年 6 月，我国网络购物用户规模达 6.39 亿，较 2018 年年底增长 2 871 万，占网民总体数量的 74.8%（如图 9-2 所示）。网络购物市场保持较快发展，下沉市场、跨境电商、模式创新为网络购物市场提供了新的增长动能，同时为数字经济的发展提供了创新活力。

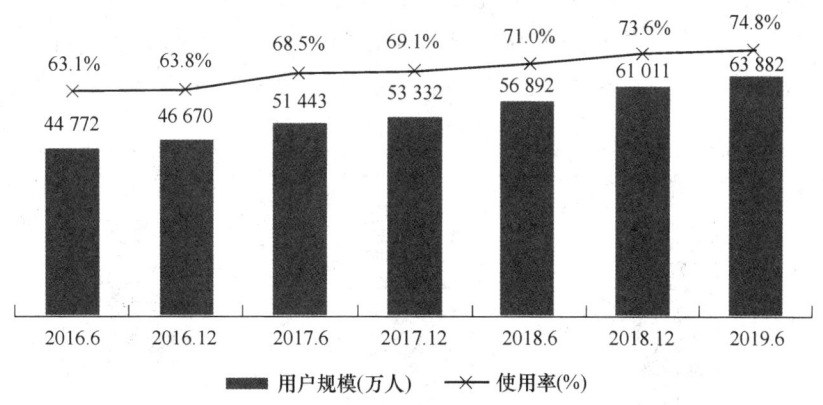

（资料来源：CNNIC 中国互联网络发展状况统计调查）

图 9-2　2016—2019 年网购用户规模及使用率

我国在线教育用户规模达 2.32 亿，较 2018 年年底增长 3 122 万，占网民总体数量的 27.2%（如图 9-3 所示）。随着在线教育的发展，部分乡村地区视频会议室、直播录像室、多媒体教室等硬件设施不断完善，线上教学授课的形式逐渐普及，为乡村教育发展提供了新的解决方案。可见，"互联网＋教育"新形势的发展，进一步促进了优质资源共享，为数字经济的发展注入了能量。

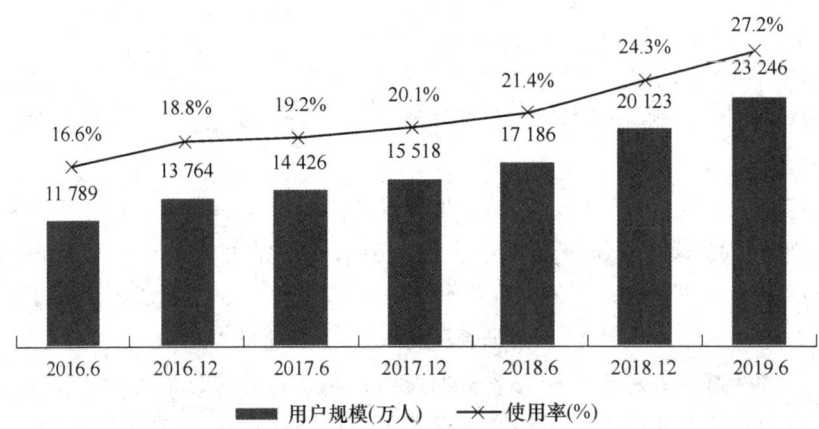

（资料来源：CNNIC 中国互联网络发展状况统计调查）

图 9-3　2016—2019 年在线教育用户规模及使用率

我国网络视频用户规模达 7.59 亿，较 2018 年年底增长 3 391 万，占网民总体数量的 88.8%（如图 9-4 所示）。目前，各大视频平台将其生产和运营专业化，并且致力于使行业的娱乐内容生态逐渐形成。具体来讲，各平台基本上是以电视剧、综艺、动漫等传统内容为播放基础，但现在不断向游戏、电竞、音乐等新兴产品拓展。同时，以 IP 为中心，整合平台内外资源实现联动，形成视频内容与音乐、文学、游戏、电商等领域协同发展的娱乐内容新生态。这种新业态的产生，孕育了强大的网民优势，为我国数字经济的壮大提供了强有力的支撑。

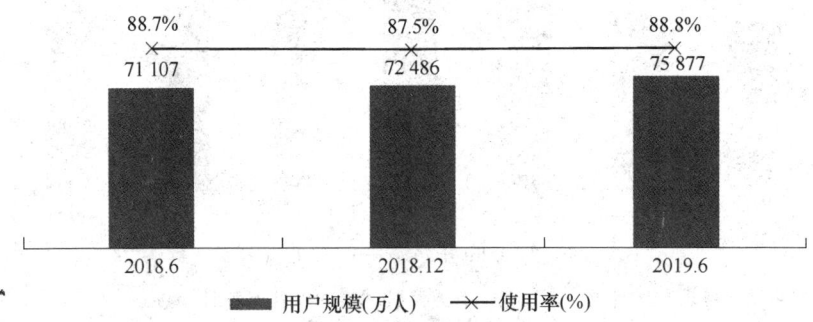

（资料来源：CNNIC 中国互联网络发展状况统计调查）

图 9-4　2018—2019 年网络视频（含短视频）用户规模及使用率

中国互联网络信息中心发布的第 43 次《中国互联网络发展状况统计报告》，截至 2018 年 12 月，中国网民规模达 8.29 亿，中国手机网民规模达 8.17 亿，网民通过手机接入互联网的比例高达 98.6%，全年新增手机网民 6 433 万（如图 9-5 所示）。

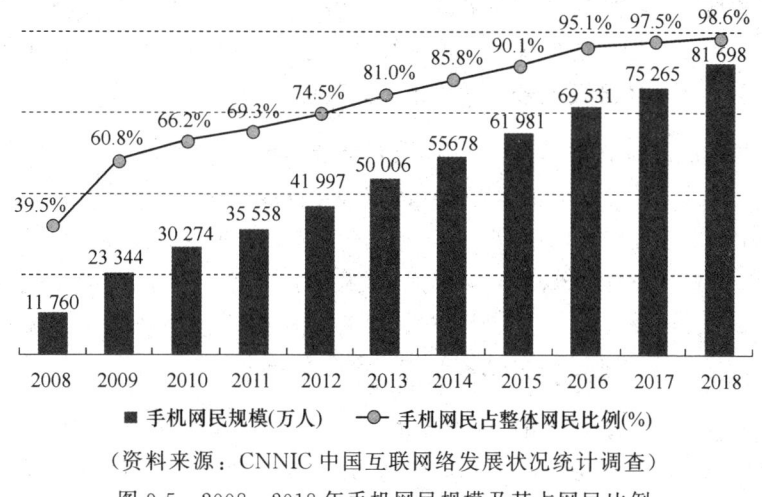

(资料来源：CNNIC 中国互联网络发展状况统计调查)

图 9-5　2008—2018 年手机网民规模及其占网民比例

至 2018 年 12 月，我国网民总规模为 8.29 亿，全年新增网民 5 653 万，互联网普及率达 59.6%，较 2017 年年底提升 3.8%（如图 9-6 所示）。强大的网民数量为我国数字经济大力发展提供了坚实的基础，也成了数字经济在我国迅速崛起的绝对优势。

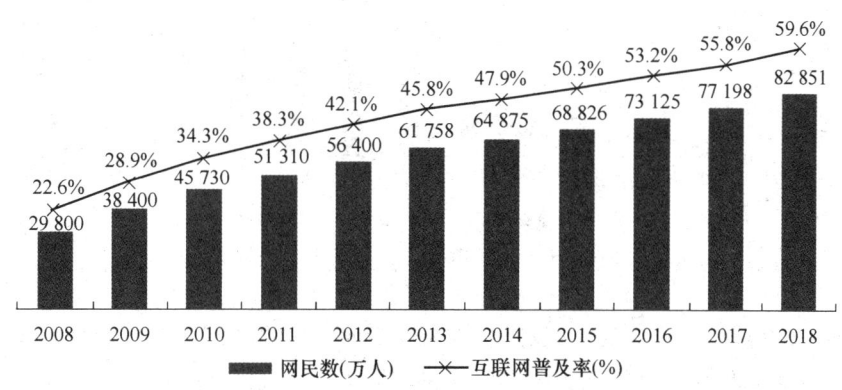

(资料来源：CNNIC 中国互联网络发展状况统计调查)

图 9-6　2008—2018 年网民规模及互联网普及率

我国网民的持续增长得益于互联网信息基础设施不断完善，展现出较强的赋能效应，为我国的数字经济发展提供更大的创新发展空间。将互联网应用于网络购物、教育、视频平台等，丰富新业态的生成，为数字经济提供了更多的发展渠道，同时培育着巨大的网民数量。换句话说，互联网具有开放共享的特征，将互联网的开放共享基因融入数字经济中，大大解决了以往生产生活中信息不对称或流通不畅的难题。就像互联网赋能教育，使偏远落后地区的弱势群体也能够借助互联网的平台获取更多的信息、学习新技术和新知识，使社会不存在短板，越来越多的人享受共享经济发展带来的成果，网民优势也进一步体现。

电子产品的普及进一步催生网民数量急剧增长。受互联网、物联网、云计算、大数据等技术的影响，消费电子产品多样化发展迅速。消费电子终端厂商不断涌现，竞相顺应发展趋势，不断深入挖掘消费者需求，同时采取由单一生产向综合服务转变和针对性配置创新功能等措施。可见，多元化、定制化、高端化的电子制造大大提高了人们消费电子产品的需求，从而为网民数量的增加提供基础支撑。

中国作为全球智能手机生产的重要地区，2013年以来出货量在全球占比始终稳定在30%左右，国内智能手机出货量从2013年的3.40亿台增长至2016年的4.67亿台，2017—2018年出货量分别为4.59亿台、3.90亿台，虽然有所降低，但整体依然是上升趋势（如图9-7所示）。可见，人手一部手机已基本成为现实，人们的生活越来越离不开网络。

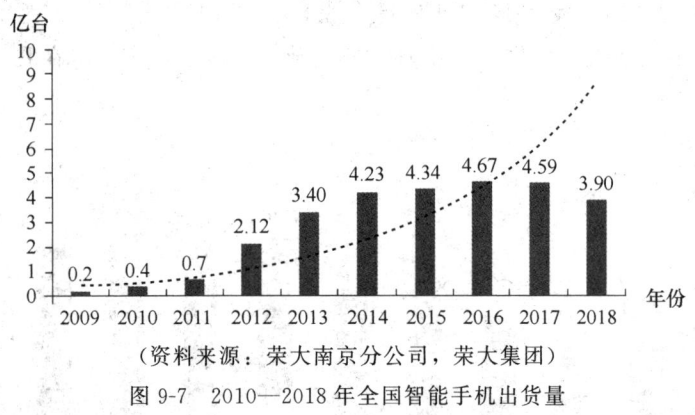

（资料来源：荣大南京分公司，荣大集团）

图9-7　2010—2018年全国智能手机出货量

网民优势得以充分发挥，也是技术驱动走向应用驱动的结果。数字经济的主要驱动力量逐渐由技术创新转向应用创新，依赖于规模巨大的网民和手机用户的发展。互联网创新和应用迎来了巨大的市场空间，推动我国数字经济在很多领域走在世界前列。例如，小猪短租、共享电动车等共享经济模式企业的成功发展，大大推动了我国数字经济的全面爆发，并为其他互联网创业企业提供了有效的示范。[①]

总之，我国数字经济的飞速发展首先得益于我国拥有全球最大的信息消费

---

① 徐晨,吴大华,唐兴伦. 数字经济:新经济、新治理、新发展[M]. 北京:经济日报出版社,2017:17.

群。中国市场的独特优势，就在于它庞大的网络用户数量和相应的用户数据。数字经济 2.0 时代下，我国网民规模不断扩大，网民红利更加凸显。[①] 这一优势的存在，大力推动了数字经济的发展，为其未来的数字化革命提供了重要的基础支撑。

二、后发优势：为数字经济提供了跨越式发展的特殊待遇

虽然我国数字经济发展起步较晚，一些先进、核心的数字技术暂时落后于发达国家，但我国一直在积极探索，无论是现代化信息建设，还是传统行业的数字化转型，都在努力寻求突破与创新，并取得显著进展。目前，我国数字经济在诸多领域已经领先于世界水平。

首先，我国的信息基础设施加速建设，信息技术的应用正实现跨越式发展。信息基础设施是数字经济发展的关键基础。从目前来看，我国信息基础设施的建设相对较好，光纤线路长度、移动电话基站和固定互联网宽带接入端口数量等均有较好的发展。我国正以实施乡村振兴战略和发展全域旅游为载体，推动乡村宽带和贫困地区基础网络全覆盖。我国已率先布局建设区域性 5G 网络，据工信部发布，截至 2019 年 9 月，全国已开通 5G 基站 8 万余个，加快推动下一代互联网规模化商用，夯实物联网基础设施，构建集感知、传输、存储、计算、处理为一体的智能化综合信息基础设施体系。可见，我国正努力做好信息基础设施的建设，实现信息通信业平稳运行和高质量发展，为我国建设制造强国和网络强国提供有力的支持。

2018 年底，我国农村宽带用户数加速增长（如图 9-8 所示），网民规模达 2.22 亿，互联网普及率 38.4％（如图 9-9 所示）。可见，我国信息化发展能力和整体水平持续提升，基础设施建设进一步改善。

其次，我国信息化发展水平为数字经济的发展带来了更大的创新空间。目前，我国正处于工业社会向信息化社会的加速转型期，为数字经济的发展提供了广阔的舞台。随着互联网上网普及，各类智能技术产品积极创新，网络化平台经济争相产生，面对正在发展的数字经济的市场，反而能获得更大的市场空间，实

---

① 孙文静. 数字经济 2.0 时代的机遇与挑战[J]. 农村经济与科技，2019(17)：1-2.

现快速拓展,如智能手机的热卖、全国网购的热潮。虽然我国拥有世界上最大规模的网民群体,但电脑、宽带的普及率仍然具有很大的提升空间,这就是为什么一款创新型互联网产品或服务能够快速聚合成千上万规模用户的原因。因此,强大的数字经济市场必然会为其发展提供强有力的动力和市场空间。

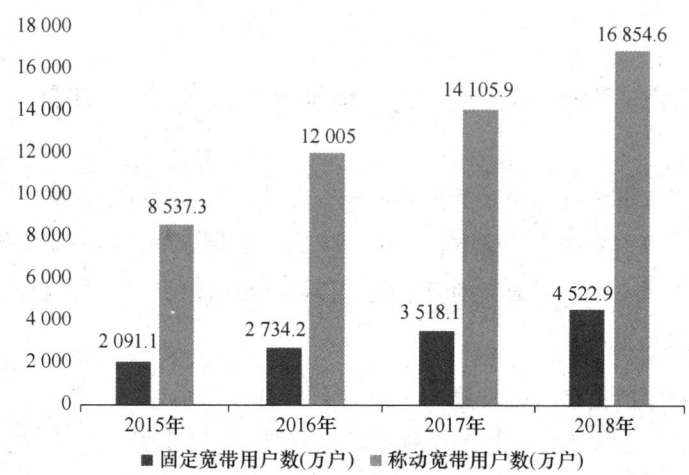

(资料来源:国家互联网信息办公室)

图 9-8　2015—2018 年我国农村宽带用户数

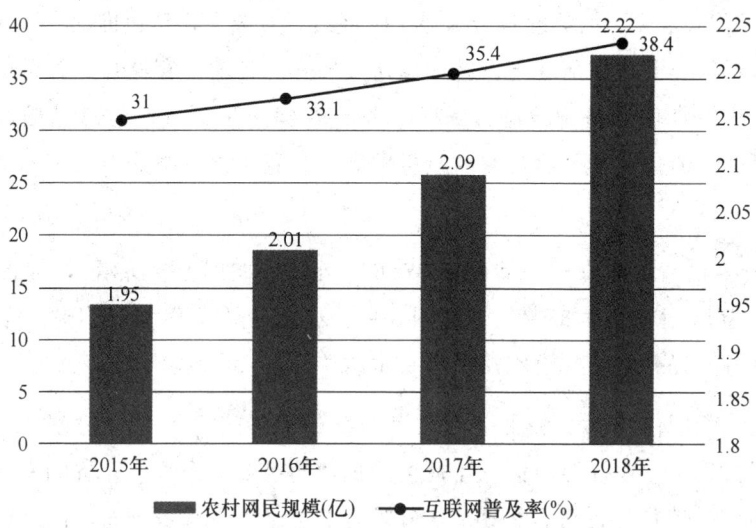

(资料来源:国家互联网信息办公室)

图 9-9　2015—2018 年我国农村网民规模和普及率

最后，中国经济进入新常态，经济模式和行业生态需要转型与升级，经济增长需要新动力，大力发展数字经济成了全社会关于创新增长方式、注入经济新动力的共识。① 在工业数字化转型过程中会遇到很多问题与矛盾，但基于互联网思维方式去考虑就能够很快解决，还会带来更多地发展新机遇，为数字经济的跨越式快速发展提供有利条件和内在动力。例如，电子商务，共享出行、智能制造等领域的跨越式发展，一方面是因为我国信息化、工业化仍处于较低的发展水平，矛盾突出，使用传统方法去解决又费时费力，而以数字经济的发展路径来寻求问题的解决方案，就显得更加灵活和简单；另一方面，在传统行业中，我国很多企业处于工业 2.0 的发展阶段，如果按部就班发展则很难超越欧美等国的发展水平，若借助数字经济，我国传统产业将很有机会实现数字化发展。

2018 年 5 月，中国贵州省贵阳市有幸开展了全球首个以大数据为主题的博览会——中国国际大数据产业博览会（数博会）。这是以"数据、智能、融合"为主题的博览会，在 4 天的举办时间里吸引了全球知名企业的高管纷至沓来，有 388 家中外相关企业参与博览会展览，与会的参观者超过了 12 万人。目前，数博会已是全球大数据发展的风向标和业界最具国际性和权威性的平台，短短的几年，数博会就有了这样的影响力，其中的缘由值得我们探究。

贵州大数据产业的崛起，不仅基于中国经济转型这一大背景，更重要的是得益于我国数字化发展的后发优势。如今，当人们谈起贵州时，就不只是有茅台酒、黄果树瀑布了，还有大数据、新兴产业。贵州率先抢占先机，设立全球第一个大数据交易所；建立国家大数据（贵州）综合试验区；发布首个省级数字经济专项规划，并成功创办了全球首个大数据博览会——贵阳国际大数据产业博览会等等的发展。可以说，贵州已经逐渐走上了中国大数据产业的大舞台。

传统行业的数字化转型已是大势所趋，谁抓住了产业融合的机遇，谁就拥有了强大的后发优势。就市场规模而言，中国数字经济总量已超过 22 万亿元人民币，占 GDP 比重的 30%。大数据应用正在向传统领域渗透，实现传统行业的数字化转型，实体经济与数字经济融合发展的趋势日渐显现。贵州作为中国大数据的高地，依托数博会和良好的政策环境，获得包括谷歌、英特尔、微软、IBM、苹果等世界知名企业青睐，而且有许多内地企业纷纷将数据中心落户贵州。贵州全省大数据产业规模总量已经超过 1 100 亿元，2018 年数博会最新成果是：招商引资签约项目 199 个、金额 352.8 亿元人民币。贵州成功抓住了数字化转型的机遇，后发优势明显。

---

① 孙文静. 数字经济 2.0 时代的机遇与挑战[J/OL]. 农村经济与科技,2019(17):1-2.

可见，技术进步势不可挡，发展机遇转瞬即逝，在奋力实现中国经济高质量发展新局面的重大任务中，我们不能墨守成规、故步自封，更不能错失发展的大好机遇。① 要充分抓住任何的发展机遇，积极推动数字经济的创新发展，以后发优势为数字经济实现跨越式发展。

三、制度优势：为数字经济发展提供了强有力保障

数字经济作为一种新经济模式，是以数字信息为关键生产要素、以现代信息网络为重要的活动空间、以信息通信的有效使用为技术支撑，驱动经济生产率增长的各类经济活动。在数字经济的背景下，生产要素和生产方式都发生了巨大变化，那么对于相应的法律和监管制度的制定，必然也要适应数字经济发展的需要。当然，制度的制定也不是信手拈来的，只有充分考虑数字经济发展的特征和需求，才能以制度优势为数字经济的发展开辟更广阔的道路。

基于数字经济以下三个特征来具体分析其发展特点和需求。

第一，数据成为驱动经济发展的关键生产要素，数字基础设施成为新的基础设施。随着移动互联网和物联网的蓬勃发展，数据呈爆发式增长，庞大数据量的处理和应用催生了大数据概念，数据日益成为重要的战略资产。大数据的出现以及数据技术的应用使互联网、宽带、云计算等成为必要的信息基础设施，同时也包括对传统物理基础设施的数字化改造，共同支持数字经济的发展。

第二，数字素养日益成为对劳动者和消费者的新要求。对劳动者而言，只有具备一定的数字素养，才能更好地在就业市场胜出；对消费者而言，良好的数字素养是正确运用数字化产品和服务的基础。因而，无论是劳动者还是消费者，我们都应该提高自身的数字素养，不要成为被数字时代抛弃的"文盲"。数字素养的提升不仅有利于数字消费，还有利于数字生产，是数字经济发展的关键要素和重要基础。

第三，供给和需求的界限日益模糊，人类社会、网络世界和物理世界日益融合。在供给方面，很多企业通过大数据挖掘技术挖掘用户需求，有针对性地设计产品、提供公共服务，提高精准营销的效率；在需求方面，消费者消费的透明度增加，消费即生产的消费新模式出现，降低了供过于强求或供不应求的生产风

---

① 何伟纯．为发展数字经济保驾护航[N]．银川日报，2019-09-23(004)．

险,逐渐呈现出融合的"产消者"形势。随着新一代信息技术的快速发展,出现了"人机物"融合的信息物理生物系统,改变了人类和物理世界的交互方式,使网络世界和人类社会之间的界限逐渐消失,构成了一个互联互通的新世界。

基于数字经济的这些特征,我国的政府领导已经制定了一系列符合数字经济发展特征的制度措施,为数字经济的发展创造良好的政策环境和提供强有力的保障。

数字经济的发展,必然要以数字基础设施为基础支撑,我国加大了数字基础设施的建设需求,推进数据开放共享和信息的高效传输。目前,我国首先着力于加快建成高速、移动、安全、泛在的新一代数字基础设施,打造陆海空一体化的信息网络设施。其次,持续推进宽带扩容,综合提升网络容量和多业务承载能力,进一步拓宽互联网城域出口带宽和国际互联网专用通道带宽。最后,加快部署基于 IPv6 等技术的下一代互联网,争创国家 5G 试点城市,推动 5G 在智能制造、智能网联汽车、环境监测等领域的大规模建设和商用。①

在充分发挥数字人才作用方面,国家要通过完善劳动的法律法规,改善新就业形态下的劳动用工政策,切实维护数字劳动者合法权益;政府还要不断完善新就业形态的社会保险参保缴费政策和管理服务机制,全面实施全民参保计划,将互联网平台就业人员纳入社会保障覆盖范围;企业主体也积极发挥了作用,完善数字人才在岗位聘任、学习进修、休假体检等方面的政策,破除了妨碍劳动力、人才社会性流动体制机制的弊端。可见,政府及全社会都在全面做好数字人才激励工作。

支持地方开展数字经济探索创新和促进就业改革,加强示范引领作用,形成可复制、可推广的好经验、好做法。目前,我国已经设立了发展数字经济促进就业产业基金,对于数字经济的市场主体着力培育,建立健全数字经济企业融资信息平台。同时,在依法合规的基础上,政府开发了更多适合数字经济企业融资的工具,以便更好地满足数字经济企业投融资需求。

发展数字经济,浙江嘉兴秀洲国家高新示范区展示出了其独特的优势。中国电子科技集团与浙江省人民政府施行战略合作,培育高新区的中电科(嘉兴)智慧产业园,该产业园专注新能源应用、生态环境监测、新型智慧城市建设等,着力打造成嘉兴智慧产业发展高地。通过智能设备、科技成果的应用,让老百姓享受到了智能化服务的便利,有效解决政府、企业、百姓关心的"痛点问题",深

---

① 基础先行 形成数字建设强支撑[J]. 宁波经济(财经视点),2019(08):27-28.

刻改变着经济社会发展的方方面面。

政府的大力支持，让高新区再度拥有了构建现代化经济体系的新机遇，建设桃园数字小镇成为下一个战略新方向。2019年3月26日，桃园数字小镇正式成立，中国电科36所、秀洲国家高新区携手多家单位共同组建嘉兴桃园科技有限公司，成为桃园数字小镇的运营主体，桃园数字小镇的成立意味着高新区在抢占未来经济发展制高点上拥有了新引擎。另外，公司设有智慧应用研究院、数字产业发展基金，为小镇入驻企业提供了充分的技术支撑和资金服务。

小镇通过服务平台以公司形式运营，充分发挥了中国电科与嘉兴市"三位一体打造新型智慧城市标杆市"的深度合作效应，嘉兴数字经济项目先行先试的示范引领作用明显，这不仅得益于中电科嘉兴智慧应用研究院技术服务，而且更重要的是政府数字产业基金的支持，使得数字产业链形成、人才集聚，双方成功的合作经验实现了数字经济的探索创新发展。

优化数字经济的营商环境，加大对数字知识产权的保护力度。数字盗版问题层出不穷，许多国家和地区采取强有力的法律措施打击数字盗版，在所有知识产权侵权中，电影和音乐行业的数字盗版问题造成的损失最为严重，欧盟正在通过建立单一数字市场平台，以寻求更强有力的知识产权保护并打击盗版活动，知识产权监管对数字化环境中的新商业模式有十分重要的影响。[①] 我国已经开始通过增强技术保护措施和反盗版活动，缓解该行业的数字盗版问题，还制定了相应的法律法规，以期通过这些措施为数字经济创造良好的营商环境，为其发展壮大提供坚实的后盾。

国家战略层面的重视与驱动，充分体现了我国在数字经济发展过程中的制度优势，更利于从上到下凝聚共识、形成合力、提高效率，把握新旧经济交替的历时性机遇，实现我国经济和社会的数字化转型。[②] 总体看来，面对互联网信息化浪潮的到来，我国围绕信息化和数字化发展出台了一系列鼓励扶持政策，初步形成了较为完整的政策体系。"互联网＋"行动计划、大数据战略、宽带中国、智慧城市等完善的政策布局，充分体现了国家对信息化建设和数字经济发展的高度重视和期待。在这样的制度环境下，数字经济将迎来健康有序的发展。

---

① 杨娟. 数字经济制度环境建设的国际经验和启示[J]. 全球科技经济瞭望,2019,34,(03):20-23.
② 何亮亮. 论我国数字经济立法的必要性[J]. 中国集体经济,2018(30):102-103.

第十章

发展现状：
数字经济的快速发展和广泛渗透

全面渗透：数字经济已渗透到生产生活的各个领域
创新驱动：数字经济推动新业态与新模式不断涌现
全球主流：发展数字经济已成为世界经济主流
中国崛起：数字经济在我国取得了快速发展

数字经济的快速发展和广泛渗透，推动着企业的发展，不断地催生新业态、新模式的涌现，使其在我国经济和社会发展中所占据的地位越来越重要。互联网、物联网、云计算、大数据、人工智能、区块链等新一代信息技术的迅速发展也为数字经济的发展提供了不竭的动力源泉，发展数字经济也成为世界经济主流。

第三部分　发展与治理

第十章　发展现状：数字经济的快速发展和广泛渗透

一、全面渗透：数字经济已渗透到生产生活的各个领域

数字经济的数字因子正潜移默化地渗透到各行各业，"数字"已经充分融入了人们的生活之中。互联网、大数据、人工智能、物联网、云计算等数字技术逐渐成为信手拈来的日用品，意味着企业共享技术红利的时代已经来临，社会成员的数字获得感、幸福感也将大幅提升。

在实体经济领域，数字经济不断促进着实体经济的数字化转型。以中国建筑股份有限公司（中建）为例，近年来，中建逐步将信息化建设与传统建筑产业深度融合，构建"云＋网＋端"协同并进的立体化发展格局，逐步完成标准工作流程化、流程工作信息化、信息工作数据化以及数据利用智能化，实现项目工地数字化、网络化、智能化的转变。在徐州轨道交通建设中，也实现了工程全数字化建造，不仅确保了工程质量和安全，而且使工程的进度和成本得到了有效的控制。其中，徐州地铁 1 号线集成就应用了 GIS、VR、物联网、移动互联等信息技术，在全球采购高配科技材料，成功突破多项技术难关。

数字技术还延伸到了餐饮行业。站在城市的街头，从穿梭于街巷的快递小哥、送餐员背后的电商标识到无处不在的二维码，人们能够亲身体验到数字浪潮带来的冲击与变化。火锅界巨头"海底捞"全新智慧餐厅引入了机器人服务员，从点菜到传菜、上菜，甚至唱生日歌，一系列服务都由机器人完成。顾客通过 iPad 选好锅底和配菜后，餐厅后厨的机械手臂工人会自动把涮品放到机器人服务员托盘上，然后机器人会自动识别导航找到指定的桌号，送上客人的餐桌。海底捞智慧餐厅吸引了大批食客的目光，成了"网红店"，很多人特意到店里体验"黑科技"（如图 10-1 所示）。有网友评论称："送餐机器人在食客中穿梭，若它遇人流始终过不去还很委屈呢。餐厅内还有许多的智能设计，抬头就能看到屋顶的一个个排风系统，吃完火锅身上不会有味道。"

数字化转型也正在逐步改变着医疗行业，大大提升了医疗水平。在第二届数字中国建设峰会的展会上，腾讯展示了一款名为"觅影"的数字产品。腾讯觅影将人工智能技术运用到医学领域，为 AI 研究提供安全可靠的基础设施保障。它通过对合作医院重点科室的脱敏病例档案进行学习，积累诊断能力，然后进行 AI 辅助诊断，目前筛查一个内镜检查用时不到 4 秒，对早期食管癌的检出率高达 90％。可见，AI 技术的加入大大提高了医生的阅片速度、诊断效率和准确率。数字技术对传统医疗的赋能作用明显，提高了医疗工作的效率。

图 10-1 海底捞智慧餐厅

随着数字经济的发展，数字技术逐渐成熟的应用使得人们的生活逐渐走向智能化。智能化的家用电器、无人驾驶的汽车、服务周到的机器人，这些智能化产品正在走进人们的生活，带来切实的新鲜体验。目前，人工智能逐渐成为人们家中的贴心小助手，智能门锁、智能灯光（如图 10-2 所示）、智能窗帘、扫地机器人等一系列智能产品越来越有市场，受到了人们的青睐。其实，就智能家居的技术方面来看，它是一个智能化的控制系统，利用综合布线、网络通信、安全防范、自动控制等技术手段实现家居设施集成，从而构建起安全、高效、智能化的管理系统，给用户营造一个安心、舒心、省心的居住环境。在智能家居的平台上，人们可以根据自己的需求实现对家电和门窗的远程控制，还可以根据自己的爱好进行个性化设置，解决了日常生活中的很多难题。

图 10-2 智能灯光

互联网巨头公司也在热切拥抱数字经济。多年来，阿里巴巴持续以互联网、大数据、云计算和 AI 等新技术支持实体经济发展。为解决基层群众融资难、融资贵等难题，蚂蚁金服建立了以大数据融合为基础的信用评价体系，为农村地区和小微企业提供了更好的线上信贷资源。可见，数字经济已"飞入寻常百姓家"，为百姓带来切身实惠的同时，也大大促进了消费，为社会经济发展注入强大动力。此外，数字经济的快速发展也改变了人们的支付方式（如图 10-3 所示），来自支付宝的数据显示，超过 95% 实体店已经实现移动支付，"码商"群体持续壮大（所谓码商，是指通过二维码做生意的小商家），他们不仅通过支付宝收款，还通过二维码实现了数字化经营，可以获得贷款、财务、保险等一系列服务。

图 10-3　二维码付款

在建设数字中国的大背景下，越来越多的城市着手推进数字政府的建设。数字政府是公共治理与数字技术深度融合的产物，是用数据说话、管理、决策、创新的政府，是需求导向型、公众响应型的政府，是网络强国、数字中国、智慧社会的有力支撑。"一网通办"政务服务小程序的开发为各地政府工作提供了快速触达用户的通道，目前已有 16 个省市的"一网通办"小程序入驻支付宝，接入率高达 90%。举一个有趣的例子，一位 87 岁的清华老教授自从学会了在支付宝上缴纳水、电、气费后，还特意写来了感谢信。目前，已经有数亿人在支付宝上办事，其中年纪最大的用户已经 95 岁。"最多跑一次""不见面审批""一网通办"等数字政务的创新发展，用大数据解决了居民的小烦恼，让人们办事效率变高，百姓的"数字获得感"也噌噌往上涨。

可见，数字经济已经渗透到了人们生产生活的各个领域，一批便民、惠民的新技术、新业态、新模式不断涌现，深刻改变着人们的生活方式和内容，也逐渐让人们感受到了数字经济带来的巨大便利，人们也愿意主动接受新技术所带来的改变，积极学习，追随社会经济发展的步伐，这同时也为数字经济的发展提供了良好的基础。

二、创新驱动:数字经济推动新业态与新模式不断涌现

数字经济作为一种全新的经济形态,结合自身的经济特性,不断推动新业态、新模式的涌现。当前,我国在共享经济、智能终端产业、数字经济前沿产业等诸多领域取得了令人瞩目的发展成就,成为全球数字经济的领跑者,并涌现出一批处于世界前列的互联网企业和高新技术企业,如 BAT、京东、滴滴出行等企业均进入全球互联网企业 20 强,特别是在以滴滴出行代表的共享交通服务领域,我国已成为领跑者。下面将从共享经济、智能终端产业、数字经济前沿产业三个新兴业态分享数字经济的推动作用。

(1) 共享经济

以互联网为依托发展起来的数字经济具有天然的开放、包容和共享的基因,能够更有效地满足人们对社会公平正义的新诉求,使发展成果惠及更多民众。在数字经济的各种创新性商业形态中,分享经济的发展尤其引人注目。随着越来越多的互联网公司、高新技术企业、创新创业公司等参与到分享经济模式中,未来我国的共享经济领域将很可能成为极具国际竞争优势的巨型平台企业。

随着互联网、大数据、人工智能等新技术的不断发展,共享经济逐渐找到了发展的方向,不断增大行业规模,提升发展速度。2018 年,我国共享经济市场交易规模达到 29 420 亿元,同比增长了 41.6%,保持高速增长的态势(如图 10-4 所示)。

领域	2017 年	2018 年	增长率
交通出行	2010	2478	23.3%
共享住宿	120	165	37.5%
知识技能	1382	2353	70.3%
生活服务	12924	15894	23.0%
共享医疗	56	88	57.1%
共享办公	110	206	87.3%
生产能力	4170	8236	97.5%
总计	20772	29420	41.6%

(资料来源:国家信息中心)

图 10-4 2017—2018 年我国共享经济发展情况(单位:亿元)

共享经济将从当前的交通、教育、医疗、金融等社会服务领域，逐步拓展到基础设施、能源、制造业等生产型领域，推动传统产业的转型升级，打造出结构更加优化合理、更具国际竞争优势的产业新生态（如图10-5所示）。

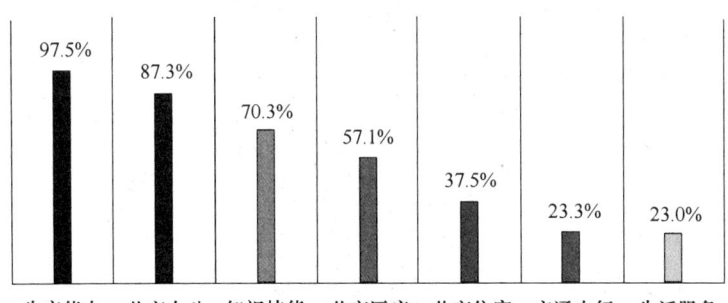

（资料来源：国家信息中心）

图10-5　2018年我国共享经济各领域市场交易额增速

2018年，我国共享经济市场额增速明显，共享市场也逐渐向生产能力共享方面倾斜。生产能力共享出现加速发展态势，其市场规模在共享经济总体中的比重较上年提高了8%，规模增速是生活服务和交通出行领域的4倍多。产能共享之所以能够实现快速增长，一方面得益于政策的引导和推动，国家大力推动制造业和数字技术的深度融合，促进传统行业的数字化转型；另一方面得益于企业的积极探索。近几年，共享经济在制造业领域加快拓展，越来越多的企业开始布局产能共享，涌现出多种产能共享模式和一批创新型共享平台，推动了产能共享的发展。

共享经济已经呈现出全民参与、领域更加广泛的景象。从市场结构上看，2018年生活服务、生产能力、交通出行三个领域共享经济市场交易规模位居前一，分别占54.0%、28.0%、8.4%（如图10-6所示）。据国家信息中心统计，生活服务领域市场交易额占比从上年的62.2%下降到54%，生产能力市场交易额占比从上年的20.1%上升到28%，提高了近8%。

从个人资源到社会资源，社会将逐步进入"万物皆可分享"的全分享时代。2015—2018年，滴滴出行等网约出租车客运量逐年增长，占出租车总客运量的比重从9.5%提高到36.3%；共享出行服务支出占城镇居民交通支出的比重从6.2%提高到10.3%；共享住宿收入占全国住宿业客房收入的比重从2.3%提高到6.1%；在线外卖收入占全国餐饮业收入的比重从1.4%提高到10.6%；共享医疗服务支出占个人医疗卫生服务支出的比重从0.27%提高到0.53%；共享物流收入占公路物流总收入的比重从0.4%提高到1.6%（如图10-7所示）。可见，社会已经进入了一个共享时代，分享经济已经全面渗透到了人们生产生活的各个领域。

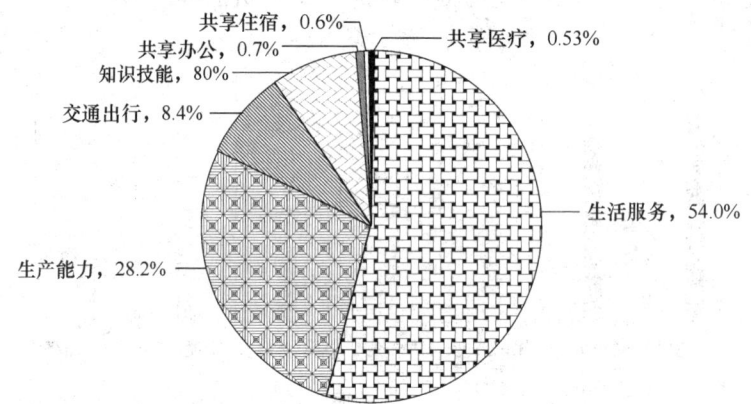

（资料来源：国家信息中心）

图 10-6　2018 年我国共享经济市场结构情况

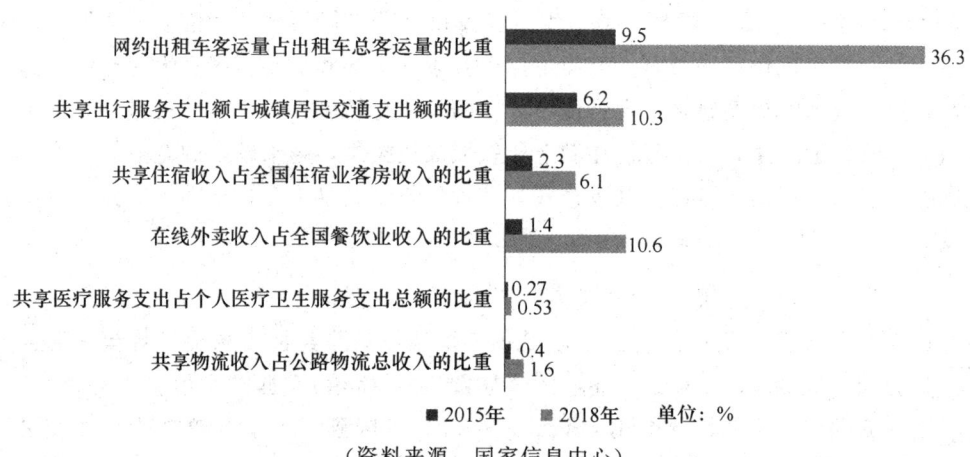

（资料来源：国家信息中心）

图 10-7　2015 和 2018 年各领域基于共享平台发展起来的新兴服务占比

随着互联网在中老年群体中的普及，以及餐饮、家政、紧急求助等针对老年人进行了升级优化，使得相关的应用产品和服务更加适应于中老年人，共享经济的参与者和受益者也将从当前的年轻群体逐步渗透到中老年人群。另外，农村市场也将成为我国共享经济发展的新领域，农民将成为共享经济的参与者。随着国家大力推行农村互联网基础设施的建设，农民线上生产生活的能力得到了提升，使得分享经济在农村也得到了渗透发展，领域和范围不断地扩大。

共享经济的发展使得可分享的内容变得更加广泛多元,从消费产品到生产要素都进入了分享的环节。在共享经济模式下,对于自己闲置的资金、时间等,可以通过分享创造更多价值,对于企业闲置的各类生产要素,如办公场地、厂房、仓库、技术专利等,都可纳入分享逻辑中,利用共享经济模式创造更大的发展活力和想象空间(如图10-8所示)。目前,我国越来越多的共享经济平台企业进入世界领先前列,共享模式作为一种便民模式潜移默化地深入到了每一个人的生活中,其快捷方便的模式已经逐渐成为生活中不可或缺的一部分。例如,共享单车(如图10-9所示)、滴滴出行、携程旅游、途家等的普遍应用。

图 10-8　分享经济模式

图 10-9　共享单车

我国共享经济的发展速度之所以如此之快,主要得益于数字经济是一种共享、包容的全新发展形态,成了创新创业战略发展的主要驱动力,为每个社会成员提供参与共享发展成果的平台和机会。我国已有越来越多的人通过网上开店的形式实现了创业就业,滴滴平台中的专职与兼职司机数量突破1 400万人,国内领先的服务众包平台——猪八戒网为大量个人设计师的创业活动提供了有力支持,帮助他们逐步成立工作室甚至中小型公司。这不仅有利于我国实现更大范围、更大领域的全方位经济开放,而且为我国构建对外开放的主动权和竞争优势提供了重要动力,提升了我国在国际经济秩序重塑中的地位和全球经济治理中的话语权,同时,为全球数字经济的发展提供丰富的实践经验,推动全球经济共同体的形成和完善。

(2) 智能终端产业

随着数字经济的快速发展,智能终端产业也逐渐兴起。例如,开展智能家电、智能装备等智能终端产品的开发,关键技术研发、引进和应用。在发展智能家电方面,我国积极支持智能化的制造,智能家电核心系统技术的研发,重点发展智能小家电、智能清洁电器等智能家电产品和高端健康生活产品,提升人们生产生活的幸福度。另外,在智能终端产品的发展方面,我国重点发展了具备人工智能、虚拟现实等技术的智能手机、智能穿戴等智能终端产品,驱动智能终端产业的发展。

与此同时,我国建立了完善的智能终端产品的研发、生产、检测、销售和供应链生态体系。对于发展智能装备产品,积极研发生产智能数字设备、机器人、智能传感装备、智能物流等专用智能化成套装备,以此推进智能制造装备在建设数字化车间和智能工厂中的应用。

受智能手机、平板电脑等主要终端产品市场逐渐饱和的影响,全球终端产业增长的速度日渐放缓,收入也日渐降低,但5G和人工智能时代的到来助力了终端市场发展,成为终端产业迎来新一轮增长的重要驱动力。终端收入规模,预计将持续增长(如图10-10所示)。2019年2月,在巴塞罗那的MWC大会上,中国华为推出5G折叠屏手机——HUAWEI Mate X,利用了中小型柔性OLED面板,因为这种面板呈现出规模提升、价格下降的趋势,因而折叠屏将成为智能手机发展新方向。

5G商用带动了相关设备制造快速兴起。5G芯片成为头部手机厂商、芯片供应商的战略要地,各国厂商纷纷加快5G芯片研发进程。2019年9月,韩国三星电子发布了支持5G的处理器Exynos980,实现将5G通信调制解调器与高性能移动AP合二为一,这是三星电子推出的首个5G集成SoC产品。通信设备厂商也积极抢占市场,争占较大的市场份额。中国的中兴通讯加大了5G领域投资,同时加速了人工智能带动相关芯片和产品的研发进程,中国百度发布了DuerOS

3.0，这件被数字技术赋能的产品能够实现多项功能，如进行语音多轮纠错、复杂的递进意图识别和带逻辑的条件意图识别。

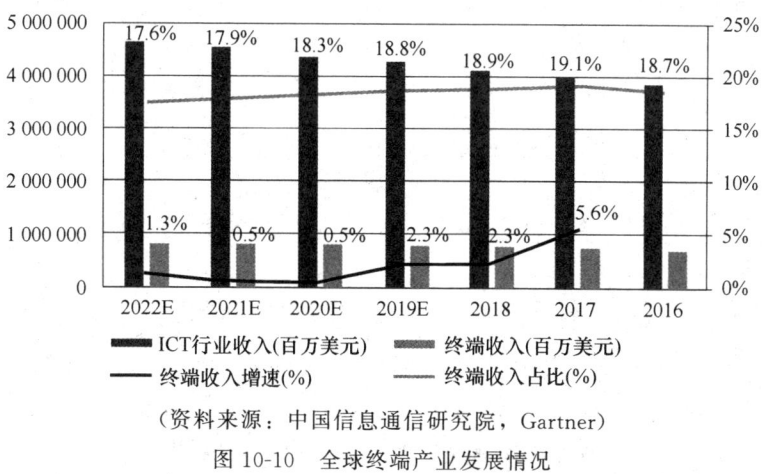

（资料来源：中国信息通信研究院，Gartner）

图 10-10　全球终端产业发展情况

（3）数字经济前沿产业

数字技术的不断革新，需要我们不断地开拓数字经济的前沿产业，才能适应数字经济形式下的产业发展。目前，我国加快布局了数字经济前沿产业，加强5G、北斗导航、人工智能、区块链等领域技术研究与产品开发，开拓应用场景。在推动发展 5G 产业方面，我国重点培育 5G 在重点工业、商业金融、科技创新集聚区的应用，建立了 5G 应用的促进机制，并加快研发 5G 产品和应用系统，加快 5G 基础设施的建设，促进 5G 通信技术的广泛应用。

在发展人工智能产业方面，我国积极推动人工智能技术与重点产业的融合发展，加大智能感知、智能控制等人工智能技术在重点行业的集成应用。例如，将人工智能技术应用于教育领域、交通领域、医疗领域等，都已取得了突破性进展，为人们的生产生活提供了便利。可见，数字经济的发展所衍生出来的新业态、新模式是层出不穷的，我们应积极探索，不断创新，跟上数字时代发展的步伐。

三、全球主流：发展数字经济已成为世界经济主流

随着信息技术的快速发展，数字经济逐渐进入我们的视野，并日益成为全球

经济社会发展的重要推动力。在数字经济的发展中，数字网络和通信技术为世界经济提供了一个全球化平台，可以进行国际间的相互交流、沟通和合作。数字经济所产生的巨大发展活力，使得各国政府意识到数字经济对于推动本国社会经济的发展具有重要作用，纷纷开始关注数字经济的发展，并不断学习领先国家的长处，弥补自身的不足，将数字经济作为推动经济发展的重要引擎。

2018年，数字经济在各国已经展现出强大的发展动能，为各国GDP的增长提供重要力量。英国、美国、德国的数字经济在GDP中已经占据绝对主导地位，英国数字经济GDP占比达到61.2%，美国占比为60.2%，德国占比为60.0%，占比排名位于前三；韩国、日本、爱尔兰、法国数字经济占GDP比重超过40%，分别为47.2%、46.1%、43.0%和41.6%，位列第四位至第七位；新加坡、中国、芬兰、墨西哥数字经济占GDP比重也都超过30%；丹麦、加拿大、巴西、印度、澳大利亚、俄罗斯、南非、斯洛文尼亚等25个国家，数字经济占比介于15%~30%之间。另有荷兰、越南、新西兰、泰国、印度尼西亚等11个国家，数字经济占GDP比重低于15%，其中土耳其数字经济占比仅为7.1%，数字经济对国民经济的贡献较弱（如图10-11所示）。

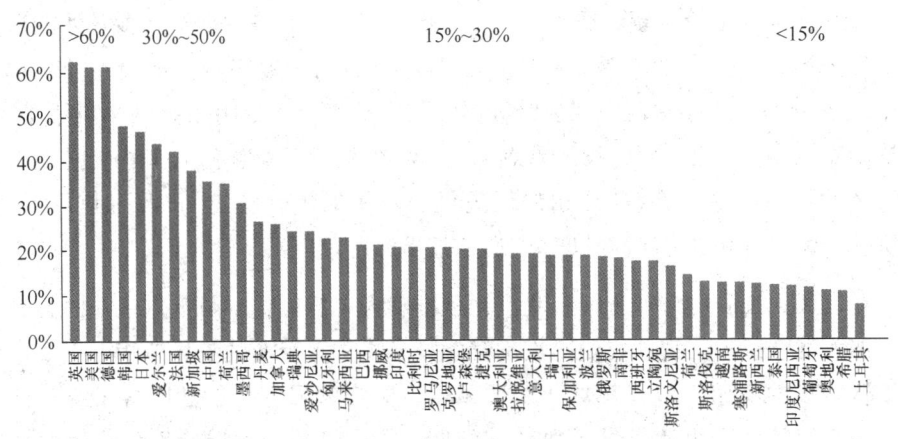

（资料来源：中国信息通信研究院，World Bank）

图10-11　2018年各国数字经济占GDP比重

由图10-12可以看出，全球主要国家的数字经济显著高于GDP的增长速度。2018年，在47个国家中，爱尔兰数字经济增长最快，增速达到19.5%；中国位列第二，增速为17.5%；爱沙尼亚、捷克和马来西亚数字经济增速位列第三至第五位，分别为15.8%、15.8%和15.1%；拉脱维亚、韩国、法国、德国、南非等21个国家数字经济增速均超过10%；新加坡、泰国、英国、美国、印度、日本等19个国家数字经济增速介于0%~10%之间。可见，数字经济具有强大的发展潜力。

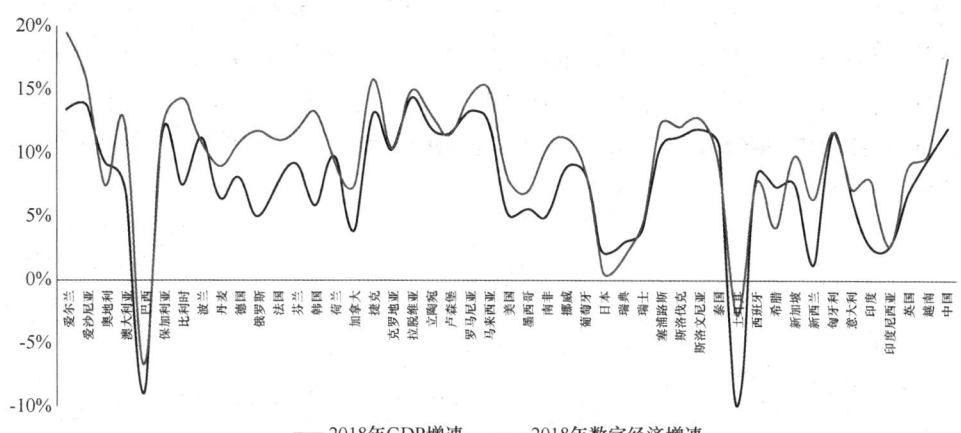

(资料来源：中国信息通信研究院，World Bank)

图 10-12　全球主要国家数字经济与 GDP 增速对比

数字经济增长对 GDP 增长贡献较大。2018 年，数字经济增长对同期 GDP 增长的贡献率均为正值。韩国、美国、英国、德国、中国、法国、印度等 9 个国家数字经济增长对 GDP 增长的贡献率超过 50%，韩国高达 100.8%，美国高达 91.8%，英国和德国分别为 76.5% 和 75.8%。加拿大、南非、意大利等 18 个国家数字经济增长对 GDP 增长的贡献度均高于 20%。除奥地利、希腊、土耳其以外，其余国家数字经济对 GDP 增长贡献率均介于 10%～20% 之间（如图 10-13 所示）。数字经济在各国国民经济中的地位不断提升，缓解了经济下行压力，为全球经济复苏贡献了巨大力量，成为拉动经济增长的重要引擎。

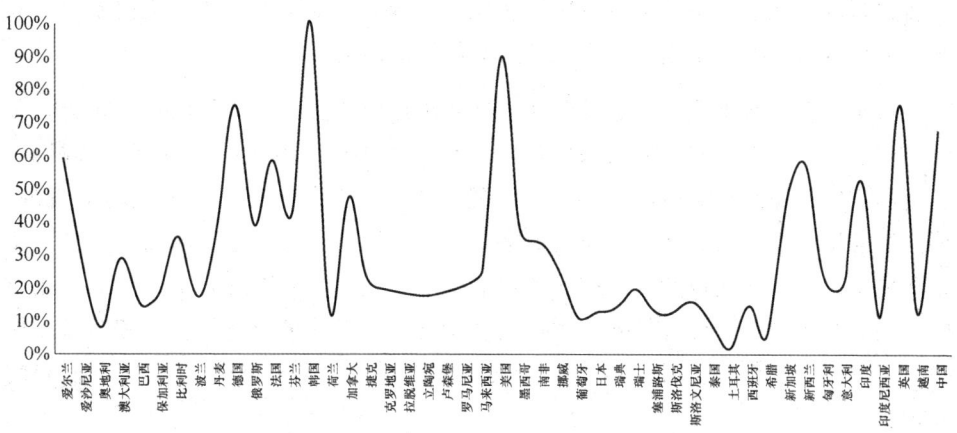

(资料来源：中国信息通信研究院，World Bank)

图 10-13　2018 年全球主要国家数字经济增长对 GDP 增长的贡献

"数字化程度对GDP的提升比例和增量"是埃森哲和牛津经济研究院通过"数字化密度"指数计算得到的。"数字化密度"主要衡量数字技术在一国企业和整体经济中的渗透程度,该指标体系包括数字技能、数字设备以及用于生产环节的数字化中间品和服务。基于此,预计到2020年,全球主要国家数字化程度对GDP的拉动作用会越来越明显,我国数字化产能增量将居世界首位(如图10-14所示)。

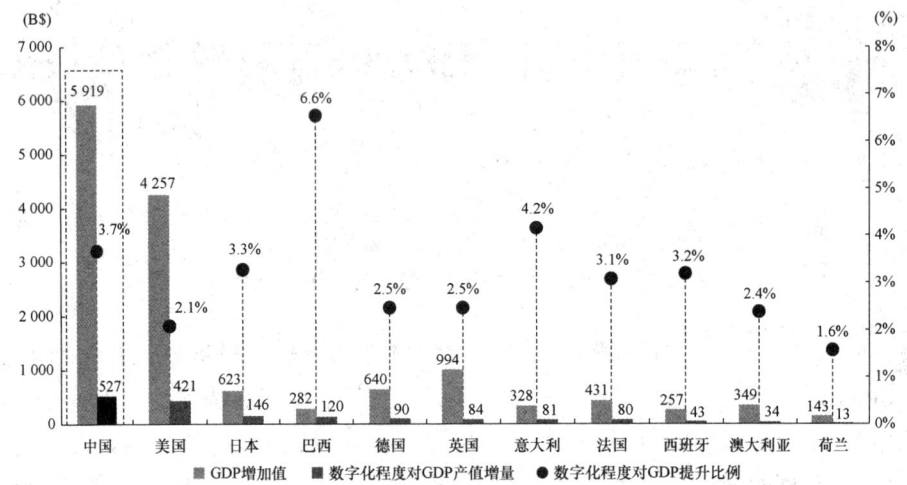

(资料来源:IMF,埃森哲战略和牛津经济研究院,赛迪智库整理)

图 10-14 预测2020年数字化程度对GDP的拉动作用

在这样的经济发展形势下,各国政府已将数字经济视为促进经济发展、提高国际竞争力的必经之路,并且试图通过数字经济的发展为其他产业注入新的动力和活力,从而带动经济的整体发展。因此,各国政府根据本国的信息技术水平和产业发展现状,各自推出了数字经济发展的国家战略。

英国是第一次工业革命的发源地,工业革命曾让英国实现了国家现代化,并且创造了许多社会财富,面对数字经济的到来,英国将要又一次调整经济战略,实施国家的数字化转型战略。英国传统经济增长方式长期以来存在乏力的现象,英国政府试图通过信息通信产业的数字化升级达到经济持续稳定的增长,进一步推动数字基础设施建设和信息技术产业的发展,同时着力于提升全民的数字化技能,大力缩小数据鸿沟。另外,增强信息管制机构对数字经济的管理和监督,保护数字内容产业健康有序的发展,从而实现对数字经济中的利益相关方权利的保护。

具体来说,一是进一步完善通信基础设施能力,加强通信产业的数字化发展。英国通信管理局已经开始采取相应措施,积极建立和完善现代化通信基础设施,确保下一代移动服务基本覆盖,为国家铁路网和伦敦地铁等公共场所提供可靠服务,同时促进移动服务市场的竞争。另外,为广播电视公司和公众提供数字化广播平台,其中包括针对数字产业升级制定规划和提高数字音频广播覆盖。①二是提高居民数字素养,弥补数字鸿沟。数字鸿沟是英国和其他国家、地区都面临的问题,英国将推出一系列计划弥补数字技能鸿沟,将提供超过400万个免费的数字技能培训机会帮助改善英国居民的数字技能,加强偏远地区的信息化建设。三是加强对数字经济的监管和管理,促进数字内容产业的稳定发展。英国政府建立了一个服务于数字内容产业的行业性综合门户网站,以提供有关数字内容产业及其他各类资源和信息的链接。为了充分发挥数字内容论坛的影响力,该门户网站将由数字内容论坛负责管理,以最佳的方式实施数字内容论坛所决定的各项计划,使其发挥最大效益。②另外,英国政府将加强对新媒体领域著作权的保护和监督工作,从根本上保证数字经济参与方的著作权,大力惩戒网络的盗版行为,从而为数字经济的发展创造良好的经济环境。

在全球科技产业领域的发展中,美国一直处于绝对的领导者地位,随着互联网的发展,美国制造业出现衰退,其产业霸主的地位可能被动摇。不过,凭借IT领域的绝对优势,美国有机会在数字经济时代继续引领,甚至拉大与其他国家的差距。近几年,跨境数据流动日益频繁,对政府监管智慧提出了更高要求,国际贸易政策的调整使数字经济面临不确定性的挑战。在推进数字经济创新发展中,美国是最早采用电子政务术语的。目前,美国政府大力推行开放共享数据,使公众能够对政府数据资源进行高效利用,除了开放政府和开放数据外,美国还加快建设数字政府。③另外,谷歌的人工智能发展吸引了全球的关注,微软的AWS的公共云也表现抢眼,服务范围更加广泛,对其他领域和产业的创新带动作用更强。可见,美国也紧抓数字经济发展的重大机遇,实现自己的战略式转型。

近年来,德国政府对国家数字化转型的重视程度越来越高。2017年4月7日,二十国集团(G20)首次围绕数字经济召开部长会议,致力实现全球所有人到2025年都能接入互联网。德国经济和能源部部长居普里斯说:数字化是经济增长的重要驱动力,其创造的机遇应当惠及所有人,数字化革命具有全球化。目前,德国已经具备了良好的初创企业、强大的技术孵化器,虽然在技术方面具有

---

① 郑安琪.英国数字经济战略与产业转型[J].世界电信,2016(03):40-44+49.
② 汪礼俊.数字内容产业——英国经济新引擎[J].通信企业管理,2008(06):62-63.
③ 闫德利,高晓雨.美国数字经济战略举措和政策体系解读[J].中国信息化,2018(09):8-1.

很大的优势，但仍然存在数字基础设施、政务信息化等方面的问题。但德国政府已意识到需要加大对公共领域数字化的投入，加强数字基础设施建设，提高居民数字素养。根据"数字战略2025"，德国计划建设全覆盖的高速传输光纤网络，全面实现光纤入户，确保基于互联网的个人通信服务和互联工业生产能实时进行。到2025年，德国计划为建设千兆光纤网络投资1 000亿欧元，① 这样的重大战略措施力求让数字时代的福利惠及更多的人。

目前，中国是拥有网民数量最多的网络大国，是拥有最多年轻移动消费人口的国家，这意味着中国拥有最强的基础发展数字经济。发展数字经济的最终目的就是为了惠及民众，全面建成小康社会，使人们都过上幸福安康的生活，实现经济的可持续发展。中国互联网巨头已在相关市场奠定了优势地位，数字生态系统也在不断扩展，领先的传统企业正在开展数字化转型、打造生态圈，并向全球扩张，中国强大的制造业基础正在不断激发硬件和互联互通的创新。② 因而，我国加快了企业和市场数字化创新步伐，扶持产业数字化发展，积极应对传统行业的数字化转型，努力推进数字经济的发展。

我国坚持存量和增量相结合，实现数字经济发展的全面开花。数字经济不断推动新技术、新业态催生出"增量市场"，实现数字产业化发展的同时谋求数字转型的"存量市场"，实现产业数字化转型。可见，数字经济不断孕育出新模式、新业态，催生出越来越多的经济增长点，激发创新创业的重要驱动力量，已成为推动新旧动能转换的重要引擎。

面向全球竞争的大环境，需要不断提升国际化拓展能力，深度参与国际间的合作，推动技术创新协同、数据资源和市场的开放共享。对此，我国坚持国内国际相结合发展，利用国内国际两个市场、两种资源，实施"走出去"战略，从而进一步提升我国数字经济的国际影响力。

各国对数字经济发展战略都制定了明确的目标、计划和实施方案，将数字经济作为国家发展的重要内容，结合本国经济现状努力融合，从源头上制定一系列鼓励数字经济发展的行之有效的措施，不断加强和巩固数字经济，推动数字经济的发展。总之，发展数字经济已是大势所趋，逐渐成为世界的主流。

---

① 沈忠浩. 德国出招为数字经济"提速"[N]. 经济参考报, 2016-03-21(004).
② 麦肯锡. 为中国打造具有全球竞争力的新经济[J]. 软件和集成电路, 2018(12): 72-100+102.

四、中国崛起：数字经济在我国取得了快速发展

随着数字经济和信息技术的发展，人机共融、万物互联、智能化社会正朝我们走来。数字技术不断推动着工业互联网支撑工业数字化转型、拓展工业数字经济空间，同时，数字技术不断创新发展，并进一步与交通、能源、医疗、农业等实体经济领域深度融合，实现传统行业的数字化转型。可见，数字化、信息化的新技术、新成果层出不穷，数字经济在中国取得快速发展，为中国经济的转型升级、提质增效提供重要的内在动力，加速实现数字中国的战略转型。

目前，数字经济在全国范围内的发展有"燎原"之势，近半数地区皆出台了与数字经济建设有关的规划，不少地区为连续数年出台"进阶式"规划。根据《数字中国建设报告（2018年）》的数据统计：2018年，我国数字经济规模达到31.3万亿元，按可比口径计算，名义增长20.9%，占GDP比重为34.8%。可对比的是，近年来我国数字经济的发展呈现出较高的增速，而且占GDP的比重也是逐渐增加的，2017年数字经济规模为27.2万亿，占GDP比重32.9%，2018年一跃突破30万亿大关，占GDP比重也跃升到了34.8%（如图10-15所示），可见，数字经济的发展态势一片良好。

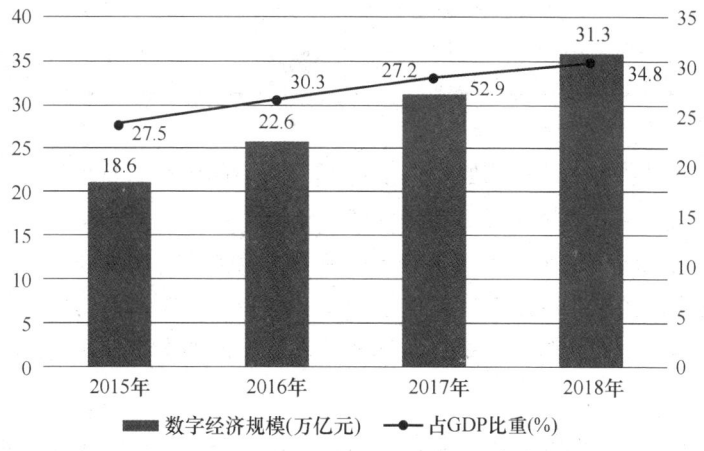

（资料来源：《数字中国建设发展报告（2018年）》）

图10-15　2015—2018年我国数字经济规模和占GDP比重

由图10-16和表10-1可以看出，数字经济在中国各省的发展形势良好，广州、北京、江苏、上海等经济发展好的城市的数字经济都在加速发展，而且在数

字经济的带动下,各省 GDP 增长速度也随之增加。可见,数字经济为城市经济的发展提供了新引擎,其发展也成功带动了城市 GDP 的增加。

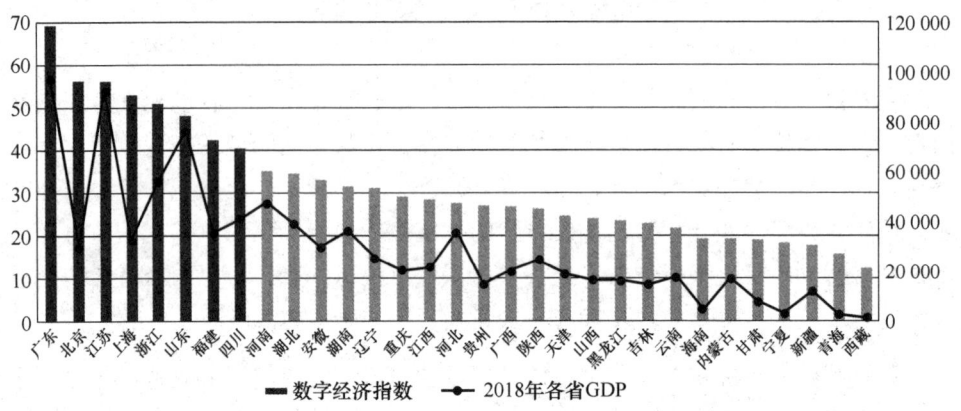

（资料来源：赛迪智库）

图 10-16　中国各省数字经济指数与 GDP 对比

表 10-1　部分地区 2018 年数字经济发展状况

HZ	数字经济规模/万亿	GDP 规模/万亿	数字经济占 GDP 比例/%
全国	31.3	90.03	34.8
浙江	2.33	5.62	41.54
四川	1.3	4.68	31.9
广东	4.0	9.73	41.10
福建	1.42	3.58	39.66

（资料来源：地方统计局）

数字经济对各省的 GDP 拉动作用明显,不仅是因为其正处于全球信息革命提供的历史性机遇之中和自身的独特优势,还因为它正在引领中国经济增长从低起点高速追赶走向高水平、供给结构从中低端增量扩能走向中高端供给优化、动力引擎从密集的要素投入走向持续的创新驱动、技术产业从模仿式跟跑并跑走向自主型并跑领跑全面转型,为最终实现经济发展方式的根本性转变提供了强大的引擎。[①]

中国已经敲开了数字经济的大门,不仅从信息化、数字化入手实现数字产业化,而且也从传统产业入手推动传统产业的数字化转型,将数字技术与传统产业深度融合,实现产业数字化,促进数字经济在中国取得快速发展。

---

① 张新红. 数字经济与中国发展[J]. 电子政务,2016(11):2-11.

第三部分　发展与治理

第十章　发展现状：数字经济的快速发展和广泛渗透

数字产业化得到快速提升，信息通信产业保持高速增长，云计算、大数据、物联网等新兴产业集群也扩大了发展格局。"互联网＋"正以前所未有的密度快速覆盖到社会的各个领域，并对我们工作和生活进行不同程度的改变。"互联网＋"应用到企业的运行模式中，改善了产业线上处理不善的弊端，在如今的全球云计算版图里，阿里云 Alibaba Cloud 已经和亚马逊 AWS、微软 Azure 呈三足鼎立之势，而且后劲十足。2019 年春运高峰期间，12306 单日访问频次最高达到了 1 500 亿次，却应对自如。其实，"互联网＋"的过程，就是数字产业化的过程，市场空间逐渐扩大，如可以利用区块链技术加快发展平台经济、共享经济，积极培育众创、众包、众筹等新模式，创新发展新零售、新电商、新物流等商业模式，促使数字产业格局的进一步升级。

传统产业数字化成效显著，转型升级不断加快。在工业生产制造领域，逐渐推进"工业互联网＋智能制造"的融合，推进大数据、人工智能与实体企业智能化的融合。以浙江为例，企业从 2008 年就自主研发"机器换人"设备，从原材料压铸到冲焊、注塑、机加工等流程持续加大创新投入。目前，大部分烦琐的工序已被机器代替，2018 年，浙江全省新增工业机器人 1.6 万台，在役工业机器人 7.1 万台，新建数字化车间 60 个、无人工厂 6 家；新增上云企业超 12 万家，打造行业云应用平台 10 个。

同时，浙江各地正加快推进数字经济产业布局。金华兰溪的光学膜产业园，12 家企业的光膜产品拿到了国际知名企业的大订单；湖州德清的地理信息小镇，20 多个人工智能、无人驾驶等产业项目加速推进，2019 年已实现营收 84 亿多元，增长 84%。集成电路、高端软件、云计算、大数据、物联网、人工智能、区块链等数字产业集群也正加快培育发展成形。可见，数字产业在中国已经得到了飞速发展，传统产业的数字融合也成效显著。

数字化生活时代已经到来，物理世界和数字网络世界被连接起来，形成线上线下生活的紧密交融。从移动支付普及、电子商务到智慧交通出行，再到远程教育资源共享，信息化已经深刻影响到人们生产生活的方方面面。与之前的科技革命和产业革命相比，信息化、数字化革命对人们生活的影响范围更广、程度更深，不仅在衣食住行等方面为我们提供全新的体验，满足人们品质化、多元化、个性化的需求，还将全方位催生着企业新生态的生成，改变着传统社会走向智能化社会。

数字经济在我国持续发展，创新体系建设逐步完善。截至 2018 年底，全国科技型企业贷款余额 3.53 万亿元，各类创新主体创新活力持续释放，数字经济培育壮大了发展新动能，2018 年电子商务交易额为 31.63 万亿元（如图 10-17 所示)。同时,数字化新业态不断涌现,据统计,我国网络支付用户规模达 6 亿,跨境电商零售进出口总额快速增长。数据资源已经逐渐成为驱动数字经济发展的核心要素,信息消费成为拉动内需、促进经济增长的强大动力。

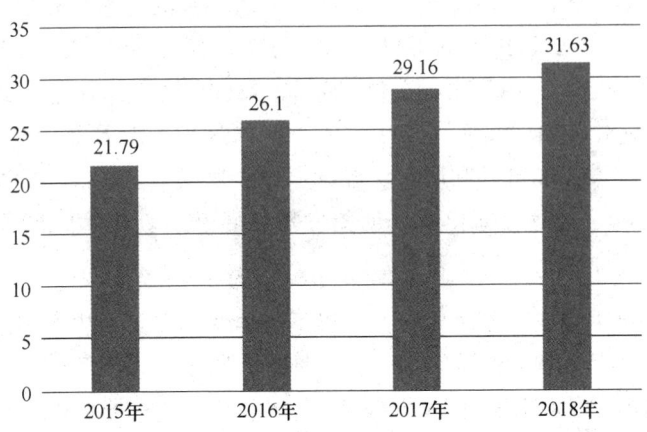

(资料来源:《数字中国建设发展报告(2018年)》)

图 10-17　2015—2018 年我国电子商务交易额

可见,数字经济在中国的经济发展中存在着极大潜力,其规模和体量还将持续增高,而且随着国家战略层面的系统性前瞻设计,新时代中国数字经济发展蓝图已经绘就,数字中国将加速落地,已成为不可阻挡的时代潮流,数字经济产业也将迎来新一轮发展机遇,为中国的经济发展提供不竭动力。[①]

---

① 郭炜,冀永进. 数字中国,引领未来发展[J]. 互联网经济,2017(12):68-73.

第十一章

创新驱动：数字经济的推进策略

基础设施：加快数字基础设施建设
产业政策：推动数字经济发展的产业政策
人才培养：完善数字经济的人才培养机制
营商环境：优化数字经济的营商环境

与全球数字经济强劲的发展需求相比，无论是法律法规、治理机制，还是数字技术的全面普及，都还处于相对滞后的状态。要想让数字经济最大限度地发挥增长引擎和全球化驱动力，就必须从源头上思考如何促进数字经济健康稳步地发展，制定推进数字经济发展行之有效的战略决策，加快数字基础设施建设，推动数字经济发展的产业政策，完善数字经济的人才培养机制并优化数字经济的营商环境。

一、基础设施：加快数字基础设施建设

数字基础设施就像是数字经济发展的大舞台，只有搭建好这个舞台，数字经济才能更好更稳定地发展，所以数字基础设施的建设对数字经济的发展至关重要。数字基础设施不仅包括传统的高速宽带、网络等信息基础设施，还包括铁路、公路、水运、电力等传统基础设施的数字化过程。[①] 同时，加强信息产权保护和信息安全保障也是数字基础设施建设的范畴。

目前，传统数字基础设施全国普及情况良好，各省间差距也较小。各省都加大力度参与到数字基础设施的建设之中，在改善传统基础设施数字化转型的同时，积极建设数字化基础设施。尤其在传统基础设施的转型升级方面，得益于我国不断地推动互联网普及工作，各地区的数字基础设施建设能力飞速发展。

各省传统数字基础设施平均指数达 24.6。广东、北京、江苏、浙江、福建、山东、河南、四川、上海、河北、湖南、湖北、辽宁 13 个省的传统数字基础设施高于平均分，表明其传统数字基础设施较其他地区更好。安徽、陕西、山西等省份虽低于平均分 24.6，但基本都在 17~24 的范围内，说明这些区域与高于平均分的区域差距并不大（如图 11-1 所示）。

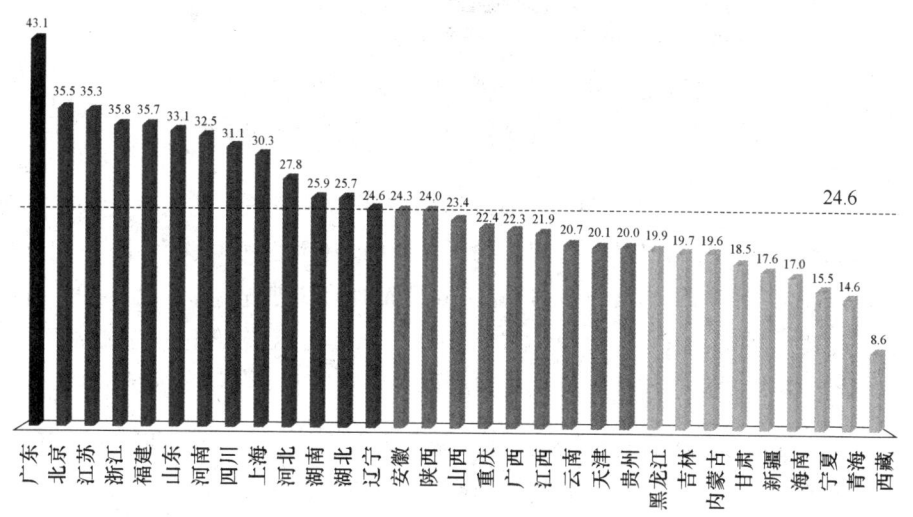

（资料来源：中国电子信息产业发展研究院）

图 11-1　2019 年全国各省传统数字基础设施指数

---

① 马化腾,孟昭莉,闫德利,等. 数字经济:中国创新增长新动能[M]. 北京:中信出版社,2017:29.

完善信息基础设施,加快宽带基础设施建设,布局 5G 网络。目前,全球已有 146 个国家实施了宽带战略和行动计划,通过加大宽带网络的普及程度,提高网络用户的普及率,从而有效发挥信息基础设施在建设数字社会中的重要作用。如今,我国十分重视高速网络宽带建设,推动互联网的普及工作,并且积极推进网络提速降费,已取得了突出的成绩。

宽带发展联盟发布了 2018 年《中国宽带速率状况报告》,数据显示,2018 年我国固定宽带和 4G 网络用户下载速率都取得了较大幅度的提升。在各省市移动宽带用户普及率中,北京位居榜首,移动宽带用户普及率高达 162.3%;其次是上海,普及率为 139.7%;排名第三的是广东,移动宽带用户普及率为 130.6%;其后分别为浙江、宁夏、陕西、江苏、海南、青海、福建,各省的宽带普及也在相互竞争中发展(如图 11-2 所示)。

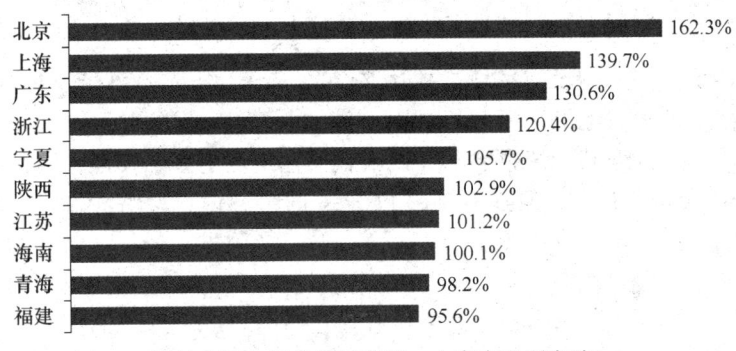

(资料来源:宽带发展联盟,中商产业研究院)

图 11-2 2018 年中国各省市移动宽带用户普及率 Top10

报告数据显示,2019 年第二季度我国固定宽带网络平均下载速率显著提升。其中,上海固定宽带网络平均可用下载速率为 39.10 Mbit/s,位列第一;其次为北京,以固定宽带网络平均下载速率 37.63 Mbit/s 位列第二;其后江苏、天津、浙江、福建、湖北、河南、海南、重庆(如图 11-3 所示)。我国固定宽带用户体验速率提升速度加快,移动宽带网络速率也在快速提升,网络提速效果明显。

正在发展的 5G 网络显示出更高的可靠性和更低的时延,可以为实现万物互联提供重要基础,更有力支撑经济社会的创新发展。和目前在用的 4G 相比,5G 具有更高的速率、更宽的带宽,能够更好地满足自动驾驶、智能制造等行业应用需求,满足消费者对虚拟现实、超高清视频等更高网络体验的需求。可见,5G 技术将给我们带来全新体验的智能时代,也给传统企业的数字化融合发展带来深刻的变革和前景广阔的想象。因此,我国应积极打造基于 5G 通信技术的基站和内容平台，尝试将 5G 技术运用于传统服务业，探索 5G 技术在政事、商事、民事上的深度应用，① 加快 5G 的总体布局规划，为我国数字经济的发展提供重要的基础与内在动力。

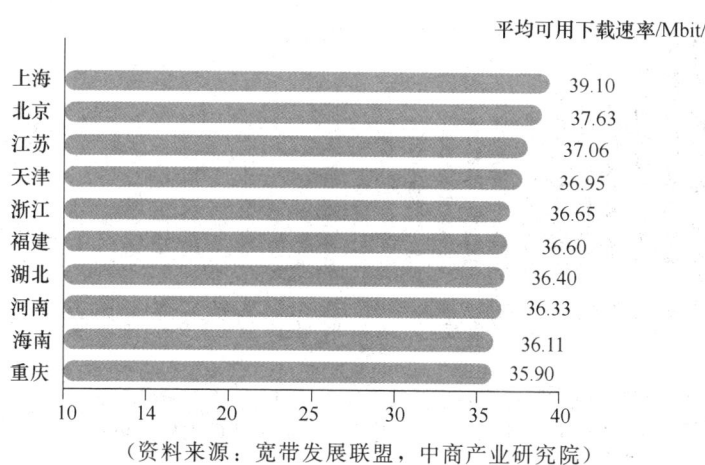

（资料来源：宽带发展联盟，中商产业研究院）

图 11-3　2019 年第二季度中国各省固定宽带平均可用下载速率

加快建设新型数字基础设施。各地发力数字基础设施建设，数据中心成为竞争热点。据《2019 中国数字经济发展指数白皮书》，各省数字经济新型数字基础设施平均指数为 6.9。北京、广东、浙江、江苏、山东、上海 6 省市新型数字基础设施指数排在第一梯队，新型数字基础设施水平远远领先其他地区。辽宁、福建、江西、河南、四川、湖南、河北、湖北 8 个省份紧随其后，指数在 6.9 以上，位列第二梯队。安徽、黑龙江、天津、海南、重庆、陕西 6 个省市位列全国第三梯队。广西、山西、吉林、云南、内蒙古、新疆、甘肃、贵州、宁夏、青海、西藏 11 个省新型数字基础设施建设相对较弱，位列第四梯队（如图 11-4 所示）。

《2019 中国数字经济发展指数白皮书》指出：传统与新型数字基础设施指数省际差异对比明显（如图 11-5 所示）。传统数字基础设施建设方面差异性较小，但在数据中心指数、5G 试点城市数量指数、IPV6 比例指数三个指标的标准差较大，说明各省份在新型数字基础设施布局方面存在一定差距。

---

① 曹小武，朱华，李芳．拥抱 5G 改革创新 深度融合［N］．江西日报，2019-10-19（004）．

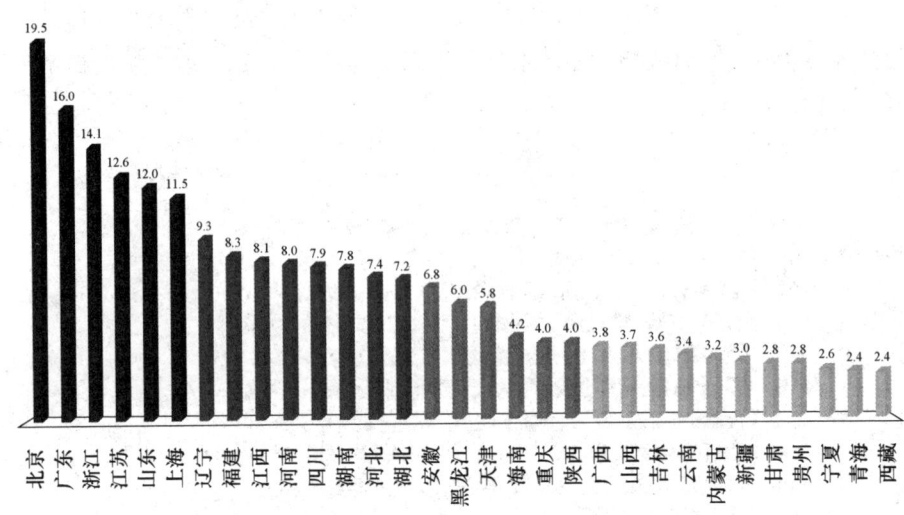

(资料来源：中国电子信息产业发展研究院)

图 11-4　2019 年全国各省新型数字基础设施指数

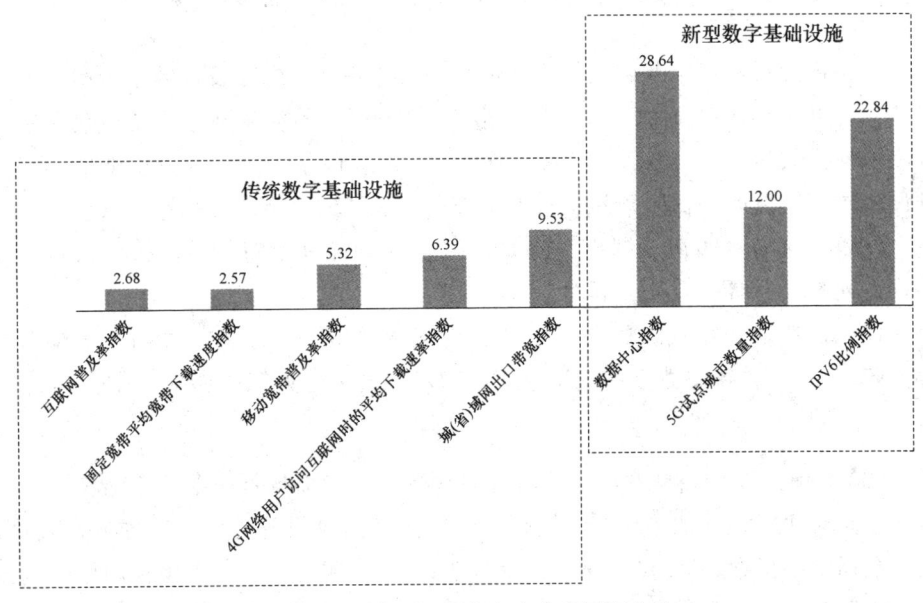

(资料来源：中国电子信息产业发展研究院)

图 11-5　2019 年数字经济基础细分指标标准差情况

随着数字经济的发展，我国正在将俗称"铁公机"的传统物理基础设施转变成数字基础设施，不仅开启新的经济机会，创造新的就业岗位，而且提高了我国的经济发展质量。在传统基础设施上加上物联网技术，添加一层数字层、网络化的传感层,就能够获得以前很难定量化的服务数据,便于相关部门为民众提供更好的基础设施服务。例如,数字化停车系统能够帮助城市管理者了解停车位是否够用,以及是否存在车位没有被有效使用的情况(如图11-6所示)。因此,传统物理基础设施的数字化转型,在节约了运行时间的同时降低了资源的利用。

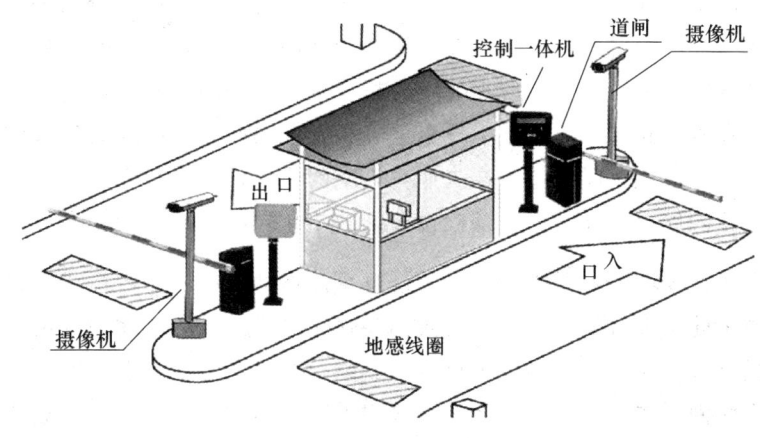

图 11-6 数字化停车管理系统

传统的基础设施一般对于实际运行状况很难了解,但数字基础设施能够通过快速的数据收集及时了解讯息,并对紧急情况提供相应的预警,大大提高了经济利益和公共安全。以预防桥梁坍塌的数字基础设施为例,对于有几十年甚至上百年寿命的桥梁来说,坍塌往往是由多种原因造成的,而且可能是持续恶化的结果,并不知道什么时间会真的塌掉,一般这些情况靠肉眼是很难预测到的,但通过安装联网传感器,就可以实时监测到这些变化,然后及时地采取保护性维修措施,大大降低了维修成本,并且避免人员的巨大伤害和财产损失。另外,通过数字系统的预警也会将损失降到最低。因而,数字基础设施的建设为我国的社会经济效益的提升提供了有力的支持。

数字基础设施通过实时监测,还能够使服务价格更容易获取,从而使供需关系得到动态平衡。例如,模拟电表无法实时读取用电情况,而智能电表却可以,供电商可以根据智能电表监测的用电高峰和低峰,对不同的时间段进行差异化定价;使用智能交通工具,可以探测通行者行驶的不同区域和时间,通过收取不同的费用大大提高交通运输的效率;网络服务供应商也经常利用数字监测工具来统计网络宽带用户的使用情况,然后制定差异性的网络费用,提高网络费用的收益。可见,传统基础设施的数字化建设带来的效益是综合的,因此我们应该积极地实现传统基础设施的数字化、智能化。

物联网已经逐渐融入了人们的生产生活中,所以加快建设新一代专用物联网设施刻不容缓。要想打造广覆盖、高可靠、低时延物联网网络设施,提供良好的网络覆盖和服务质量,就要进行针对性的物联网建设。对于城市物联网的建设,首先是要完善公共设施物联网平台建设,应将全区道路设施、水电气设施、地下管廊等公共基础设施传感器统一接入,推动城市数据传输、消息分发和协同处理一体化体系的建立。另外,对于企业中工业物联网的应用,最基础的也是构建感知互联的基础网络平台,然后就需要建设机联网、厂联网的基础设施体系,打造智能化工厂车间。此外,应积极引导企业开展工业物联网、信息物理系统等技术的研制和应用,加大物联网技术在工业生产中的应用,充分发挥物联网赋能传统基础设施建设的能力,促进传统基础设施的数字化转型。

在数字经济环境下,互联网提升了信息交流速度,但同时对传统知识产权保护体系形成了前所未有的冲击,因此我们要强化信息知识产权保护,提高经济发展质量。只有尊重对信息技术做出贡献的成果,才能进一步激发大家创新的积极性,但现有的网络知识产权保护体系未能跟上互联网的发展速度,存在法律确认难、保护范围有争议等问题,所以为保持数字经济健康有序的发展,应将网络交易平台纳入法律监督之内,借助技术手段对网络交易的各阶段进行监控,并加强信息产权保护制度的建立,在我国现有法律规范中补充信息产权的内容,完善信息产权保护机制,严厉追究售假责任,做到网上商品交易可查、可控、可问责,对于侵权的行为及时发现并且依法采取制止的措施。总之,要积极提高信息知识产权保护在法律中的地位,促进信息技术产业市场健康有序的发展。

我们在享受信息化时代带来便利的同时,也承担着信息化带来的诸多风险,所以要努力建设信息安全保障体系,防范经济损失的发生。网络安全不存在地缘和政治的界限,是全球性的威胁和挑战。目前,以防御为核心的传统安全策略已经过时,信息安全问题正在变成一个大数据分析问题,海量的安全数据需要被有效地关联、分析和挖掘。[①] 所以,要提升信息的安全防护能力,对于网络设施、工控系统、网站等关键信息基础设施要努力提升到安全可控水平;同时,支持重点企业管控关键工业控制系统信息安全的风险,推动其加强工业控制安全网关部署,逐步建立起工业控制系统防控与预警平台。政府也要采取相应的措施,积极建立数据资源分类管理和报备制度,推进大数据应用场景下的信息安全保护,提升重要数据的保护能力,加强重要数据安全保护。同时,公民要提高信息安全素养,注意保护自己的身份信息等重要数据。因此,信息安全保障体系的建立,不

---

① 孙文静. 数字经济 2.0 时代的机遇与挑战[J]. 农村经济与科技,2019(17):1-2.

仅需要政府和企业共同重视并采取相应的措施,还需要个人数据保护意识的提升,才能真正有效地解决信息安全的问题,为数字经济创造良好的发展环境。

因此,面对数字经济的快速发展,作为其基石的数字基础设施也不能落后,我国要大力促进传统物理基础设施的数字化转型,及时制定适应于互联网发展的法律法规,保护信息知识产权、技术创新成果,以及每个人的隐私数据,从而为数字经济的发展提供必要的基础建设和内在动力。

二、产业政策:推动数字经济发展的产业政策

以互联网为代表的新一代信息技术的深入应用,使得我国数据资产冠于全球,这也必将引发新一轮产业政策、治理等领域的深刻变革,我国坚持发挥国家政策引导作用,推动我国数字产业化和产业数字化的创新发展,积极探索适合我国国情的数字产业发展理论。

2019年11月,国家发展改革委、中央网信办联合印发《国家数字经济创新发展试验区实施方案》,积极探索数字经济发展和产业转型升级的产业政策,以加快各行业领域的数字化转型步伐,推动数字经济的发展。方案主要从以下三个方面着力:首先,是不断激活新的生产要素,培育数字经济时代发展新动能。数据已经逐渐成为新的生产要素,所以应积极探索数据高效安全的利用机制,同时创新发展核心技术的革新成果,着力壮大数字经济生产力,促进互联网、大数据、人工智能与实体经济深度融合,推进产业数字化发展。其次,不断探索新的治理模式,迎合数字经济发展的需要。对数字经济的新型生产关系不断调整,同时加快政府的数字化转型,推进多元参与的数字化协同治理体系的建立。最后,不断加强数字基础设施的建设,强化数字经济发展基础。探索万物互联新模式,推动新型基础设施、新技术、新装备专业试验场所等数字化基础设施的共建共享。

产业互联网化是互联网与传统产业的融合创新,目前广泛应用于传统产业的数字化转型,只有充分了解产业互联网的应用新模式,才能够提出正确可行的产业政策。产业互联网应用于传统产业形成新业态的过程,不仅是互联网技术与传统产业的融合,将互联网所承载的庞杂信息高效地运用到传统行业的生产、交易、融资、流通等各个环节中去,而且是互联网思维对传统产业的渗透。不同于消费互联网,产业互联网以高效率、低成本提供生产性服务,有效地衔接了第一

产业、第二产业和第三产业，从而推动实体经济与互联网、大数据、人工智能的深度融合。因此，在生产和消费大循环中，产业互联网是解决生产问题、升级实体产业的根本动力，所以，应对产业互联网制定相应的政策制度，为数字经济健康快速的发展提供内在动力。

要大力扶持产业互联网的民族企业走出国门。随着数字经济的发展，数字文明的载体、国家的竞争力都将体现在数据资源的竞争、数字文明的话语权上，产业互联网作为数字与现实的连接者，应积极拓展国家产业网络空间。国家网络空间的壮大不仅可以为各个行业提供数字化的生产服务、流通服务、交易服务，还能带动相关国家的产业结构向数字生态迁移，纳入"一带一路"的总体经济循环，形成"数字命运共同体"。因此，我国应拓宽数字经济时代的互联网产业发展空间，从而确立我国在数字空间、数字文明、数字经济领域的大国主导地位。

政府应制定相应的推进政策，同时提供一定的资金支持。政府可以设立中国产业互联网研究院，抓紧部署一批产业互联网发展的基础性研究项目，对事关国家战略、民生保障、国民经济发展的核心产业率先开展基础性研究，为产业互联网的发展制定实施计划及基础性项目规划。同时，设立产业互联网投资基金，重点支持产业互联网平台型公司，他们是带动产业整体性转型升级的枢纽，为了更有效地推动平台型公司的发展，需要变被动为主动，把原本给到企业的政策性补贴，变为投资产业互联网的引导基金，通过国家资本的引导带动社会资本的投入。

大力发展数字经济已经成了国家层面的战略目标，因此，应制定国家层面的产业发展战略。通过国家的战略引领，政府部门应尽快出台配套的产业发展政策，着力于激励行业组织引导产业实体和科技企业积极响应，吸引国家资本和民间资本大力跟进。在数字产业生态中，经济问题、安全问题、治理问题交织在一起，要尽快建立端到端的数字安全处理机制、全网络空间统一的应急处理机制，寻求整体性、系统性的解决方案。与此同时，出台相关数据安全保护的法律法规，在确保数据、个人隐私安全的基础上，鼓励产业推进数据融合与应用，通过国家的引领为数字经济时代中的产业发展保驾护航。

数字产业治理体系的健全需要不断地完善产业风险防范体系，支持创新与加强监管并举。要尽快制定技术标准，形成行业规则，同时加强国际间的合作，共同探讨数字经济的国际规则和治理体系。对于网络空间的治理也应大力推动，促使产业发展在发展初期就够纳入严格的监管和规范之下，避免出现产业钻法律空子的乱象。另外，要加快国家级的治理体系的基础设施建设，为产业融合发展提供基础保障。数字产业不同于传统产业，其治理和监管的逻辑也完全不同，相应的产业政策也应及时调整、优化。

以"数字经济"为内核的现代化经济体系的形成,是世界各国都在追求的目标,我们要把握这百年一遇的历史契机,沿着产业互联网的路径坚定地走下去,制定相应的产业政策。未来,不仅能建设一个强大的数字中国,而且能建设数字"一带一路",最终实现数字人类命运共同体的宏伟目标。

三、人才培养:完善数字经济的人才培养机制

面对数字经济的飞速发展和数字技术的不断革新,数字人才的培养显得尤为重要。在数字经济与实体经济融合加深的过程中,传统企业不仅需要技术研究人才,还需要把技术应用到实践中的高素质技能型人才,但就目前传统企业人才现状来看,无论从数量上还是质量上,都不能满足企业的发展需求。[①] 因此,要想使数字经济更加快速健康地发展,我们必须要紧跟数字经济的不断发展,紧随时代的步伐,不断完善数字经济的人才培养机制。

数字经济发展引起了数字技术的不断革新,要求我们具备较高的数据素养与技能,才能适应数字化的转变。数字技术的创新引发最大的问题就是就业,可以说具有双重影响,它一方面会带来新的工作机会,但同时也会替代一些技术水平较低的原有岗位,带来一定的技术性失业。具体来说,数字技术水平的提升,会使就业门槛提高,让一些不具备先进技术的人无法就业。另外,数字技术的发展更迭速度很快,这就要求我们不断学习,一旦停止了学习,可能就会影响我们在高技能行业的就业问题。因此,提高数据技能水平,增强数据技术的学习是数字经济时代必须要紧紧跟随的。当然,数字人才的培养也不是靠几个人就能完成的,需要政府和社会的共同协作,制定完善的培养机制。

第一,教育是民族振兴和社会进步的基石,强化数字人才的高等教育是重中之重。我们要深化教育改革,建立健全高等院校、中等职业学校学科专业调整机制,加快推进面向数字经济的新工科建设,如积极发展数字领域新兴专业,促进计算机科学、数据分析与其他专业学科间的交叉融合,扩大互联网、物联网、大数据、云计算、人工智能等数字人才培养模式。另外,随着产业数字化转型升级,很多院校的人才培养工作跟不上数字化经济时代的需求,存在与行业需求脱

[①] 姜桦.数字经济与实体经济深度融合背景下企业人才培养研究[J].创新科技,2019,19(07):83-87.

节、与真实应用脱离、与实际要求脱轨、与企业脱钩等情况。在职业院校、应用型本科高校启动"学历证书 + 职业技能等级证书"（即 1＋X 证书）制度试点，鼓励学生在利用数字化技术获得学历证书的同时，积极取得多类职业技能等级证书，这将成为数字经济时代职业教育发展的必然趋势。①

第二，加强职业数字技能的培训才能适应数字经济飞速的发展。目前，无论是学生还是在职人员，考取各种各样的职业资格证书已经成为一种趋势，所以国家可以健全职业资格目录，做好有关人才资格认证的工作。面向新成长的劳动力、失业人员等群体，可以增加大数据分析、软件编程、工业软件、数据安全等数字技能方面的职业证书。对于企业来说，可以把人才自主培养作为突破人才短缺屏障的重要途径，如将经费花在数字技能的在职培训上，进一步整合资源，利用资金建立资源共享的数字技能实训基地，系统地培养职工的数字技能的能力，从而全面提升职员的数字技能实训能力。

第三，从数字经济飞速发展的形势来看，我们需要不断地学习，因而，应积极建设终身学习数字化平台体系。政府、高校、社会教育机构等可以建立一批大规模在线开放课程平台、在线模块化网络课程，这样不仅可以让人们更快找到学习资源进行学习，以至于不会落后于数字时代的发展，而且网络化课程平台的学习方式能方便劳动者们随时随地利用碎片化时间学习，更高效率地提高自身数字素质。同时，企业应完善网络平台教学管理系统，并开展自适应学习实践项目，这样便为职工能动地学习创建良好的环境氛围。因此，面对数字技术日新月异的变化，应努力建设适应数字技能发展的数字化终身学习平台。

第四，吸引社会力量参与数字人才培养。提高数据素养不是一个人的事情，需要全社会的共同参与，所以要吸引社会力量参与到数字人才培养的工作中来。可以探索产教融合、校企合作培养的新模式；要充分发挥政府职能，加大政府购买服务力度，支持数字经济大型骨干企业与科研院所共建人才培养基地。政府应建立多方协同的职业培训规范管理制度，充分发挥企业、行业协会、培训机构的积极作用，从而为社会数字人才的培训提供更多的机会和场地。

第五，加快健全激励机制。各级政府应该及时抓住数字经济蓬勃发展的大好机遇，进一步解放思想、更新观念，跟上新时代发展的形势。通过制定和发布具有竞争优势的人才引进政策，激发企业人才引进的主体作用，支持企业引进更多高端复合型人才。② 具体来说，政府应积极引导薪酬分配政策向数字人才倾斜，

---

① 杨光芬. 数字经济下高职院校新商科专业人才培养路径探究[J]. 中外企业家,2019(23):213.
② 丁乐. 破解数字人才供需矛盾 夯实数字经济发展基础[N]. 宁波日报,2018-07-26(8).

并且积极探索灵活多样的薪酬分配方式,这样便可以引导大量人才走向数字技能领域。另外,不断完善适应数字经济发展特点的税收征管制度,同时发挥企业主体的作用,完善数字人才在人才落户、岗位聘任、学习进修等方面的福利,从而全面做好数字人才激励工作。

以云计算、物联网、大数据、人工智能、区块链等为代表的新一代数字技术蓬勃发展,成为推动全球产业变革的核心力量,数字技术发展与各领域、各行业融合创新,推动资源要素与模式变革,快速推动企业的转型升级和变革。当今,企业的竞争已经从传统的产品竞争转向商业模式竞争。① 企业需要拥抱数字技术,而数字技术的革新需要人才的推动,所以应加强数字人才培养,但数字人才的培养不是一朝一夕就能完成的,是一个长期的系统的工程,需要各界携起手来,共同交流、探索与合作,最重要的就是建立行之有效的人才培养机制,这样才能为数字经济的发展贡献巨大的力量,推动数字产业迅猛前行。

四、营商环境:优化数字经济的营商环境

良好的营商环境是企业快速发展的必要条件。数字经济的飞速发展,也会出现营销环境不相适应情况。未来数字经济健康有序发展,优化营销环境首当其冲。优化数字经济发展下的营销环境离不开政府的宏观调控和企业的积极配合。

2019年10月24日,世界银行在美国华盛顿发布了最新一期的全球营商环境报告。这份《2020年营商环境报告》指出,由于大力推进改革议程,中国营商环境2019年改善指标数量为8个,较2018年有所增长(如图11-7所示)。而且,我国已经连续两年跻身全球营商环境改善最大的经济体排名前10,并且在总排名中继续获得大幅提升——由去年的46位上升至31位,位列东亚太平洋地区第7位,仅次于日本。

---

① 黄晓莉. 数字经济时代下的财会人才培养思考[J]. 商讯,2019(21):191-192.

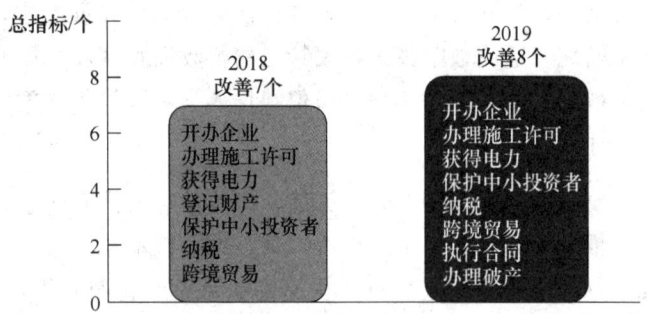

（资料来源：世界银行《2020年营商环境报告》）

图 11-7　中国营商环境改变指标数量

在办理施工许可领域，与2005年相比，2019年中国在流程数量和时间方面都显著减少（如图11-8所示）。由《2020年营商环境报告》可以看出，中国的营商环境无论是得分还是排名都有了明显进步，已经努力做到营商环境的优化。其实，优化营商环境就是要注重质量和效率，制定有效且易于遵循和理解的规则，实现经济效益、减少腐败和促进中小企业繁荣，消除不必要的烦琐细节。

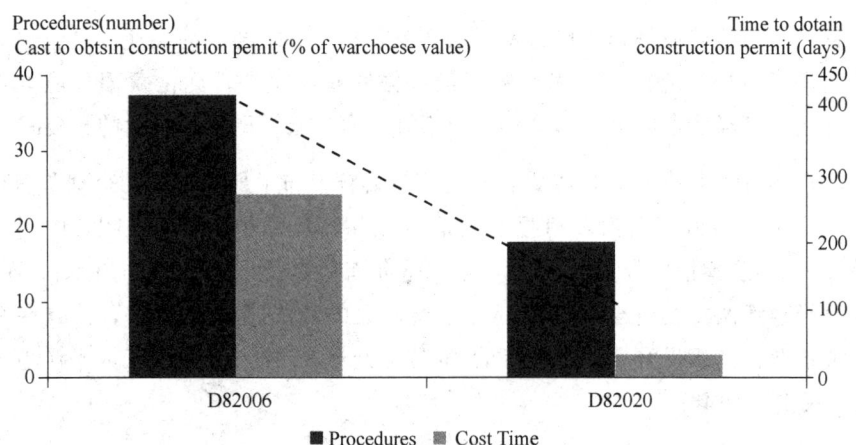

（资料来源：世界银行《2020年营商环境报告》）

图 11-8　中国营商环境的改善

世界各国政府在改变商业监管框架方面投入了大量精力，推进营商环境变得更加优化，基本都是直接采取措施，大幅度修改法律法规。总体而言，其主要目的就是简化流程、简化程序和提高立法效率，加强信息的可及性和透明度。目前，新一代信息技术已经成为推动全球产业变革的核心力量，数字公民、数字政府、数字企业逐渐成为数字经济营商环境中的三个主角。所以，它们只有与时俱进地跟上时代发展，才能推动我国数字经济的发展。因此，今天我们想要激发市场活力、推动经济活动的数字化，就要将数字化营商环境列入改革的重点。

首先，全面清理政府采购领域妨碍公平竞争的规定和做法。政府不能因为供应商的所有制形式、组织形式或者股权结构，而对供应商实施差别待遇和歧视待遇，或者对民营企业设置不平等的条款。另外，政府不能设置供应商规模、成立年限等门槛来限制供应商参与政府采购活动，也不能不依法及时、有效、完整提供采购项目的信息，妨碍供应商参与政府采购活动。在政府的数字化转型过程中，可以应用大数据、人工智能、云计算等技术优势嵌入政府采购中，依靠算法自动识别、监控和预警，减少人为因素的扰动，杜绝违反法律法规相关规定的一切其他妨碍公平竞争的情形，进而促进市场公平有序的竞争。[1] 对于企业同样有要求，企业不能为了寻求自己的便利，在政府采购活动之前进行不必要的登记、注册，或者要求设立分支机构，这种行为会使政府采购市场进入一定的障碍。因此，各地区、各部门要抓紧整理政府、企业妨碍公平竞争的规定和做法，有关的清理结果也要及时向社会公开。

其次，政府要严格执行公平竞争审查制度。各地区、各部门在制定涉及市场主体的政府采购制度办法时，要严格执行公平竞争审查制度，谨慎评估对市场竞争的影响，防止出现排除、限制市场竞争问题。所以，政府要重点审查对供应商参与政府采购活动设置不合理的制度，如各部门是否设置没有法律法规依据的行政审批，或是否违规给予特定供应商优惠待遇等，如果经审查认为不具有排除、限制竞争效果的，则可以颁布实施，否则不予出台。同时，政府应当定期评估企业采购相关制度对全国统一市场和公平竞争的影响，及时修改、完善妨碍统一市场和公平竞争的情况。

再次，利用数字化技术降低营商环境中的时间和物理成本，并进一步提升政府采购透明度。加快数字技术在电子政务中的应用，以前通过人力去办的事情积极转换成电子化流程，节省人力成本。对于以前浪费大量的纸张来回流转批示的现象，可以实行网上办理，节省资源和成本。因而，用数字政府再造政务流程，不仅推动了深化改革提高行政效率，降低行政成本，而且释放出更多的行政资源为人民群众和企业办事。另外，要利用大数据、云计算、物联网等数字技术完善政府采购信息发布平台服务功能，便于供应商提前了解采购信息，保持市场正常的运行秩序。

---

[1] 王志刚. 政府采购数字化转型的成效及挑战[N]. 中国政府采购报, 2019-07-26(003).

最后,完善政府投诉渠道,研究建立与"互联网+政府"相适应的快速裁决通道,为供应商提供标准统一、高效便捷的维权服务。第一,完善政府对于质疑答复的内部控制制度,对于供应商提出的质疑和投诉,政府部门应当及时答复和处理,进一步健全政府投诉处理机制。第二,对于依法处理的方式,可以仿照杭州营造国际一流营商环境的实践,专门建立一个融合当事人在线起诉、应诉、举证、质证、参加庭审以及法官立案、分案、审理、判决、执行等诉讼全流程功能模块的网络平台,并通过互联网技术实现大数据、人工智能等科技与审判、执行全流程的融合,技术条件的有效支撑与审判团队的专业知识相结合推动了诉讼链条全程网络化创新。[①] 第三,各地区、部门要提高重视程度,充分认识到维护公平竞争市场秩序、优化政府营商环境的重要意义,强化监督检查,确保各项工作的要求都落实到位。

虽然当前我国数字经济的发展速度惊人,但优势更多地体现在日新月异的模式创新、庞大的市场容量等方面,基础设施的建设、数字化营商环境与发达国家相比仍有一定的差距。因此,我国要想建成数字经济强国,就必须在更高的层面上参与相关技术、产品、服务的国际化创造,立足优势找策略,从而占得先机和话语权,为中国企业"走出去"创造更多的机会,让更多的中国企业涌现在国际舞台上,为世界提供"中国方案",占据规则重构的制高点。

---

① 常敏,翁佩君.营造国际一流营商环境 驱动数字经济发展——基于杭州的实践探索[J].行政与法,2019(05):62-69.

第十二章

治理创新：数字经济治理的新路径

开放共享：建设数字政府，推进数据开放共享
数据素养：加强数字公民教育，提升数据素养
法律建设：重视数据法制建设，保护用户隐私和安全
伦理建设：加强数据伦理建设，汇聚向上向善力量
弥合鸿沟：弥合数据鸿沟，实现普惠发展

数字经济进入公众视野，展现的是对传统行业颠覆性变革，但数字经济发展的关键仍是治理能力的提升，如何跟上不断创新发展的数字经济，成了现在面临的问题。因此，要结合国情和企业自身情况，走出一条具有中国特色的数字经济治理创新之路。

一、开放共享：建设数字政府，推进数据开放共享

信息和数据逐渐成为数字经济发展的重要生产要素和基础，在经济和社会发展中，海量的数据信息在不停地运转和流动。加强信息公开和数据开放共享对于数字经济的发展具有重要意义。

政府部门拥有大量的社会信息、数据，若着力于促进数据的开放共享，应以政府数据信息开放为重点，大力推进数字政府的建设。数字政府一般指的是建立在互联网上、以数据为主体的虚拟政府，是一种新型的政府运行模式，其实现了"业务数据化、数据业务化"以及"数据决策、数据服务、数据创新"的以新一代信息技术为基础的政府政务架构建设。[①] 数字政府不仅是"互联网＋政务"深度发展的必然结果，还是现阶段大数据发展背景下政府转型升级的自觉之路。[②]

在数字政府的环境下，政务数据信息可以得到快速便捷的流通与共享，打造政务数字化服务链，提升政府的治理能力。政府的数字化转型，是指政府在治理过程中，以大数据"智能化"技术手段感知、分析、整合社会运行核心的各项关键信息，并通过经济组织、社会组织和公众的参与和协作，对政府决策和各项社会活动治理作出智能的响应。[③] 具体来讲，进一步推动建立统一的数据采集传输标准、数据交换平台和数据共享机制，同时，研究促进数据开放共享的政策法规，有利于打破数据壁垒、消除信息孤岛，从而推动市场监管、公共服务、民生保障和社会治理等方面实现数据共享，最终建立更具责任性，更值得信赖，更加开放、透明、高效的政府，为数字经济的发展提供强有力的支撑。

据统计，我国有80%的信息资源掌握在政府部门手中，但这些数据大多没有被充分利用起来。造成这种现象的主要原因就是政府部门的属性和工作人员的积极性。政府部门与一般的企业不同，其存在一定的公益属性，没有很强的获利动机，所以很多人缺乏政务信息资源开发的动力，从而导致大量的数据不能被公开利用。同时，政府部门不像私企存在激烈竞争的工作环境，所以工作人员缺乏主动提升自身知识能力的积极性。数字技术迅速发展，导致很多人不懂如何利用新一代信息技术去开发政务信息资源，使得政务信息资源无法实现价值的最大

---

① 曹亮亮．数字政府升级和重塑的四个路径[J]．人民论坛，2019(23):60-61．
② 王少泉．我国数字政府治理的现状、问题及推进途径[J]．重庆三峡学院学报，2018,34(06):32-37．
③ 徐晨，吴大华，唐兴伦．数字经济:新经济、新治理、新发展[M]．北京:经济日报出版社，2017:123．

化。因此，政府部门应加强数字化信息平台建设，推动相关政策的实施，调动政务人员工作的积极性，学习数字技术，从而实现政府数据的充分利用和价值变现。

要实现政务数据信息的开放共享，促进政务服务效率与质量的提升，最需要发挥政策优势，以标准化为切入点，逐步应用并完善云端共享平台，深度融合机制与技术的创新，保障配套资源支撑，分阶段、有重点地推进政务数据的共享。①

首先，要建立健全政策法规和标准规范体系，切实有效地为政府数据开放提供政策层面的架构支持与保障。政府信息应以公开为原则、不公开为例外，对于不公开的信息要明确列举不得公开的理由，进一步推动政务信息透明公开化的实施。除此之外，所有政务信息都必须及时地公之于众，接受群众的监督。同时，强化安全与隐私保护体系建设，切实保障数据安全，确保数据安全透明，构建基于自适应安全架构的主动防御体系。② 总之，政府在依法进行数据保护的前提下，大力推动政府数据资源开放共享，加快推动政务信息资源开发再利用。

其次，加强对各级政府工作人员的数字化培训，推进政府数字化建设。大数据、云计算、人工智能等新兴技术的快速发展，给政府组织形态和运作模式都带来了剧烈冲击，也给许多政府工作人员带来了巨大的压力，使得人们有了一定危机意识，所以要抓紧加快对他们的数字化培训，以推动数字政府的快速建立。从短期来看，应做好各级干部的数字化知识和技能培训工作，集中培训一轮，提升机关公务员利用互联网技术和信息化手段开展工作的意识和能力。从长期来看，要制定适应数字政府发展要求的人才战略和措施，建立人才培养、引进、流动和使用机制，各部门应加强信息化机构和专职工作人员的配备，建立有效的数据管理体系和数据开放人才培养机制，为政务数据开放提供保障，从而推动信息化与业务的真正融合，为政府数据的开放共享奠定良好的基础。③

最后，要以制度创新、业务创新、技术创新驱动数字政府改革建设，形成数字政府整体化运行新模式。以政府行政运作过程中的各类问题和需求为导向，按需实现信息的高效共享和跨部门的无缝协同，提高政府的整体运行效率。借鉴英国数字政府的建设经验，它们是分为三个层面进行突击：战略层面，在以"用户为中心"前提下，存在着从技术到服务，再到政府转型的演变脉络；工具层面，

---

① 徐晓林,明承瀚,陈涛.数字政府环境下政务服务数据共享研究[J].行政论坛,2018,25(01):50-59.
② 忻超.以"数字治理"推动政务资源共享[J].群众,2019(07):42-43.
③ 王井,明文彪.全面深化数字政府建设——浙江省数字政府建设舆情监测分析[J].浙江经济,2019(14):40-41.

始终聚焦于通过持续改革创新提高服务效率和效益;治理层面,保持了内阁的集中领导,并逐步形成政府部门、学界、产业界和用户共同参与的治理网络。[①] 我国政府应充分利用有益经验,合理消化吸收,充分发挥市场的主观能动性,盘活政务信息资源,从而最大化实现政府数据的经济社会价值。

政府积极推进数字化转型,实现数据信息的开放共享,其目的就是提高政务服务效率和质量,提升政务服务的供给能力。以浙江省数字政府的建立为例,浙江省在信息技术及互联网产业发展迅猛的基础上,大力推进了"数字政府"的建设。为此,省市两级和大部分县政府均设立了专门的数据资源管理部门,对全省数字化发展进行统一领导、统一规划、统一建设。目前,以"城市大脑"为代表的一批数字化应用已初见成效,"数字政府"不仅成为各级政府和部门治理能力现代化的有力抓手,而且也使老百姓享受到了"数字化"带来的红利。政府数字化建设平台如图 12-1 所示。

图 12-1　政府数字化建设平台

在浙江诸暨市公共服务中心,可看到民政、不动产登记、投资项目审批等办事区域有序分布,为保证办事秩序和保护每位群众的私密性,不同于传统窗口柜台的形式,区域用隔板分开,群众可方便地办理不同的业务。原先交易办结需要至少 9 个工作日,而现在通过集中进驻、数据共享,办理人基本在 1 小时左右就可以完成交易。另外,自助服务设备以居民身份证和统一社会信用代码为索引,将 25 个部门数据仓整合到公共数据平台,为"一证通办"信息管理系统提供了快捷的数据服务,只要一张身份证,办事工作人员就能按需从公共数据平台调取所需要的证明材料。可见,通过自助服务设备的配齐完善和政府的数字化转型,

---

① 林梦瑶,李重照,黄璜.英国数字政府:战略、工具与治理结构[J].电子政务,2019(08):91-102.

群众办事效率显著提高。预计到 2022 年，覆盖浙江全省的民生网、服务网和平安网将基本建成，各类社会服务向个性化、精准化、主动推送转变。①

政府数字化转型不仅给政府自身带来了极大的工作便利，而且更重要的是使老百姓的幸福感得到了大幅提升。当政府的数字化转型成功时，当地的旅游业的发展也会得到进一步的改善，城市管理的优化不仅能够让当地的居民享受到数字化转型带来的便利，而且使外地的游客也能享受到数字红利，从而进一步提升城市的数字化发展水平。

当数据有效用于管理，新技术就能补上"能力短板"。杭州湖滨路西湖边的音乐喷泉总能吸引大量游客，短时间内聚集人流安全隐患较大，为确保安全，管理部门常年设置硬隔离围栏，高峰时还辅以"地铁甩站"、公交不停等硬性措施，不仅效果不理想，而且游客的体验也大大下降。2018 年下半年，音乐喷泉属地湖滨街道接入杭州"城市大脑"，通过大数据分析发现，虽然峰值人数能达到数万人，但在平日常态下也就几千人，根据该分析结果，进行了人流的动态管理，精准采取管制措施，放置硬隔离围栏天数从原来的 1 年 365 天下降到 36 天。"湖滨喷泉"现象是浙江政府数字化转型在现代城市治理中的生动体现，目前不少重点城市已成立城管、交警、旅游、环保等部门及一些区县和街道工作专班，将应用延伸至城市治理多个领域。新型智慧城市的特点就是改变以往各部门"独善其身"的模式，利用人工智能加上大数据的支撑，通过数字化转型实现治理理念和能力的转型，以强大的数据力量提升现代城市管理水平。②

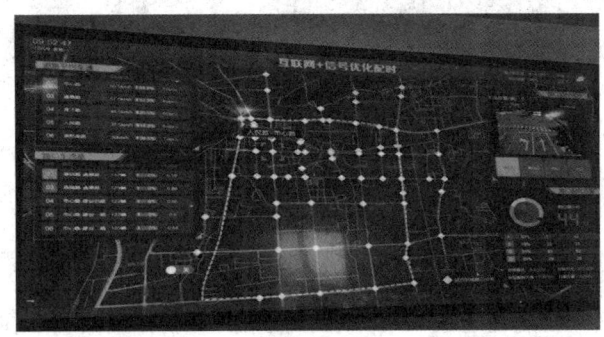

图 12-2　城市数字化管理

南沙自贸区在全国首创的数字政务可视化管理系统已经正式运行。来办事的

---

① 浙江推进政府数字化转型[J]. 计算机与网络，2019，45(14):1.
② 同上。

市民群众只需要在"南沙数字政务可视化运行平台"上看图表（如图12-3所示），通过图表上显示的全区政务服务运行状况，提前感知哪些服务平台人数比较少，然后去办理相应的业务，提高了政府办事的效率，大大提升了政务服务体验，使南沙"互联网＋政务服务"管理和服务实现了弯道超车。"南沙数字政务可视化运行平台"由"今日政务""服务效能""数据共享"和"营商环境"四大模块组成，通过实时采集和加工分析南沙区综合政务服务信息平台、排队叫号系统、商事主体信息平台、事项管理系统、电子证照系统等数据，实时掌握政务服务大厅的实时运行情况、企业注册登记概况、平台数据通达性、审批效能、窗口服务效能等情况，以完善政务中心的管理，更好地服务群众。

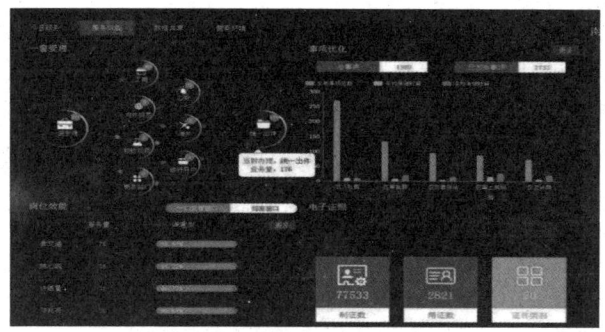

（资料来源：广州市南沙区委宣传部）

图12-3　南沙数字政务可视化运行平台

二、数据素养：加强数字公民教育，提升数据素养

随着新一代信息技术和新一代人工智能技术的迅猛发展，人类社会正在经历一场由大数据引发的革命，"一个'一切都被记录，一切都被分析'的数据化时代的到来，是不可抗拒的。"[①] 在这样的大数据环境下，个体如何更好地适应新时代发展的要求，成了亟待解决的问题。而数据素养则是个体适应大数据时代发展的重要生存技能。

所谓数据素养，是指人们有效地发现、评估和使用信息数据的一种意识和能力。外文文献中常常将数据素养称为统计素养或量化素养。Stephenson等人提出"数据素养是一种查找、评价以及高效地、符合伦理道德地使用信息（包括数据

---

① 周涛.为数据而生：大数据创新实践[M].北京：北京联合出版公司,2016：10.

资源）的能力"。① Mandinach 等认为"数据素养是理解和使用数据的能力，能够有效地利用信息指导决策制定"。②

通俗地讲，数据素养就是在新技术环境下，从获取、理解、整合到评价、交流的整个过程中使用数据资源，使得人们有效地参与社会进程的能力，它既包括对数字资源的接受能力，也包括对数字资源的给予能力。这里可以举一个通俗易懂的例子，大部分的消费商都会雇佣一些销售员进行销售，那么在当今时代，销售员不仅仅只是进行货物的销售，还要将已售商品进行价格录入和销售业绩的汇总，这都需要一个人具有数据的获取与理解能力。从一个简单的销售员的例子，可以深刻感受到数据素养的重要性。在大数据飞速发展的时代，数据素养会潜移默化地影响我们的工作、生活。③

一部人类社会的历史，既是一部生产和经济发展的历史，又是一部人类自身不断完善、素质和能力不断提高的历史。如今，恰逢面对大数据与数字经济快速发展的历史机遇，数据素养的提升就个人而言，能促使个体解放思想，更新自身的思维模式，提高自身对现实问题的分析和解决能力；就科研人员而言，许多学者分别从自身领域的角度对一系列大数据相关内容进行研究，如从哲学角度反思审视数据、大数据引发的各种隐私问题与伦理问题、数据权利与数据权属问题等，通过数据管理和统计方法分析数据库和文档而获得对事物的认识，这也标志着数据素养成为科研人员开展科研活动的必备素养；就企业而言，数据素养成为企业创新能力提升与可持续发展的重要依托，成为大数据时代下企业脱颖而出、占领市场的重要技能；就国家而言，数据素养也将成为评价国民综合素质的一项重要指标，成为一个国家数据发展水平、创新发展能力与国际竞争力的重要评比因素。可见，数据素养已然成为个人、企业与国家生存与发展的必备技能，如果不想被时代淘汰，我们就必须提高自身的数据素养。然而，个体数据素养的提高不是靠几个人的努力就能实现的，需要政府、机构、企业等相关部门的通力配合、共同努力，广泛传播数据素养的重要性，并且采取相应的实践与措施，最终实现数据素养的大幅度提升，以便更好地迎接大数据时代。

数据意识是数据素养的先导，政府部门及相关团体应积极采取相应的措施，提升公民的数据意识。各级政府应给予政策、资金、人才等方面的大力支持，同

---

① Stephensone, Caracello P S. Incorporating data literacy into undergraduate information literacy programs in the social sciences: A pilot project[J]. Reference Service Review, 2007, 35(4): 525-540.

② Mandinach E B, Gummer E S. A systematic view of implementing data literacy in educator preparation[J]. Educational Researcher, 2013, 42(1): 30-37.

③ 马化腾, 孟昭莉, 闫德利, 等. 数字经济: 中国创新增长新动能[M]. 北京: 中信出版社, 2017: 11.

时国家政府、组织机构、社会媒体和各地区学校加强通力合作，合力开展相应的教育普及工作。在宣传力度方面政府应发挥其号召作用，在社会上营造一种尊重数据、收集数据、使用数据和共享数据的社会文化氛围，让大家意识到数据素养的重要性。与此同时，可以利用新旧媒体的力量，在社会上进行广泛的宣传和教育，使人们意识到数据的重要价值，意识到数据对我们的生存和发展的必要性，切实提高人们的数据意识。此外，学校也要通过不同的教学平台加强学生的数据素养教育，为培养其数据意识奠定良好的基础。只有整个社会积极倡导、鼓励支持，我们才能不断地加强自身数字素养方面的意识。

数据伦理是数据素养的行为准则，需要坚定道德自律，合理安全地利用数据。政府部门在充分保证国家信息和数据安全、尊重公民个人隐私的前提下，谨慎制定网络审查制度，避免不必要或者不合理地限制网络信息；充分尊重社会主体对信息和数据的有效、合理使用；同时，加大对违反数字素养行为的惩戒力度，使社会主体在使用、传播大数据的时候有所敬畏。[1] 企业应加强责任意识，正确处理好数据经济发展与个人隐私保护的关系，遵守数据伦理底线，保护个人隐私；个人要树立法制观念，增强数据安全意识，关键是要提升自身数据道德修养，坚定道德自律，合理准确地利用数据。总之，数据素养是每个公民的基本权利，任何其他社会主体不得侵犯，数据的规范性和安全性使用才是数据正确的价值走向。

公民数据素养的提升不仅是缩小"数据鸿沟"的客观要求，也在为大数据与数字经济的发展提供有力支撑。各个国家为了未来在数字素养方面不落后于其他国家，获取数字经济发展的相对优势，都将数字公民素养培育放到了教育领域，同时鼓励各社会组织机构和社会公民都积极参与到数字公民素养的建设中，以期通过教育的方式提高公民的数据技能，加快全社会的数字化转型，促进数字经济快速的发展。

下面以美国的常识媒体的网络健康计划为例，它就是成功探索数据技能培训的实践。美国的常识媒体是一家致力于为教师提供 K12 领域数字公民项目的非营利组织，他们提供不同年级的课程计划（如图 12-4 所示）和教学工具包，涵盖了"网络安全""个人隐私和安全""人际关系与沟通""网络欺凌与伤害""数字足迹与声誉""个人形象与身份""信息素养""创意信用与版权"等教学主题。由于不同年级有不同的水平，所以会根据年级来制定不同的教学主题和重点，虽然课程内容和计划不同，但"人际关系与沟通"和"信息素养"一直贯穿于所有

---

[1] 付超. 大数据背景下公民数据素养提升策略探析[J]. 图书馆理论与实践，2018(08)：7-11.

的年级，学生学习的重点是发现、评价和使用信息的能力，对于数据信息的有效搜索和理解，以及深化数字公民的身份和数字的道德观念。之所以开展免费的数字公民常识教育课程，就是为了让学生学会批判性思考数字行为安全，并有能力参与到变化的数字世界，同时，也会为学生未来的科技学习能力提供基础支撑。

common sense education

数字公民课程	K-2			3-5			6-8			9-12			
	1	3	2	1	2	3	1	2	3	1	2	3	4
网络安全	●	●		●		●		●			●		
个人隐私与安全	●	●	●	●	●	●	●		●			●	●
人际关系与沟通	●	●	●	●	●	●	●	●	●	●	●	●	●
网络欺凌与伤害		●		●		●	●		●	●		●	●
数字足迹与声誉		●		●	●	●		●	●	●	●	●	●
个人形象与身份				●	●	●	●	●	●	●	●		
信息素养	●	●	●	●	●	●	●	●	●	●	●	●	●

图 12-4　常识媒体为不同班级提供的课程计划

根据国外的相关教育实践经验，我国也开展了以教育为主的提升数据技能的实践。所以，学校就成了公民数据技能培育和提升的主阵地。我国对学生的数据技能的培训主要通过各种研究方法类课程以及相关的实践进行，有些数据知识和技能已经嵌入、整合到各个专业课程的教学中，但有些课程的设置还不够完善，数据素养教育与学科服务结合得不够紧密，应把数据技能教育充分融入学科服务、信息素养教育框架之中，以此针对不同学科、不同层次科研人员的需求。[①]在实践方面，大数据工程师、统计专家和计算机专业人士开展相互合作，参与到大学教育的有关环节中。与此同时，学校加大了对师资队伍数据素养的培养，帮助教师在课程中具有整合数据素养技术，从而提升学生对数据处理和解读的能力。[②]

① 张璇，孟祥保．面向数字人文的高校数据素养教育案例研究[J]．大学图书馆学报，2019(05)：87-94.

② 付超．大数据背景下公民数据素养提升策略探析[J]．图书馆理论与实践，2018(08)：7-11.

三、法律建设：重视数据法制建设，保护用户隐私和安全

随着人类社会向网络空间的大规模迁移，人们在互联网上花费的时间越来越多，安全与隐私的泄露问题一直伴随着我们。数字经济重要特点之一就是网络的广泛连接，人、机、物通过网络连接起来，被数据化的信息就大量流动了起来，因而人们采集、获取信息变得更加容易。但是，由于数据中包含着重要信息和蕴藏着巨大价值，其不当使用将会给人们带来损害。因此，需要高度重视数字经发展中的数据安全和用户隐私泄露问题。

由于数据权利兼具人格权和财产权双重属性，在大数据时代呈现出巨大的发展潜力，并且成了研究算法和人工智能技术等领域的前提基础，企业间争夺用户数据的事件也时有发生。[①] 许多网络信息平台在商业利益的诱惑下，将所收集的消费者隐私信息用于其他用途或是出售给第三方，导致大量的隐私信息泄露。

同时，由于缺乏成熟的数据保护技术，公众数据保护意识不强，也会导致数据库中的个人隐私信息极易泄露，并存在被恶意使用的风险。万豪酒店约 2.4 亿条客户资料泄露、圆通 10 亿条快递信息泄露、优衣库网站逾 46 万客户资料泄露等，层出不穷的信息泄露事件都在提醒着我们，要重视数据信息的保护，重视自己隐私信息的合法收集、限制使用与安全储存。

在大数据时代下，很多对个人数据信息不当的利用行为伴随着隐私侵犯的风险。2017 年 11 月，我国首家"信息换商品"店铺开业，顾客可以用自己的隐私信息换购各种价位的商品，但在换购后，出卖手机号码的顾客马上收到了一则垃圾短信，出卖邮箱地址的顾客被搜索出用该邮箱地址注册过的网站，出卖照片的顾客则被用照片合成了脱发广告的代言人，人们往往对自己的隐私缺乏保护意识，随意地利用个人隐私的披露换取高效便捷的服务或是娱乐体验。

数据权利归属不够明晰实质上对于用户数据权利的实现也会产生不利影响。目前，虽然很多企业在提供很多服务前，会先行弹出授权界面，但实际上受制于格式合同的用户仍然处于相对弱势，并不具备拒绝同意条款的能力。其实，在很多情形下，用户一旦选择拒绝同意则完全无法获得相应服务，影响其正常的服务需求，如出行、购物、网络聊天和论坛交流等，所以只能选择同意。[②]

[①] 袁媛. 数据权利及其归属不明导致的法律问题[J]. 法制博览,2019(20):177+179.
[②] 袁媛. 数据权利及其归属不明导致的法律问题[J]. 法制博览,2019(20):177+179.

以网络上许多第三方软件为例，测试人的命运的小程序，用户要想成功测试自己所谓的前世身份、爱情观等，就得输入个人姓名、性别、生辰八字、手机号等信息，否则无法享受服务，这实际上是后台运营商收集个人隐私数据的手段，运营商完全可以根据用户所输入的个人信息拼凑出完整的隐私资料，引发电信诈骗和电信盗窃等违法行为，从而威胁用户的实际利益。

法律具有滞后性，一般很难跟上技术和经济发展的步伐。数字经济的快速发展与滞后的现存法律、规范和制度之间必然存在着冲突和摩擦——这是影响用户数据安全和隐私保护的重要问题。这个问题主要表现在两个方面：其一，数字经济冲破了既有的制度和法律框架；其二，数字经济发展出现的一些新现象、新内容、新业态缺乏适用的法律规范。美国早在1974年就制定了《联邦隐私权法》，欧盟在1995年颁布了《欧盟数据保护指令》，英国也在1998年颁布了《数据保护法》，但到目前为止，我国还未出台有关隐私权的专门法律。虽然从2017年6月1日起执行的《中华人民共和国网络安全法》具有里程碑的意义，但在个人信息保护上，只是完善了相关规则，还缺乏更进一步的细则。

尽管在数字经济发展中面临诸多挑战，但不能因噎废食，而应努力营造包容审慎、鼓励创新、规范有序的发展环境，避免过度使用固有思维和框架对其监管，建立适应于新时代发展要求的法律法规。同时，提升公民自身数据隐私的保护意识，在个人数据信息的使用和保护之间寻找平衡点，实现大数据的安全保障体系与个人的信息保护的有机结合，争取在隐私保护允许的范围内充分发挥大数据的应用优势，从而推动大数据与数字经济的稳定发展。

首先，完善隐私保护的法律政策体系。大数据交易平台要制定对于平台交易主体违规操作的惩罚规则，通过专门立法，明确网络运营者收集用户信息的原则、程序，明确其对收集到的信息的保密和保护义务，对于不当使用、保护不力的情况应承担相应的责任。同时，由于社会中总出现利用公民信息违法犯罪的现象，所以公安机关要加大对网络攻击、网络诈骗、网络有害信息等违法犯罪活动的打击力度，切断网络犯罪利益的链条，持续形成高压态势，落实法律保护公民个人信息的规定，使广大公民的合法权益免受侵害。[①] 总之，我们应立足国情，从我国数字经济发展的现状出发，制定符合自身发展需要的个人信息保护法律，完善法律体系，使人们在享受数字化所带来的便利的同时，避免个人信息数字化所带来的安全和隐私风险。

其次，提升数据信息保护的技术水平，健全数据平台使用的监管机制。目

---

① 赛迪智库.大数据时代如何保护个人信息[J].网络安全和信息化,2019(09):27.

前，我国个人隐私信息服务和存储平台的建设还不够完善，而个人信息又具有巨大的商业价值，所以政府应加强对个人隐私信息服务平台的监督。平台要做的就是对其从业人员进行严格监管，使得平台的工作人员负有高度诚信义务，在数据交易过程中不得偏袒任何一方，在交易过程中对其知悉的有关大数据产品的信息要尽到保密义务。同时，严格审查平台注册会员的资格，保障平台的交易主体具有较高的信用。① 另外，针对系统漏洞和技术薄弱处应更新技术保护手段、加强数据库的安全维护，同时更要强化数据库监管，可设立数据库监管的执法机关，针对数据库管理和使用机构内部人员违法盗取或出售个人数据的行为进行监管并处罚。正在逐渐走向大众的区块链技术，其"去中心化""集体维护"和"匿名化"等技术特点，有效地保护了数据开放下开放化、透明化的个人隐私。

以中国联通、中国电信和中国移动三大移动通信公司为例，它们是中国最大的三家运营商，提供给公民最基本的网络服务，所以拥有大量的个人隐私数据，如个人身份信息、联系信息、家庭地址，以及客户浏览网页时的 IP 地址等，对于这样的大平台，政府应提升对其监管力度，制定相应的政策和有效措施，同时督促上述公司加强对涉及隐私信息操作人员的管理与监督，对网络安全设备的检查，及时升级和维护隐私信息保护软件等。② 努力做到实时监管、实时处罚的力度，促使运营商提升对于个人隐私数据的保护水平，避免出现隐私信息泄露的问题，损害公民的切身利益。

最后，强化公众的隐私保护意识。政府应加强宣传数据安全的重要性，引导公众提升保护自身隐私的主观能动性，主动拒绝不良网站、企业等非法收集个人信息的要求。当遇到侵犯个人隐私的行为时要勇于发声，拿起法律的武器捍卫自己的隐私权利。当有各种来路不明的网站要获取你的信息时，不要因为一点利益而出卖自己的身份信息，因为这可能会导致更严重的利益损失。如果不幸遇到自己的隐私信息被侵犯，也要积极维权，在侵权责任纠纷中，受害者应积极向法院主张其权利被侵害且要求赔偿损失，并提供初步证据证明其权利被侵害的事实才能立案，立案后要提供确切、真实的证据说明自身受到的损失，积极维护自身的权益不被侵犯。③

目前，有关国家保密方面相关的法律法规比较健全，但在个人隐私保护方面的法律却比较缺乏。因此，政府应加大相关法律制定的力度，企业自身也需要自

---

① 王慧斌,赵雪冰．大数据交易中法律问题的规制[J]．法制与社会,2019(23):7-9．
② 陈宝健,吴章光．大数据环境下个人隐私保护的研究[J]．吉林工程技术师范学院学报,2019,35(08)68-70．
③ 陈宝贵,贾映辉．大数据时代信息主体权益保护问题研究[J]．互联网经济,2019(08):22-28．

律，对于数据中心行业的从业者行为要进行规范，促进和保障数据中心行业健康发展。政府可以说是世界上最大的数据收集者和消费者，每天有大量的数据通过政府处理，所以也算是保护数据隐私的一道重要防线。

四、伦理建设：加强数据伦理建设，汇聚向上向善力量

随着大数据、人工智能、区块链、物联网等前沿科技的快速发展，智能时代已然到来，对社会生产方式、生活方式甚至休闲娱乐方式造成了全面、系统的冲击，同时也会对包括伦理道德建设在内的精神文化建设产生巨大的影响。除了会出现侵犯个人隐私的现象，也会引发新一轮的伦理道德走偏的问题，如涉及的道德泛滥、歧视问题等。因此，我们需要着重加强对数据伦理道德的建设，确保科技伦理道德遵从人类伦理道德，汇聚向上向善的强大力量。

随着数字技术的不断进步，机器逐渐代替人搬运重物、快速计算，不仅大大提高了工业制造的效率，而且也使人从繁重的工作中解放了出来，于是人类对于机器制造的依赖远远大于了对其的担忧。但随着新技术的不断涌现，人工智能已经逐步可以实现像人类一样的感知、认知和行为，在功能上也可以模拟人的智能与行动，甚至可以代替许多人类思维方面的工作，而不仅仅停留在帮助人们搬运或者计算。可见，人工智能已不再是单纯的工具，而开始逐渐进入人类的认知世界，不断模糊着物理世界和个人的界限，刷新人的认知和社会关系。如此下去，如果不及时采取相应的措施，必将延伸出复杂的伦理、法律和安全问题。

英国哲学家大卫·科林格里奇在《技术的社会控制》一文中提道：一项技术的社会后果不能在技术生命的早期被预料到，然而，当不希望的后果被发现时，技术却往往已经成为整个经济和社会结构的一部分，以至于对它的控制十分困难。这就是控制的困境，也被称为"科林格里奇"困境。人工智能和机器人现在已经大踏步地走进我们的生产生活，为避免人工智能技术陷入"科林格里奇困境"，就要做好战略规划，提前预防可能引发的安全问题。目前，虽然人们对人工智能未来的走向还未有准确的答案，但对人工智能加以伦理规范已经成为一个基本共识。对此，不仅政府要积极制定相应的法律法规，科研人员和机构也需要加强伦理危机的意识，国家更要主动参与到国际伦理治理的行列中去，共同努力加强数据伦理建设，为未来技术的发展和应用提供正确的参考决策。

为提前预防和有效化解伦理道德危机，我们应从战略上高度重视前沿技术的

监管措施。政府部门要率先统筹相关部门的资源,积极探索前沿技术发展的所有阶段会产生什么伦理道德问题和社会影响,再制定相应的法律法规,而不能采取自由放纵的做法或事后再应对的情况。要求技术研发企业扩大新技术研发和应用的透明度,并且能够实行政府问责制,对于促进技术进步且符合普遍价值、伦理道德的可以推行其为社会典范,引领科技研发的正风气。总之,伦理问题的高效解决不仅需要政府的努力,还需要企业、学术界和民间社会的相互合作,共同促进技术的健康创新和伦理道德规范的建立。

政府监管是一方面,更重要的是科研人员具有自觉的科技伦理意识。应树立和强化使用者的主体性和意识,强化人的主体意识有助于使我们走出数字化技术带来的人性扭曲。[①]

当前,我国各类教育中普遍欠缺科技伦理问题的内容,这就导致我国科研人员伦理意识淡薄,在技术研发与应用的各个环节不能很好地把握伦理边界,出现基因编辑婴儿、数据和算法滥用等伦理事件的发生。因此,我们需要建立完善的科技伦理教育机制,督促科研人员加强对科技伦理的重视与思考,争取从"他律"走向"自律",秉持向上向善之心,不再仅仅局限于把技术和产品快速研发出来,而是更多地考虑他们开发的技术和产品对于社会的影响,肩负起科技进步和社会健康发展的责任。政府应加强科技伦理教育的宣传与引导,科研人员和社会公众才能产生科技伦理上的自觉意识。只有这样,我们才有可能实现对前沿技术发展的良好治理,从而健康有序地促进新技术的进步。

一个负责任的科技大国必须坚守科技发展的伦理底线,完善国家的科技伦理道德建设。现代科学技术与经济社会以异乎寻常的速度整合和相互建构,但其高度的专业化、知识化和技术化使圈外人很难对其中的风险和不确定性有准确的认知和判断,没有来自科学共同体内部的风险预警和自我反思,任何一种社会治理模式都很难奏效。[②] 因此,国家要加大对于科技伦理问题的深入研究和研讨,积极组建国家科技伦理委员会,加强科技风险与预测方面的研究,进行统筹规范和指导协调,从而推动构建覆盖全面、规范有序、协调一致的科技伦理治理体系。2019年7月24日召开的中央全面深化改革委员会第九次会议,审议通过了《国家科技伦理委员会组建方案》,该方案旨在完善制度规范,健全治理机制,强化伦理监管,细化相关法律法规和伦理审查规则,这充分表明规范各类科学研究活动的工作已经紧锣密鼓开展了,科技伦理建设将进入最高决策层视野,成为推进

---

① 刘星,王晓敏. 医疗大数据建设中的伦理问题[J]. 伦理学研究,2015(06):119-122.
② http://www.cssn.cn/zhx/zx_kxjszx/201312/t20131224_924411.shtml

我国科技创新体系中的重要一环。① 可见，我国的科技伦理建设稳步加快，将成为数字经济健康发展的内在推动力。

不仅我国自身要进行科技伦理方面的研究，同时也要积极参与到国际伦理治理中去。围绕伦理原则及规范的博弈会凸显不同宗教、哲学和价值观的冲突，伦理议程的讨论也会体现出伦理问题在不同社会存在的差异。因此，我们需要在中国文化所蕴含的伦理思想中探寻适应科学研究及技术应用的指导原则。同时，我国要积极参与到国际科技和经济治理的研究之中，不仅在国际伦理规则制定中发出中国声音，而且让中国的伦理思想及话语成为国际伦理治理的重要源泉。因此，将中国的科技伦理研究和国际伦理治理挂钩，不仅可以在全球坐标下拓展学术新领域，而且也可以在国际伦理规制方面贡献出中国思想与智慧。

五、弥合鸿沟：弥合数据鸿沟，实现普惠发展

说到数字鸿沟，就要首先说一说"知沟"。顾名思义，"知沟"就是"知识沟"的意思，关注的是大众传播活动带来的社会分化后果。追其溯源，最早对这一理论进行研究探讨的是来自美国的两位学者蒂奇纳和奥里恩。1970 年，他们在一篇题为《大众传播的流动与知识差别的增长》的论文中提出了"知沟"假说，其具体阐述是：随着大众传媒向社会传播的信息日益增多，社会经济状况较好的人将比社会经济状况较差的人以更快的速度获取这类信息，因此，这两类人之间的知识沟将呈扩大而非缩小之势。② 随着新传播技术的不断发展，1974 年，卡兹曼在此基础上提出了"信息沟"理论，可以说是对知沟理论的放大和发展，随后数字鸿沟也应运而生。

随着技术发展带来媒介环境的变化，知识沟理论在新媒体时代得到了延伸与拓展，数字鸿沟就由此而来，具体起源于 1999 年 NTIA 发表的一篇报告《在网络中落伍：定义数字鸿沟》，知识沟假设主要关注大众媒体的知识传播效果，即不同的社会经济地位的人群，通过大众传播获得的某一方面的知识或信息差距有扩大的趋势。③

数字鸿沟是由以互联网为代表的新数字媒体接触和使用状况的差异所导致，

---

① 本报评论员. 科技伦理的底线不容突破[N]. 科技日报,2019-07-26(001).
② 王晓晴. 网络传播中的知沟理论再探[J]. 当代传播,2006(06):56-57.
③ 金兼斌. 数字鸿沟的概念辨析[J]. 新闻与传播研究,2003(01):75-79+95.

逐渐表现在利用数字技术创造财富能力的差距。目前，在全球的发展中逐渐造成国与国之间、国家内部群体之间的差距日益增大。

随着数字经济的迅猛发展，我们正处于人类有史以来最伟大的数字变革之中，手机和互联网只花费了仅仅几年的时间，就逐渐渗透到了人们的生产生活之中，如网购、滴滴出行、共享单车等新业态的蓬勃发展。据统计，世界最贫困的20%家庭中，将近70%的家庭有手机，更多最贫困的家庭中也会有手机。因此，我们要牢牢抓住数字变革这一契机，充分发展数字技术这一普惠的新技术，建设更为连通和繁荣的数字世界。

根据国际电联数据，截至2018年底，全球仍然有49%的人没有互联网连接，也就无法参与到数字经济的建设中来。可见，数字鸿沟有扩大的趋势，数字红利也就未得到充分的释放。目前，虽然我国已经取得很大进步，但还有许多无法利用数字技术的人被抛在后面。

数据显示，2018上半年，中国农村网民规模为2.11亿人，占整体网民数量的26.3%，与2017年末相比增长204万人，增幅为1.0%；城镇网民规模为5.91亿人，占整体网民数量的73.7%，与2017年末项目增长2 764万人，增长率为4.9%（如图12-5所示）。随着中国城镇化进程的不断推进，城镇人口不断增加，预计城镇网民规模将进一步增长。

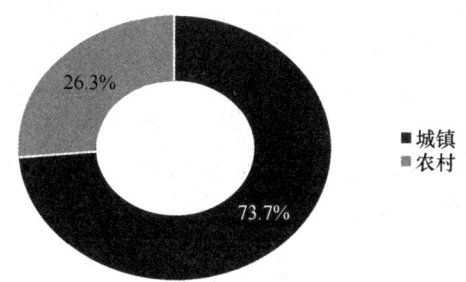

（资料来源：中国互联网络信息中心，中商产业研究院）
图12-5　2018年上半年中国网民城乡结构情况

在网民性别结构方面，截至2018年6月，中国网民中男性占比为52%，与2017年末的52.6%下降6%，女性占比为48%，与2017年末的47.4增长0.6%（如图12-6所示）。

网民结构比例也有很大的差距，目前，中国网民主要以青少年、青年和中年群体为主。数据显示，截至2018上半年，10～39岁群体占整体网民规模的70.8%，其中20～29岁占比最高，占比为27.9%；其次为30～39岁群体，占比

24.7%；再次为 10～19 岁群体，占比为 18.2%（如图 12-7 所示）。

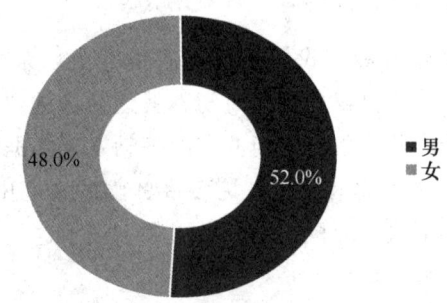

（资料来源：中国互联网络信息中心，中商产业研究院）

图 12-6　2018 年上半年中国网民性别结构情况

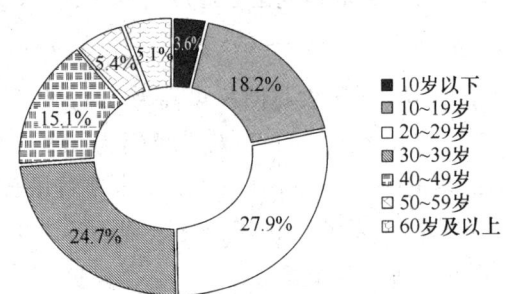

（资料来源：中国互联网络信息中心，中商产业研究院）

图 12-7　2018 年上半年中国网民年龄结构情况

网民结构比例差距也较大，占比最多的还是青年学生。截至 2018 上半年，中学生网民群体占比为 24.8%，占比排名第一；其次为个体户、自由职业者，占比为 20.3%；排名第三的是企业、公司的一般职员占比为 9.4%（如图 12-8 所示）。

可见，我国内部的数字鸿沟主要表现在不同性别、不同年龄、不同职业以及城乡之间数字接入和使用的差异，这些差异实际上涉及社会公正问题，即某些社群在信息可及方面遭到了"不合伦理和得不到辩护的排除"，它把社会分为两大群体："信息富有者"拥有高性能的计算机、完善的网络服务、高超的信息技术使用技能、超强的信息意识，可以享受到信息化社会带来的各种数字红利；"信息贫困者"出于各种主客观原因无法与"信息富有者"一道参与创造和分享社会文明成果，反过来会降低信息弱势群体的社会地位和受教育水平，与现代化隔离。①

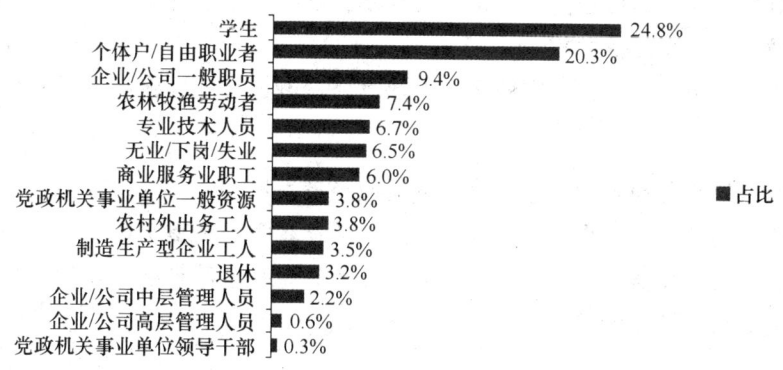

（资料来源：中国互联网络信息中心，中商产业研究院）

图12-8　2018年上半年中国网民职业结构情况

另外，数字鸿沟的产生与国家的发展水平密切相关，其存在不利于数字技术的扩散应用和数字经济的持续发展。若数字化不能惠及大部分人，这样不仅会削弱数字化产业发展的积极性，还会抑制数字溢出效应。只有提高人民群众对数字经济的参与度，才能够为消费者和企业家创造更多的可能性，数字技术的提供商才会积极参与到持续创新的行列之中。因此，准确理解了数字鸿沟的内涵，深刻了解数字鸿沟的危害性后，在提升数字竞争力的同时，我们要采取相应的措施和建设，发挥政府的引导作用，以及社会各界力量协同参与到弥合数字鸿沟之中，让整个国家和人民共享数字红利，实现数字经济的可持续发展。

首先，要加大网络基础设施建设，促进网络普及。网络设施的部署受制于经济实力、自然地理、人口密度、社会需求等多重因素，基础电信企业从市场规律出发，往往优先在成本低、经济性较好的地区部署先进技术，再向成本高、收益低的地区逐步拓展网络。② 对此，国家有必要加快建设高覆盖率、高速、可靠的数字基础设施，对于基础电信企业因收益难以覆盖成本而不投入建设的情况，政府应积极给予资金和政策的支持，从而缩小国家内部不同群体之间的差距和个体经济参与度方面的差距。另外，网络基础设施的成功覆盖，提供高质量的、个人可负担的宽带，为数据中心、云计算、大数据和物联网等数字技术的使用和发展提供了必要条件。

其次，提高网络使用能力，释放网络安全服务的需求。低收入国家互联网使

---

① 刘美. 数字鸿沟的理论分析与治理策略[J]. 四川图书馆学报, 2019(04):10-13.
② 邱泽奇. 弥合数字鸿沟 促进数字红利普惠大众[N]. 中国经济时报, 2019-10-14(005).

用率低的主要原因是人们的购买率比较低,缺乏对互联网使用价值的认识,同时也缺乏对网络安全的信任。每一位公民都享有获取文化信息的平等权利,因此必须建立健全对公民的信息权益保障体制,确立"在信息访问和获取面前人人平等"的核心思想,对老少边穷地区加大建设公共电信基础设施和发展民众公共教育的力度。[①]

最后,提高劳动者的数字技能,以适应经济发展需要。由于数字技术变革速度快,所需的技术种类也在迅速变化,因此劳动者需要在整个职业生涯中不断更新数字经济所需技能。因此,要大力推进终生教育和学习型社会建设,让企业和劳动者建立终生学习的机制。

数字鸿沟正伴随着数字经济的快速发展呈扩大之势,这成为数字时代日益突出的社会问题。若想越来越多的人跻身数字时代,成为数字公民,享受数字红利,我们就应积极采取相应的措施,为数字经济的发展创造良好的发展环境,让数字鸿沟转变为数字机遇,促进中国经济和社会的健康发展。

---

① 刘美. 数字鸿沟的理论分析与治理策略[J]. 四川图书馆学报,2019(04):10-13.